| 科學天地 402B | World of Science |

觀念數學 2
中學代數解題策略

任維勇　著

觀念數學 **2**

中學代數解題策略

目錄

前言

　　自 2009 年出版了《觀念數學 1——如何學好中學數學》，得到了廣大的迴響，很多老師推薦學生閱讀，因為書中精確的指出了學生學習的問題與解決的方向，讓學生從書中得到了啟發，用更正確的方式學習，從而找到了更輕鬆、也學得更好的方法。

　　可是也有學生雖然發現自己學習有問題，卻很難真正改變自己的學習方法。因為在沒有其他幫助下，很難全面翻新自己已經習慣多年的學習方式。其中最困難的，是建立解題策略與運用自己的思考去解題，而這兩者是息息相關的。先熟悉基本定義、公式，也做過了基本題與標準題，許多同學都做得到，可是如何建立自己的解題策略？又如何運用思考來解題？

　　本書就是以此為目的，一方面介紹簡單的解題策略，另一方面引導學生以標準的思考去解題。本書大量採用學測與指考的試題，讓學生體驗出，只用簡單的解題策略與思考，就足以應付大考的題目了，讓學生由此開始，能去解出那些沒見過的題目，真正享受解決問題的樂趣。

學生的困難

　　很多學生總覺得課本太簡單，可是真的考到課本上的基本概念，又未必答得出來。一方面無法深入去讀通課本，同時擔心課本太簡單，結果又四處學了很多一知半解的東西。最後反而貪多嚼不爛，感覺好像學了很多，卻又學得支離破碎，遇到問題完全使不上力，久了以後就對數學失去信心，不知如何應付。不少同學覺得數學科投資報酬率很低，其實

就是這種努力後卻覺得無力。

常有學生或家長問我:「每天要做多少題數學才夠?」、「每天要做數學多久才夠?」或是「如果做完數學課本與講義,那麼可以得到多少分?」這樣的問題我答不出來,我聽到的只是對數學的誤解。如果一個籃球選手問林書豪:「每天要練球多久,才能進到 NBA 打籃球?」我猜林書豪也沒有確切的答案。

學數學也一樣,問題不是做多少題,而是思考了多少。傳統思維告訴我們:「只要功夫下得深,鐵杵磨成繡花針。」我相信理論上做得到,但我寧願把鐵杵賣了,得到的錢應該夠買一包繡花針。方法對了,就會事半功倍。

要細說錯誤的學習方式,可以閱讀我的前一本書;如果要簡單的說,一是學習不夠深入,二是沒有思考。無論是上課或自我練習,都要常常問自己,我思考了多久?狂做題目而沒有思考,只是走馬看花,沒有實質收穫。如果學習數學只是一題一題做,沒有統整的思考過程,當然得到的能力都是支離破碎而無法運用的。

什麼是解題策略?

做過一些相關連的題目後,就該想一想,它們的解法有沒有共通處?有沒有不同處?能不能找到一些通則?找到了就變成一個解題策略。運用這個策略再去解更多的題目,有時很有效,這就是個好的策略;有時無效,我們就發現這策略的缺陷或限制,也許再修改一點,就能使策略解決更多的問題。這時候我們學過的東西就組織起來了,不再是零碎而易混淆。一個策略可以解出一群問題,這樣學習就更有效率了,即使對題目的印象模糊了,依然可以用解題策略解出。經過思考的策略自有因果關係,不會忘記。小的策略又可能整合成更大、更有效的大策略,運用成熟的策略,就能去解決那些從沒見過的題目了。

比較一下,心中缺乏「解題策略」的狀況:公式、定理都會,一般的題目也會,可是

沒見過的題目就不會做,或根本不知從何想起。可是看完解答後,才發現原來可以這樣做,又發現需要用的方法、公式自己都會,可是就是無法組織起來,好像空有一堆「知識」,卻不能組織成為「解題能力」。

什麼是引導思考解題?

我將題目分類成基本題、標準題、思考題,中等程度學生很快就能熟練基本題,然後學會標準題,接著就會面對思考題了。思考題是那些將標準題再變化、整合,或是根本沒見過的題目。也有學生覺得,我沒見過的題目我當然不會,真的嗎?我們學「解題」,是學會解決問題,不是「記下特定方式去解特定問題」。

題目包括三樣東西:已知、求解、範圍,我們必須分析題目,自己找出解題的方向並執行,有時還需嘗試錯誤再修正,得到答案再檢核答案,這完整的過程就是思考解題。就像在一個未知的世界摸索,也有很多不同的方式與規則,成功時更會有許多成就感。

本書的內容

本書共分七章。

第一章談代數解題策略,主要在整合並推廣在國中學過的數學,逐步建立一個重要的解題策略。

第二章到第六章大致配合高中第一冊與第二冊第一章的內容,深化課本內容,也建立一些小策略,並引導學習思考解題。

第七章談根據給定的定義解題,會提出一套完整的解題策略,讓讀者運用數學知識,

去解決那些沒見過的題目。

　　本書題目多採用近年學測、指考題，也希望讀者體會：只要用課本知識，配合解題策略，就能輕鬆解出這些題目了。對於中等難度以上的題目，詳解前附有「引導思考」，引導讀者配合題目循序思考，找出解題方向。詳解後附有「說明」，做一些補充或引導讀者對解題過程做一點回顧，希望能再深化學習。

　　大考中心自民國 91 年起，都會公布正式大考選擇題與選填題的答對率，本書題後也會附上，供讀者參考，可藉此了解各題的難易程度。有時會看到不難的題目，但答對率很低，這種題目多是當年的全新題目，已變成現在的標準題了。

如何使用本書？

　　如果讀者是高一的學生，請先讀第一章，當做銜接國中與高中的跳板，並建立簡單的思考解題策略。然後配合學校的進度，先學會課本內容，再利用本書相應的章節，熟悉並應用各個解題策略，也由實例中琢磨自己運用解題策略與思考的能力，最後就可以到處找各種難題來自我挑戰，享受解題的樂趣。

　　如果讀者是要準備學測、指考的高三學生，也請先讀第一章，然後依章節先看完課本一次，並注意課本中的每一個細節，隨後用本書做統整學習，也練習用自己的思考去解題。不要怕題目沒見過，解出沒見過的題目才是真正的解題。熟悉解題策略後，也可以重新看那些標準題，可能會發現，有了合適的解題策略後，那些標準題會變成很自然就解出的問題了。

　　不論是哪一種學生，在讀到實例時，先看清題目，然後先試著自己解，解不出時，先看題目後的「引導思考」，一條一條看，也許看幾條並想過後就會解了，當看完引導思考後，可以重新再想一次，盡量能由自己解出來。最後會做或看了詳解後，再做一次回顧，

也看一遍題後的說明，讓想法深入心中。只要用上述方式學習，漸漸就會感覺到深入學習的效果，雖然學一題的時間多很多，但學一題就有一題的效用，而且有累積的效果。

　　如果讀者是數學老師，閱讀本書是想增加更多不同的想法與比較。若您能認同我的觀念，懇請大家在講解思考題時，能在正式解題前，先引導學生看清題目，並用一些問題引導學生思考後，再帶著學生解題目。也許這樣會多花點時間，可是「教學生會思考」比「多教幾題」更重要吧。

再一些叮嚀

　　不管有多少策略，總要先看清題目，完整看完題目後才開始選擇有效的策略。前面提過，題目包括三樣東西：已知、求解、範圍，看完題目後考慮一下，也許只需要使用定義就可算出，也許是一個常見的標準題，看完就知道該如何做了。如果都不是，我們就必須自己從題目中去找尋做法。

　　「解題策略」就是在解思考題時的方向，尤其對於那些沒見過、有點難的問題，也許看完題目後，我們不知道或不確定怎樣做一定會有答案，於是我們會「試試看」，這樣變化一下，那樣轉換一下，或者代入某公式看看結果如何？這些「試試看」不應該只是盲目的試運氣，而是找到方向，或至少知道哪些方向較有希望，這樣做會離答案愈來愈近。

　　沒有完美的解題策略，沒有一個解題策略可以保證解出所有題目。別指望有人提供一個策略，從此就所向無敵。當我們心中有基本的解題策略後，小心呵護它，隨著更多的刺激，它會愈來愈擴大，愈來愈有效。愈大的策略，卻不一定愈複雜，有時還會更簡單，只是運用要更靈活。

　　有沒有解題策略又好用，又容易學？我提供一個：

　　一次條件式，可以代入其他部分消去一個文字數。

有沒有解題策略既規則簡單，又適用範圍大？我提供一個：

觀察已知與求解，哪些部分相同？哪些部分不同？將不同化為相似。

能將體會這策略並善用，就已經成為解題高手了。

第一章
代數解題策略

本章分為 8 節：

　　本章由簡入繁，逐步建立一個適用範圍廣泛的「代數解題策略」，這策略適用範圍很大，不限於代數部分，也有很多三角、幾何問題也需要這策略。這個策略其實就是一種標準的解題想法，這想法可大可廣，運用純熟後，就能找到數學思考的樂趣了。

　　如果直接介紹這個策略，會很籠統而無法體會，所以我採用漸進的方式，讓它從一個小策略慢慢長大茁壯，這符合建立策略的模式，我提供養分和刺激，讀者必須小心呵護，讓策略在自己心中生根、茁壯。千萬別指望我將一個完整的大策略直接移植到你的腦袋裡；沒有逐步的思考和不斷的試煉，任何策略就都無法牢固，也難以自行應用。

　　配合策略，我們也會把國中學過的內容加以延伸，當做是銜接教材。這類延伸往往只是小小的觀念，將原本簡單的程序推廣成更一般性的思路，就能大幅提高我們的視野與能力。有少數例子用到高中教材，沒學過的可跳過。

第 1 節
代數解題策略

　　「假設所求為 x，然後依題意列方程式，最後解方程式得到 x 就是答案。」這應該是最基本的策略之一，在國中初學一元一次方程式時，就開始建立這樣的想法，到了高中，這仍是最常用的想法之一。當然，在不斷學習更多的數學內容後，這個策略必須相應擴大，運用方式也必須更靈活，才能夠解決更多不同形式的數學題目。

　　先簡單的形容，本章就是要以「假設未知數，再列方程式，然後解出」這個每人心中都有的小樹苗為基礎，進化成適用性更廣的強大策略。這不是一蹴可幾的，本章將更詳盡的點出各個部分的要點，讓大家一步一步推廣，逐漸擴大原有的簡單策略。如能熟悉本章內容並且自行應用，再配合後面各章節的數學知識，就可以感受思考解題的樂趣了。

　　對數學好的學生而言，這是再自然不過的方法，但對於有些學生，這還是要學習的。熟悉之後你就會發現，原來簡單用一點思考，配合基本的定義，就可以「自己解決問題」了。先從這最簡單的原型開始吧：

代數解題策略 1

步驟 1　假設「求解」為 x。

步驟 2　利用「已知」列出方程式。

步驟 3　解出方程式即為答案。

說明：

❶ 也有一些題目已經假設了未知數，例如：

「已知袋中有 n 顆球，且……，試求 $n = ?$」

「已知直線 L 的方程式為 $y = ax + 3$，且……，試求 $a = ?$」

這時我們通常接受出題老師的好意提示，直接繼續步驟 2。

❷ 萬一題目假設的未知數不好用，我們也可以另行假設。現在老師出題常會給些提示，很少會故意給那些引誘學生走錯方向的條件。但題目常有很多不同解法，如果自己的方向與老師預設的方向不同時，也可能需要另外假設未知數。

❸ 這策略大家都看得懂，在高中數學裡，這樣就能解的題目都算簡單的，我們由此策略逐漸增強吧。

實例運用【99指考數乙，選填B】

某公司委託經銷商銷售定價 a 元的產品，雙方言明，若經銷商減價 25 元賣出，則可得賣價的 8% 為佣金，若減價 125 元賣出，則可得賣價的 2% 為佣金；已知減價 25 元的佣金是減價 125 元佣金的 5 倍，則定價 $a = $ _____ 。

引導思考：

❶ 求解「$a = ?$」可能如何得到？

　➡ 如能找出一個 a 的方程式，就可以解出 a，利用其他條件寫出方程式。

❷ 已知「減價 25 元賣出，可得賣價的 8% 為佣金」，配合 a 可能如何使用？

　➡ 減價 25 元，則賣價 $a - 25$ 元，可得佣金 $(a - 25) \times 8\%$

❸ 已知「減價 125 元賣出，可得賣價的 2% 為佣金」，配合 a 可能如何使用？

➡ 減價 125 元,則賣價 $a - 125$ 元,可得佣金 $(a - 125) \times 2\%$

❹ 已知「減價 25 元的佣金是減價 125 元佣金的 5 倍」可能如何使用?

➡ $(a - 25) \times 8\% = [(a - 125) \times 2\%] \times 5$

答案:525

詳解:

減價 25 元可得佣金:$(a - 25) \times 8\%$

減價 125 元可得佣金:$(a - 125) \times 2\%$

$(a - 25) \times 8\% = 5 \times (a - 125) \times 2\% \Rightarrow 8(a - 25) = 10(a - 125) \Rightarrow a = 525$

說明:

❶ 這題答對率 78%,是簡單的問題。

❷ 題目明顯提示了未知數為 a,依照題目列出一元一次方程式,解出即可。

❸ 看過這樣的題目就會有個感覺:會考出 0 分的學生一定是完全放棄數學,考試時都不肯努力嘗試一下。

接下來在這章的各小節中,我們由這個「代數解題策略 1」每次擴大一點,多學一點,直到「代數解題策略 5」,變成一個強有力的大策略。而在本書後面章節中,隨著學習內容增加,這策略還要繼續長大。同時在這章中,我們也必須將一些基本運算再加強,內容多半是國中學過基礎,而在高中階段必須有更深體認的用法或觀念。

第 2 節
解方程式

這一節我們先討論如何解單一未知數的方程式。國中應已熟練一次、二次方程式，我只簡單敘述二次方程式，再加強那些可以化成二次型態的方程式。然後會提出進化版「代數解題策略 2」。至於超過二次的方程式，是屬於高中階段的內容，將在第二章中深入討論。

◎ 解題策略：二次方程式

解二次方程式可用 (1) 十字交乘法分解、(2) 公式解。

說明：

❶ 這兩種方法在國中就學過了，在高中仍是一樣。

❷ 十字交乘法通常只適用於整係數二次方程式，若係數中有無理數，簡單時也有可能看出，看不出來就用公式解。

【例】$x^2 - (\sqrt{2}+1)x + \sqrt{2} = 0 \Rightarrow (x-1)(x-\sqrt{2}) = 0 \Rightarrow x = 1$ 或 $\sqrt{2}$

❸ 公式解是「當 $a \neq 0$ 時，$ax^2 + bx + c = 0$ 的解為 $x = \dfrac{-b \pm \sqrt{b^2 - 4ac}}{2a}$」。

❹ 係數有文字數時，先考慮用其他方式代替解方程式。例如：根與係數關係或以根造方程式。但其他方法無效時，仍可用分解或公式解試試，有時會有意想不到的結果。

【例】 $x^2 - (2a+1)x + (a^2+a) = 0 \Rightarrow x^2 - [a+(a+1)]x + a(a+1) = 0$

$\Rightarrow (x-a)[x-(a+1)] = 0 \Rightarrow x = a \text{ 或 } a+1$

先補充一個課本的公式，再看下面的題目。

> **公式** 其中 a, b 為整數且 $a > b$，則 $\sqrt{(a+b) \pm 2\sqrt{ab}} = \sqrt{a} \pm \sqrt{b}$

說明：

❶ 先將此計算 $(\sqrt{a} \pm \sqrt{b})^2 = (\sqrt{a})^2 \pm 2\sqrt{a}\sqrt{b} + (\sqrt{b})^2 = (a+b) \pm 2\sqrt{ab}$ 算熟，這公式只是倒過來看而已。

❷ 使用時，先化成 $\sqrt{\cdots \pm 2\sqrt{\cdots}}$ 格式，找出合適的 a, b，再代公式。

❸ 若沒有合適的 a, b，則表示此二重根式無法拆開。

【例】 化簡：(1) $\sqrt{5 + 2\sqrt{6}} = ?$　(2) $\sqrt{7 - 4\sqrt{3}} = ?$　(3) $\sqrt{2 + \sqrt{3}} = ?$

【解】 (1) $\sqrt{5 + 2\sqrt{6}} = \sqrt{(3+2) + 2\sqrt{3 \times 2}} = \sqrt{3} + \sqrt{2}$

　　　(2) $\sqrt{7 - 4\sqrt{3}} = \sqrt{7 - 2\sqrt{12}} = \sqrt{(4+3) - 2\sqrt{4 \times 3}} = \sqrt{4} - \sqrt{3} = 2 - \sqrt{3}$

　　　(3) $\sqrt{2 + \sqrt{3}} = \dfrac{\sqrt{8 + 4\sqrt{3}}}{2} = \dfrac{\sqrt{8 + 2\sqrt{12}}}{2} = \dfrac{\sqrt{(6+2) + 2\sqrt{6 \times 2}}}{2} = \dfrac{\sqrt{6} + \sqrt{2}}{2}$

實例運用

解方程式：$2x^2 - (\sqrt{2}+2)x + \sqrt{2} = 0$

引導思考：

❶ 能否以十字交乘法分解？

❷ 能否分組分解？

❸ 能否以公式解？

答案：　$x = 1$ 或 $\dfrac{\sqrt{2}}{2}$

詳解 1：以十字交乘法：$\begin{matrix} 2x & \diagdown & -\sqrt{2} \\ x & \diagup & -1 \end{matrix}$　得 $(2x - \sqrt{2})(x-1) = 0 \Rightarrow x = 1$ 或 $\dfrac{\sqrt{2}}{2}$

詳解 2：分解因式：$2x^2 - (\sqrt{2}+2)x + \sqrt{2} = 0 \Rightarrow 2x^2 - 2x - \sqrt{2}x + \sqrt{2} = 0$

$\Rightarrow 2x(x-1) - \sqrt{2}(x-1) = 0 \Rightarrow (2x-\sqrt{2})(x-1) = 0 \Rightarrow x = 1$ 或 $\dfrac{\sqrt{2}}{2}$

詳解 3：公式解：$x = \dfrac{(\sqrt{2}+2) \pm \sqrt{(\sqrt{2}+2)^2 - 4 \times 2 \times \sqrt{2}}}{2 \times 2} = \dfrac{(\sqrt{2}+2) \pm \sqrt{6 - 4\sqrt{2}}}{4}$

$= \dfrac{(\sqrt{2}+2) \pm \sqrt{6 - 2\sqrt{8}}}{4} = \dfrac{(\sqrt{2}+2) \pm (\sqrt{4} - \sqrt{2})}{4} = \dfrac{(\sqrt{2}+2) \pm (2 - \sqrt{2})}{4}$

$= \dfrac{(\sqrt{2}+2) + (2-\sqrt{2})}{4}$ 或 $\dfrac{(\sqrt{2}+2) - (2-\sqrt{2})}{4} \Rightarrow x = 1$ 或 $\dfrac{\sqrt{2}}{2}$

說明：

❶ 前二種解法簡單，但不一定看得出來。

❷ 公式解繁雜，但必定可解。

解題策略：分式方程式

> (1) 利用約分、通分、交叉相乘消去分母，整理成多項式方程式。
>
> (2) 解出的根必須驗算，不可使分母等於 0。

說明：

❶ 除了少數特殊狀況，看到分數、分式可以約分，就該馬上約分。

❷ 分式相加減，可先考慮通分，通分前先預估一下結果會不會太複雜，如果分式有很多個，也可考慮先挑合適的通分。

❸ 通分時一定要先檢查各分母間有無公因式。

【例 1】　解方程式：$\dfrac{1}{x+2}+\dfrac{1}{x+5}-\dfrac{1}{x+1}=0$

【解】　（三個分式通分有點麻煩，也可以先通分兩個再看看。）

$$\frac{1}{x+2}+\frac{1}{x+5}-\frac{1}{x+1}=0 \ \Rightarrow\ \frac{1}{x+2}+\frac{1}{x+5}=\frac{1}{x+1}$$

$$\Rightarrow\ \frac{(x+5)+(x+2)}{(x+2)(x+5)}=\frac{1}{x+1} \ \Rightarrow\ \frac{2x+7}{(x+5)(x+2)}=\frac{1}{x+1}$$

$$\Rightarrow\ (2x+7)(x+1)=(x+5)(x+2)$$

$$\Rightarrow\ 2x^2+9x+7=x^2+7x+10 \ \Rightarrow\ x^2+2x-3=0$$

$$\Rightarrow\ (x+3)(x-1)=0 \ \Rightarrow\ x=-3 \text{ 或 } 1$$

代回原方程式皆符合，故 $x=-3$ 或 1

【例2】 解方程式：$\dfrac{3}{x^2-x-2}+\dfrac{1}{x^2+3x+2}=\dfrac{4}{2x-1}$

【解】 （先分解分母，再考慮如何通分。）

$$\dfrac{3}{x^2-x-2}+\dfrac{1}{x^2+3x+2}=\dfrac{4}{2x-1}$$

$$\Rightarrow \dfrac{3}{(x-2)(x+1)}+\dfrac{1}{(x+2)(x+1)}=\dfrac{4}{2x-1}$$

$$\Rightarrow \dfrac{3(x+2)+(x-2)}{(x-2)(x+1)(x+2)}=\dfrac{4}{2x-1} \Rightarrow \dfrac{4(x+1)}{(x-2)(x+1)(x+2)}=\dfrac{4}{2x-1}$$

$$\Rightarrow \dfrac{1}{(x-2)(x+2)}=\dfrac{1}{2x-1} \Rightarrow x^2-4=2x-1 \Rightarrow x^2-2x-3=0$$

$$\Rightarrow (x-3)(x+1)=0 \Rightarrow x=3 \text{ 或 } -1$$

代回分母檢查得 $x=-1$ 不合，故 $x=3$

解題策略：含根號的方程式

(1) 利用等式兩側同時平方減少根號，直到根號完全消失。

(2) 解出的解必須代回檢查是否滿足原方程式。

說明：

❶ 這裡是指根號內有 x 的方程式，若有 $\sqrt{2},\sqrt{31}$ 只需視為常數就好。

❷ 只有一個根號時，一側放單一根號，再做平方就好：$\sqrt{A}=B \Rightarrow A=B^2$

❸ 如果有多個根號，每次在一側放單一根號後再做平方，有時還需多次平方以消去根號。

❹ 方程式平方後可能會有增根，解出答案後必須代回原方程式驗算。

【例1】 解方程式：$\sqrt{x+2}+4=x$

【解】 （平方可以消去根號，但平方前需調整一下。）

$$\sqrt{x+2}+4=x \Rightarrow \sqrt{x+2}=x-4 \Rightarrow (\sqrt{x+2})^2=(x-4)^2$$

$$\Rightarrow x+2=x^2-8x+16 \Rightarrow x^2-9x+14=0 \Rightarrow (x-2)(x-7)=0$$

$$\Rightarrow x=2 \text{ 或 } 7$$

$x=2$ 代回原方程式得 $\sqrt{2+2}+4 \ne 2$，不合。

$x=7$ 代回原方程式得 $\sqrt{7+2}+4=7$，符合。

故只有一解 $x=7$

【例2】 解方程式：$\sqrt{2x+3}-\sqrt{x+1}=5$

【解】 （兩個根號通常要做兩次平方才能消去。）

$$\sqrt{2x+3}-\sqrt{x+1}=5 \Rightarrow \sqrt{2x+3}=5+\sqrt{x+1}$$

$$\Rightarrow (\sqrt{2x+3})^2=(5+\sqrt{x+1})^2 \Rightarrow 2x+3=25+10\sqrt{x+1}+(x+1)$$

$$\Rightarrow x-23=10\sqrt{x+1} \Rightarrow (x-23)^2=(10\sqrt{x+1})^2$$

$$\Rightarrow x^2 - 46x + 529 = 100(x + 1)$$

$$\Rightarrow x^2 - 146x + 429 = 0 \Rightarrow (x - 3)(x - 143) = 0 \Rightarrow x = 3 \text{ 或 } 143$$

$x = 3$ 代回原方程式得 $\sqrt{2 \times 3 + 3} - \sqrt{3 + 1} = 1 \neq 5$，不合。

$x = 143$ 代回原方程式得 $\sqrt{2 \times 143 + 3} - \sqrt{143 + 1} = 17 - 12 = 5$，符合。

故只有一解 $x = 143$

◉ 解題策略：利用代換解方程式

> (1) 找尋方程式中共同的部分，假設為 t，先解 t，再代回求 x。
> (2) 代換時要將方程式中所有 x 都代換成 t 表示。

說明：

❶ 代換不只在解方程式，各種問題都會可能用到。

❷ 代換不能直接解決問題，而是將問題簡化，使我們容易找到解法。

❸ 本章第 5 節會更完整討論代換的方法。

【例 1】　解方程式：$(x^2 + 2x)(x^2 + 2x - 10) = 4x^2 + 8x + 15$

【解】　（這是四次方程式，請觀察方程式中有無重複出現的式子？）

令 $t = x^2 + 2x$，則原方程式 $\Rightarrow t(t - 10) = 4t + 15 \Rightarrow t^2 - 14t - 15 = 0$

$\Rightarrow (t+1)(t-15)=0 \Rightarrow t=-1$ 或 15

當 $t=-1 \Rightarrow x^2+2x=-1 \Rightarrow (x+1)^2=0 \Rightarrow x=-1$

當 $t=15 \Rightarrow x^2+2x=15 \Rightarrow (x+5)(x-3)=0 \Rightarrow x=3$ 或 -5

故 $x=-1,\,-1,\,3,\,-5$

【例 2】 解方程式：$\dfrac{x^2-6}{x}+\dfrac{2x}{x^2-6}=3$

【解】 （若通分會得到四次方程式，請觀察兩個分式有沒有好關係？）

令 $t=\dfrac{x^2-6}{x}$，則原方程式 $\Rightarrow t+\dfrac{2}{t}=3 \Rightarrow t^2-3t+2=0$

$\Rightarrow (t-1)(t-2)=0 \Rightarrow t=1$ 或 2

當 $t=1 \Rightarrow \dfrac{x^2-6}{x}=1 \Rightarrow x^2-6=x \Rightarrow (x-3)(x+2)=0$

$\Rightarrow x=3$ 或 -2

當 $t=2 \Rightarrow \dfrac{x^2-6}{x}=2 \Rightarrow x^2-6=2x \Rightarrow x^2-2x-6=0$

$\Rightarrow x=1\pm\sqrt{7}$

故 $x=3,\,-2,\,1\pm\sqrt{7}$

【例 3】 x 為實數，解方程式：$(x+1)(x+2)(x+3)(x+4)=120$

【解】 （這是四次方程式，但有特殊代換解法。）

$(x+1)(x+2)(x+3)(x+4)=120$

$\Rightarrow\ [(x+1)(x+4)][(x+2)(x+3)] = 120$

$\Rightarrow\ (x^2+5x+4)(x^2+5x+6) = 120$

令 $t = x^2+5x$，則原方程式 $\Rightarrow\ (t+4)(t+6) = 120 \Rightarrow t^2+10t-96 = 0$

$\Rightarrow\ (t+16)(t-6) = 0 \Rightarrow t = -16$ 或 6

當 $t = -16 \Rightarrow x^2+5x = -16 \Rightarrow x^2+5x+16 = 0 \Rightarrow x$ 無實數解

當 $t = 6 \Rightarrow x^2+5x = 6 \Rightarrow x^2+5x-6 = 0 \Rightarrow x = 1$ 或 -6

故 $x = 1$ 或 -6

說明：例 3 中四個一次式分兩組相乘，有一個小策略：將感覺上最大與最小的合併，另兩個一組合併，這樣較有機會出現好結果。如果沒有可代換者，就只能乘開再用解高次方程式的方法去解。

🎯 解題策略：未知數只出現一次的方程式

> 如果 x 只在方程式內出現一次，只要將 x 以外的運算直接一個一個拿掉（移到等號另一側），最後等號一側只剩 x 時就得到答案。

說明：

這也是常見的一種型，只是不被大家注意，以下面的簡單例子說明。

【例 1】 x 為實數，解方程式：$2(x^2-23)^3 = 16$

【解】 $2(x^2-23)^3 = 16 \Rightarrow (x^2-23)^3 = 8 \Rightarrow x^2-23 = 2$

$\Rightarrow x^2 = 25 \Rightarrow x = \pm 5$

【例2】　解方程式：$3^{\sqrt{x^2+7}-2}=9$

【解】　　$3^{\sqrt{x^2+7}-2}=9 \Rightarrow \sqrt{x^2+7}-2=2 \Rightarrow \sqrt{x^2+7}=4 \Rightarrow x^2+7=16$

　　　　　$\Rightarrow x^2=9 \Rightarrow x=\pm3$

實例運用【91學測補，單選2】

方程式 $x^4+2x^2-1=0$ 有多少個實根？　(1) 0　(2) 1　(3) 2　(4) 3　(5) 4

引導思考：

❶ 已知「方程式 $x^4+2x^2-1=0$」可能如何使用？

　➡ 可以取代換 $t=x^2$ 代入簡化成二次方程式再解出。

❷ 求解「有多少個實根？」可能如何得到？

　➡ 能解出方程式就有答案了。

答案：(3)

詳解：

$x^4+2x^2-1=0 \Rightarrow (x^2)^2+2(x^2)-1=0 \Rightarrow x^2=-1\pm\sqrt{2}$

當 $x^2=-1+\sqrt{2}>0 \Rightarrow x=\pm\sqrt{-1+\sqrt{2}}$，有兩實根。

當 $x^2=-1-\sqrt{2}<0$，沒有實根。

故 $x^4 + 2x^2 - 1 = 0$ 共有兩實根,選 (3)。

另解:

令 $t = x^2$,$x^4 + 2x^2 - 1 = 0 \Rightarrow t^2 + 2t - 1 = 0$

因為 $t^2 + 2t - 1 = 0$ 的判別式 $2^2 - 4(-1) = 8 > 0$,兩根乘積 $-1 < 0$,

所以 t 的兩根一正一負。

當 $t = x^2 > 0$ 時得兩實根,當 $t = x^2 < 0$ 時沒有實根,故共兩實根,選 (3)。

說明:

另解的計算較簡單而技巧,當題目不是解方程式而是求根的性質時,常可這樣考慮。

 實例運用【76夜大自然組,非選擇一】

解方程式 $\dfrac{x^2 - 6x + 5}{x^2 - 8x + 15} - \dfrac{x^2}{6x - 2x^2} = \dfrac{11}{5}$

引導思考:

❶ 分式方程式可能如何化簡?

➡ 約分、通分。

❷ 分母是二次式,通分前該有什麼動作?

➡ 檢查各個分子、分母間有沒有公因式。

答案:$x = 8$

詳解：

$$\frac{x^2-6x+5}{x^2-8x+15}-\frac{x^2}{6x-2x^2}=\frac{11}{5} \Rightarrow \frac{(x-1)(x-5)}{(x-3)(x-5)}-\frac{x^2}{-2x(x-3)}=\frac{11}{5}$$

$$\Rightarrow \frac{x-1}{x-3}+\frac{x}{2(x-3)}=\frac{11}{5} \Rightarrow \frac{2(x-1)+x}{2(x-3)}=\frac{11}{5} \Rightarrow \frac{3x-2}{2(x-3)}=\frac{11}{5}$$

$$\Rightarrow 22(x-3)=5(3x-2) \Rightarrow 7x=56 \Rightarrow x=8$$

說明： 這題為標準題，運用約分、通分就可簡單解出。

實例運用【76夜大社會組，單選乙】

解方程式 $\dfrac{x+1}{x+2}+\dfrac{x+6}{x+7}=\dfrac{x+2}{x+3}+\dfrac{x+5}{x+6}$，可得 $x=$ _____。

引導思考：

❶ 分式方程式可能如何化簡？

　➡ 約分、通分。

❷ 直接通分會變成四次式，可能很麻煩。還有其他方法嗎？

　➡ 先取部分來通分，希望能消去愈多愈好。

答案：$-\dfrac{9}{2}$

詳解：

$$\frac{x+1}{x+2}+\frac{x+6}{x+7}=\frac{x+2}{x+3}+\frac{x+5}{x+6} \;\Rightarrow\; \frac{x+1}{x+2}-\frac{x+2}{x+3}=\frac{x+5}{x+6}-\frac{x+6}{x+7}$$

$$\Rightarrow\; \frac{(x+1)(x+3)-(x+2)^2}{(x+2)(x+3)}=\frac{(x+5)(x+7)-(x+6)^2}{(x+6)(x+7)}$$

$$\Rightarrow\; \frac{-1}{x^2+5x+6}=\frac{-1}{x^2+13x+42} \;\Rightarrow\; x^2+5x+6=x^2+13x+42$$

$$\Rightarrow\; 8x+36=0 \;\Rightarrow\; x=-\frac{9}{2}$$

另解：

$$\frac{x+1}{x+2}+\frac{x+6}{x+7}=\frac{x+2}{x+3}+\frac{x+5}{x+6} \;\Rightarrow\; 1-\frac{1}{x+2}+1-\frac{1}{x+7}=1-\frac{1}{x+3}+1-\frac{1}{x+6}$$

$$\Rightarrow\; \frac{1}{x+2}+\frac{1}{x+7}=\frac{1}{x+3}+\frac{1}{x+6} \;\Rightarrow\; \frac{(x+2)+(x+7)}{(x+2)(x+7)}=\frac{(x+3)+(x+6)}{(x+3)(x+6)}$$

$$\Rightarrow\; \frac{2x+9}{x^2+9x+14}=\frac{2x+9}{x^2+9x+18}$$

$$\Rightarrow\; (2x+9)(x^2+9x+18)=(2x+9)(x^2+9x+14)$$

$$\Rightarrow\; (2x+9)(x^2+9x+18)-(2x+9)(x^2+9x+14)=0$$

$$\Rightarrow\; 4(2x+9)=0 \;\Rightarrow\; x=-\frac{9}{2}$$

說明：

❶ 四個分式完全通分有些麻煩，可做不同嘗試。

❷ 若直接將等號兩側通分變成：

$$\frac{(x+1)(x+7)+(x+2)(x+6)}{(x+2)(x+7)} = \frac{(x+2)(x+6)+(x+3)(x+5)}{(x+3)(x+6)}$$

$$\Rightarrow \frac{2x^2+16x+19}{(x+2)(x+7)} = \frac{2x^2+16x+27}{(x+3)(x+6)}$$ ，接下來不易看出如何算。

❸ 本題還有其他解法，有興趣的同學可自行嘗試。

❹ 也有人崇尚「暴力解」，就是將 ❷ 所得式子繼續交叉相乘，也可以得到答案。我們都不喜歡暴力解，不過絕大多數高手暴力解的能力都超乎常人，必要時也能義無反顧的拚下去得到答案。

實例運用【81夜大社會組，非選擇二】

試解方程式 $\sqrt{2x+5} - \sqrt{x+2} + \sqrt{3x-2} - \sqrt{4x+1} = 0$

引導思考：

❶「含有根號的方程式」可能如何解？

　➡ 利用平方消去根號，變成多項式。

❷ 直接平方會產生更多根號，該如何調整再平方？

　➡ 等號兩邊各兩個根號時，則平方後各剩一個根號，但哪兩個在一起較好？

答案：2 或 −3

詳解：

$$\sqrt{2x+5} - \sqrt{x+2} + \sqrt{3x-2} - \sqrt{4x+1} = 0$$

$$\Rightarrow \sqrt{2x+5} + \sqrt{3x-2} = \sqrt{x+2} + \sqrt{4x+1}$$

$$\Rightarrow 2x+5 + 2\sqrt{2x+5}\sqrt{3x-2} + 3x-2 = x+2 + 2\sqrt{x+2}\sqrt{4x+1} + 4x+1$$

$$\Rightarrow \sqrt{(2x+5)(3x-2)} = \sqrt{(x+2)(4x+1)}$$

$$\Rightarrow (2x+5)(3x-2) = (x+2)(4x+1) \Rightarrow 6x^2 + 11x - 10 = 4x^2 + 9x + 2$$

$$\Rightarrow 2x^2 + 2x - 12 = 0 \Rightarrow x^2 + x - 6 = 0$$

$$\Rightarrow (x-2)(x+3) = 0 \Rightarrow x = 2 \text{ 或 } -3$$

當 $x = 2$ 代回得 $\sqrt{9} - \sqrt{4} + \sqrt{4} - \sqrt{9} = 0$，符合；

當 $x = -3$ 代回得 $\sqrt{-1} - \sqrt{-1} + \sqrt{-11} - \sqrt{-11} = i - i + \sqrt{11}i - \sqrt{11}i = 0$，符合。

故 $x = 2$ 或 -3

說明：

❶ 換成 $\sqrt{2x+5} + \sqrt{3x-2} = \sqrt{x+2} + \sqrt{4x+1}$ 再平方時，

因為 $(2x+5) + (3x-2) = (x+2) + (4x+1)$，平方後根號以外的都消去。當四個要分兩組時，優先考慮：最大的配最小的。

❷ 還未學過虛數的同學可以先不管為何「$x = -3$ 代回符合」。

在解題時如果要假設未知數，優先考慮「假設求解為未知數」，但這樣假設也許不好用，我們也可能另外假設。例如求一個圓的面積，通常會假設圓的半徑為 r，然後面積為 πr^2；若求一個三角形的面積，也很少會直接假設三角形面積為 A。有時題目給定未知數並不好用，我們也可自己另外假設。

接下來就是將「代數解題策略 1」加以推廣的結果：

代數解題策略2

> 步驟 1 假設合適的未知數。
> 步驟 2 利用「已知」列出方程式。
> 步驟 3 先解出方程式，然後以此求出答案。

說明：

❶ 步驟 1 裡的「合適」包括兩個要求：

  (1) 能列出較簡單的方程式；(2) 解出未知數後就能繼續算出題目的答案。

❷ 很多題目若假設不同的未知數，就會列出不同的方程式，也都可以得到答案，只是過程難易度、麻煩程度可能差很大。如果解方程式的能力高，也能彌補不好的假設方式。

❸ 後面討論常用的假設方式。

不同的假設方式源自不同的觀察點，各種觀察點各有優缺點，解題時也會有不同作用。最重要的是必須要有延伸的效果，也就是做此假設了以後，可以得到結果，例如得到一個方程式、可以運用一個定理。如果假設了某個未知數後，可以得到多個結果，更是要

優先考慮。平時做練習時，不妨多做不同假設並比較得失，考試時只要找到一個有效的方法即可。

下面介紹一些常用的觀察點；解題時也可以考慮先多設幾個未知數，再利用未知數之間的關係，消去部分未知數。

一、**關鍵變數**：依據題目所在的範疇，有些部分會有關鍵變數，如果這些關鍵變數未知時，優先假設它們。

    【例】有關圓的問題，我們常「設半徑 r」，然後圓的周長、面積都可用 r 表示。因為圓的公式多圍繞著半徑，半徑就是圓的問題中的關鍵變數。

    【例】等比數列的問題中，我們常「設首項 a，公比 r」，因為主要的公式都圍繞著首項、公比使用，有了它們就容易將已知、求解表為簡單數學式。

二、**配合已知**：為了將已知順利轉化成數學式，我們會配合已知去假設。

    【例】「已知小華的錢是小明的兩倍」➡「設小明有 x 元，小華有 $2x$ 元」

    【例】「有一個等腰三角形」➡「設此三角形兩腰長皆為 x」

三、**配合求解**：為了將求解轉化成未知數或含未知數的數學式，我們會配合求解的方法去假設。

    【例】「求某矩形的面積」➡「設矩形的長為 x，寬為 y，則面積為 xy」

    【例】「求二次函數 $f(x)$」➡「設 $f(x) = ax^2 + bx + c$，其中 $a \neq 0$」

    【例】「求 $f(x)$ 除以 $x^2 + 1$ 所得的餘式」➡「設餘式 $ax + b$」

    【例】「求直線 L 的方程式」➡「設直線 $L : y = ax + b$」

四、**配合公式**：為了順利使用某個公式，我們會配合公式的使用方法去假設。

    【例】「一直角三角形斜邊為 10」➡「設兩股 x, y，則 $x^2 + y^2 = 100$」

    【例】「某等差數列第 7 項為 9」➡「設首項 a，公差 d，則 $a + 6d = 9$」

    【例】「一個矩形面積為 20」➡「設矩形長、寬為 x, y，且 $xy = 20$」

五、兼具若干個上述優點：若假設某個未知數能兼具配合已知、求解、公式，當然更優先
考慮。如果不能兼顧，只好做取捨，若不好解再換方式。

【例】「求解為 $\triangle ABC$ 的面積，已知一邊長為 6」

➡「假設高為 h，則面積為 $\dfrac{6 \times h}{2} = 3h$，先求 h，求出 h 就能得到面積」

【例】「求解為一直線方程式，已知此直線通過點 $(0, 3)$」

➡「假設直線為 $y = ax + 3$，先求 a，求出 a 就能得到直線方程式」

一個題目有很多種不同解法，有時是切入點不同，或是做不同的假設，可能都會得到
答案，只是計算過程可能差別很大。例如一個題目有 A、B、C 三個條件，解法 1 是利用 A
來假設，再利用 B、C 列方程式去解；解法 2 是利用 B 來假設，再利用 A、C 列方程式去
解。也許過程快慢有差異，但都能解出答案。

平常學習標準題時，要多注意做法：為何這樣假設？或這樣假設有什麼好處？怎樣的
條件可以怎麼變成方程式？大多數的情形，只是利用定義或常見的充要條件而已。那怎樣
選擇才好？先記住兩個原則：

(1) 假設未知數後所得的式子，愈簡單愈好。

(2) 多半情況下，未知數個數愈少愈好。

❋

 實例運用

$\triangle ABC$ 的三邊長分別為 $\overline{AB} = 3$、$\overline{BC} = 6$、$\overline{CA} = 5$，則 $\triangle ABC$ 過 A 的高 $\overline{AD} = $?

引導思考：

❶ 幾何題目應該先畫個圖。

　➡ 如右圖。

❷ 已知有哪些？可能如何使用？

　➡ $\overline{AB}$、$\overline{BC}$、$\overline{CA}$，還有 $\overline{AD} \perp \overline{BC}$，看到垂直，想到畢氏定理。

❸ 求解是什麼？可能如何假設未知數？

　➡ 求解是 $\overline{AD}$，配合畢氏定理需要，可以設 $\overline{AD} = h$ 或設 $\overline{BD} = x$。

答案：$\dfrac{2\sqrt{14}}{3}$

詳解：

設 $\overline{BD} = x$，則由 $\overline{BD} + \overline{CD} = \overline{BC} = 6$，知 $\overline{CD} = 6 - x$

在 $\triangle ABD$ 上，由畢氏定理知 $\overline{AD}^2 = \overline{AB}^2 - \overline{BD}^2 = 3^2 - x^2$

在 $\triangle ACD$ 上，由畢氏定理知 $\overline{AD}^2 = \overline{AC}^2 - \overline{CD}^2 = 5^2 - (6-x)^2$

所以 $3^2 - x^2 = 5^2 - (6-x)^2 \Rightarrow 9 - x^2 = -11 + 12x - x^2 \Rightarrow 12x = 20 \Rightarrow 3x = 5$

$\Rightarrow x = \dfrac{5}{3}$，而 $\overline{AD} = \sqrt{\overline{AB}^2 - \overline{BD}^2} = \sqrt{3^2 - (\dfrac{5}{3})^2} = \sqrt{\dfrac{56}{9}} = \dfrac{2\sqrt{14}}{3}$

另解：

設 $\overline{AD} = h$，則 $\overline{BD} = \sqrt{\overline{AB}^2 - \overline{AD}^2} = \sqrt{3^2 - h^2}$，

$\overline{CD} = \sqrt{\overline{AC}^2 - \overline{AD}^2} = \sqrt{5^2 - h^2}$

由於 $\overline{BD} + \overline{CD} = \overline{BC}$

$\Rightarrow \sqrt{9-h^2} + \sqrt{25-h^2} = 6 \Rightarrow \sqrt{9-h^2} = 6 - \sqrt{25-h^2}$

$\Rightarrow (\sqrt{9-h^2})^2 = (6 - \sqrt{25-h^2})^2 \Rightarrow 9-h^2 = 36 - 12\sqrt{25-h^2} + 25 - h^2$

$\Rightarrow 12\sqrt{25-h^2} = 52 \Rightarrow 3\sqrt{25-h^2} = 13 \Rightarrow 9(25-h^2) = 169$

$\Rightarrow 25 - h^2 = \dfrac{169}{9} \Rightarrow h^2 = 25 - \dfrac{169}{9} = \dfrac{56}{9}$

$\Rightarrow h = \dfrac{2\sqrt{14}}{3}$ ，即 $\overline{AD} = \dfrac{2\sqrt{14}}{3}$

說明：

❶ 這是個有趣的題目，在國中應該見過，可是常要記下第一種解法，否則解不出來。現在想想，只要解方程式能力夠，兩種方法都很好。

❷ 比較一下，第一種解法做比較不自然的假設，但會得到簡單好解的方程式，解出 x 後再求出 $\overline{AD}$；第二種解法直接設求解 $\overline{AD} = h$，得到的方程式較複雜，但解出來就是答案。

❸ 我覺得兩種解法各有優劣，比較後更能了解。當我們面對沒見過的問題，本來就有不同方式，也需要嘗試不同方式，來找尋出解法。

❹ 在學過高中的三角後，還會有別種解法。

第 3 節
解方程組

在這一節裡，討論一般在解題時需要解的方程組。

先要有一個觀念，在正常情況下，要解出 n 個未知數，就必須有 n 個方程式。在解題中的方程組大都如此，至於那些直接考方程組的題目，才會出現特殊的無解或無窮多解的狀況。所以面對題目需要假設未知數時，通常未知數個數愈少愈好，利用條件寫出足夠的方程式，若假設了 3 個未知數，就必須找到 3 個方程式來解未知數。而方程式個數不夠的情形，我們在下一節討論。

至於解方程組，我們先熟悉四個小策略，最後再整合成一個較大的策略。國中初學二元一次方程組時，就學過加減消去法、代入消去法，以下要介紹的前兩個小策略，就是這兩種方法的「加強版」。

解題策略：加減乘除消去法

將兩個方程式做加減乘除，看能否消去一個未知數。

說明：

❶ 這是將國中所學「加減消去法」延伸成「加減乘除消去法」。

❷ 也可將各方程式做調整（平方、倒數……）後，再做加減乘除消去未知數。

❸ 用兩式相乘除時，要注意是否有 0 的可能。

【例 1】 解方程組：$\begin{cases}(x+2y+1)(2x-3)=5 & \cdots\cdots(1)\\(3x+4)(x+2y+1)=50 & \cdots\cdots(2)\end{cases}$

【解】　(1) 式 ÷ (2) 式消去 y 得：$\dfrac{2x-3}{3x+4}=\dfrac{5}{50}$　$\Rightarrow$　$10(2x-3)=3x+4$　$\Rightarrow$　$x=2$

代回 (1) 式得 $(2+2y+1)(4-3)=5$　$\Rightarrow$　$2y+3=5$　$\Rightarrow$　$y=1$

故得 $x=2$，$y=1$

（用到相除，應考慮一下，兩式都不會為 0，所以不會有意外。）

【例 2】 解方程組：$\begin{cases}\dfrac{9}{x-1}+\dfrac{6}{2y-3}=5 & \cdots\cdots(1)\\[2mm]\dfrac{5}{2x-3}+\dfrac{3}{2y-3}=2 & \cdots\cdots(2)\end{cases}$

【解】　(1) 式 $-$ (2) 式 $\times\,2$ 消去 y 得：$\dfrac{9}{x-1}-\dfrac{10}{2x-3}=1$

$\Rightarrow$ $9(2x-3)-10(x-1)=(x-1)(2x-3)$　$\Rightarrow$　$8x-17=2x^2-5x+3$

$\Rightarrow$ $2x^2-13x+20=0$　$\Rightarrow$　$(x-4)(2x-5)=0$　$\Rightarrow$　$x=4$ 或 $\dfrac{5}{2}$

當 $x=4$，代回 (1) 式得：$3+\dfrac{6}{2y-3}=5$　$\Rightarrow$　$2y-3=3$　$\Rightarrow$　$y=3$

當 $x=\dfrac{5}{2}$，代回 (1) 式得：$6+\dfrac{6}{2y-3}=5$　$\Rightarrow$　$2y-3=-6$　$\Rightarrow$　$y=-\dfrac{3}{2}$

故 $x=4$，$y=3$ 或 $x=\dfrac{5}{2}$，$y=-\dfrac{3}{2}$

解題策略：代入消去法

> 先解出一個未知數以其他未知數表示，再將此式代入其他方程式。

說明：

有一個方程式是一次式時，非常好用。

【例 1】 解方程組：$\begin{cases} x^2 + xy + 2y^2 = 4 & \cdots\cdots(1) \\ 2x + y = 3 & \cdots\cdots(2) \end{cases}$

【解】　由 (2) 得 $y = 3 - 2x$，代入 (1) 式得 $x^2 + x(3 - 2x) + 2(3 - 2x)^2 = 4$

$\Rightarrow x^2 + (3x - 2x^2) + (8x^2 - 24x + 18) = 4 \Rightarrow 7x^2 - 21x + 14 = 0$

$\Rightarrow x^2 - 3x + 2 = 0 \Rightarrow (x - 1)(x - 2) = 0 \Rightarrow x = 1$ 或 2

代回 $y = 3 - 2x$ 得 $y = 1$ 或 -1

故 $\begin{cases} x = 1 \\ y = 1 \end{cases}$ 或 $\begin{cases} x = 2 \\ y = -1 \end{cases}$

【例 2】 解方程組：$\begin{cases} \dfrac{3}{x} + \dfrac{4}{y} = 2 \\ \dfrac{4}{x+1} + \dfrac{3}{y+1} = 1 \end{cases}$

【解】　由 $\dfrac{3}{x} + \dfrac{4}{y} = 2 \Rightarrow \dfrac{4}{y} = 2 - \dfrac{3}{x} \Rightarrow \dfrac{4}{y} = \dfrac{2x - 3}{x} \Rightarrow y = \dfrac{4x}{2x - 3}$

代入 $\dfrac{4}{x+1} + \dfrac{3}{y+1} = 1 \Rightarrow \dfrac{4}{x+1} + \dfrac{3}{\dfrac{4x}{2x-3}+1} = 1$

$\Rightarrow \dfrac{4}{x+1} + \dfrac{3}{\dfrac{6x-3}{2x-3}} = 1 \Rightarrow \dfrac{4}{x+1} + \dfrac{6x-9}{6x-3} = 1$

$\Rightarrow 4(6x-3) + (x+1)(6x-9) = (x+1)(6x-3)$

$\Rightarrow 6x^2 + 21x - 21 = 6x^2 + 3x - 3 \Rightarrow x = 1$，代回 $y = \dfrac{4x}{2x-3}$ 得 $y = -4$

故 $x = 1$，$y = -4$

接下來，再引進第三個小策略與一個小觀念。

解題策略：先化簡再消未知數

> 將兩個方程式加減乘除後，得到一個較簡單的方程式。

說明：

❶ 在沒有適切的消去法時才考慮使用。

❷ 在沒有消去未知數時，只能用新得的方程式替換一個原來的方程式。

【例 1】 解方程組：$\begin{cases} x^2 + y^2 + 2x + 2y - 23 = 0 & \cdots\cdots(1) \\ x^2 + y^2 + 6x + 4y - 37 = 0 & \cdots\cdots(2) \end{cases}$

【解】 （加減、代入消去法都不易，顯然 $x^2 + y^2$ 是麻煩所在。）

(2) 式 $-$ (1) 式得 $4x + 2y - 14 = 0$

$$\begin{cases} x^2 + y^2 + 2x + 2y - 23 = 0 \\ x^2 + y^2 + 6x + 4y - 37 = 0 \end{cases} \Rightarrow \begin{cases} x^2 + y^2 + 2x + 2y - 23 = 0 \\ 4x + 2y - 14 = 0 \qquad \cdots\cdots(3) \end{cases}$$

（還沒消去未知數時，方程式個數不能少，只能用新方程式代替一個原來的方程式。）

由 (3) 式得 $y = -2x + 7$，代入 (1) 式得：

$x^2 + (-2x + 7)^2 + 2x + 2(-2x + 7) - 23 = 0 \Rightarrow 5x^2 - 30x + 40 = 0$

$\Rightarrow (x - 2)(x - 4) = 0 \Rightarrow x = 2$ 或 4

代回 $y = -2x + 7$ 得：$y = 3$ 或 -1

故 $\begin{cases} x = 2 \\ y = 3 \end{cases}$ 或 $\begin{cases} x = 4 \\ y = -1 \end{cases}$

【例 2】 解方程組：$\begin{cases} \sqrt{x + y} = x - y - 4 & \cdots\cdots(1) \\ 2\sqrt{x + y} = x + 2y + 1 & \cdots\cdots(2) \end{cases}$

【解】 （加減、代入消去法都不易，考慮先化簡時，顯然 $\sqrt{x + y}$ 是麻煩所在。）

(1) 式 $\times 2 - $ (2) 式得 $x - 4y - 9 = 0$

$$\begin{cases} \sqrt{x + y} = x - y - 4 \\ 2\sqrt{x + y} = x + 2y + 1 \end{cases} \Rightarrow \begin{cases} \sqrt{x + y} = x - y - 4 \\ x - 4y - 9 = 0 \end{cases} \quad （現在可用代入消去法）$$

將 $x = 4y + 9$ 代入 $\sqrt{x + y} = x - y - 4$

$\Rightarrow \sqrt{(4y + 9) + y} = (4y + 9) - y - 4 \Rightarrow \sqrt{5y + 9} = 3y + 5$

$\Rightarrow 5y + 9 = (3y + 5)^2 \Rightarrow 9y^2 + 25y + 16 = 0$

$\Rightarrow (y + 1)(9y + 16) = 0 \Rightarrow y = -1 \text{ 或 } -\dfrac{16}{9}$

代回 $\sqrt{5y + 9} = 3y + 5$ 得 $y = -1$（$y = -\dfrac{16}{9}$ 不合）

代入 $x = 4y + 9$ 得 $x = 5$　　故 $x = 5$，$y = -1$

（若先考慮平方消根號，恐怕式子太複雜，不妥。）

解題策略：更多未知數

(1) 三個未知數通常要有三個方程式，先用方程式兩兩消去一個未知數，然後變成二個未知數與二個方程式，再繼續解出。

(2) 更多未知數時，通常要有相同數目的方程式，每當消去一個未知數後，才能相應減少一個方程式。

【例 1】 解方程組：$\begin{cases} x + 2y - z = 1 & \cdots\cdots(1) \\ 3x - 3y + 2z = 9 & \cdots\cdots(2) \\ 2x + 3y - z = 4 & \cdots\cdots(3) \end{cases}$

【解】　（z 係數最簡單，先消 z。分別用 (1)(2) 式、(1)(3) 式消 z）

$$\begin{cases} x + 2y - z = 1 \\ 3x - 3y + 2z = 9 \\ 2x + 3y - z = 4 \end{cases} \Rightarrow \begin{cases} 5x + y = 11 \\ x + y = 3 \end{cases} \Rightarrow 4x = 8 \Rightarrow x = 2$$

代回 $x + y = 3$ 得 $y = 1$，再代回 $x + 2y - z = 1$ 得 $z = 3$

故 $x = 2$，$y = 1$，$z = 3$

【例2】　解方程組：$\begin{cases} 2x + y + z = 2 & \cdots\cdots(1) \\ 3x + 2y + z = 5 & \cdots\cdots(2) \\ x^2 + y^2 + z^2 = 14 & \cdots\cdots(3) \end{cases}$

【解】　由 (1) 式得 $z = -2x - y + 2$，代入 (2)、(3) 式得：

$$\begin{cases} 3x + 2y + (-2x - y + 2) = 5 \\ x^2 + y^2 + (-2x - y + 2)^2 = 14 \end{cases} \Rightarrow \begin{cases} x + y = 3 \\ x^2 + y^2 + (-2x - y + 2)^2 = 14 \end{cases}$$

再由 $x + y = 3$ 得 $y = -x + 3$，代入 $x^2 + y^2 + (-2x - y + 2)^2 = 14$ 得：

$x^2 + (-x + 3)^2 + [-2x - (-x + 3) + 2]^2 = 14$

$\Rightarrow x^2 + (-x + 3)^2 + (-x - 1)^2 = 14 \Rightarrow 3x^2 - 4x - 4 = 0$

$\Rightarrow (x - 2)(3x + 2) = 0 \Rightarrow x = 2 \ 或 -\dfrac{2}{3}$

代回 $y = -x + 3$ 得 $y = 1$ 或 $\dfrac{11}{3}$，再代回 $z = -2x - y + 2$ 得 $z = -3$ 或 $-\dfrac{1}{3}$

故 $x = 2$，$y = 1$，$z = -3$ 或 $x = -\dfrac{2}{3}$，$y = \dfrac{11}{3}$，$z = -\dfrac{1}{3}$

請先將前四個小策略反覆思考，變成自己的策略。然後我們將它們整合成一個較大的策略：

 ## 解題策略：解聯立方程組的策略

> (1) 解方程組就是要「消去未知數」。
>
> (2) 先考慮哪一個未知數比較容易消去？
>
> (3) 過程中必須遵守「每消去一個未知數，才能減少一個方程式」。

說明：

❶ 檢視每一個未知數：通常出現次數愈少、形式愈單純的未知數，愈容易消去。

❷ 若有一個一次方程式，或一個方程式中一個未知數可解，可用代入消去法。

❸ 若方程式不夠，我們在下一節再仔細討論。

實例運用【80夜大社會組，非選擇三】

解方程組： $\begin{cases} x + y = 3 \\ x^3 + y^3 = 9 \end{cases}$

引導思考：

❶ 題目就是「解方程組」，該想到什麼？

➡ 就是「消未知數」。

❷ 哪一個未知數容易消去？用哪一個方法消去？

➡ 消 x 或 y 都可以，用代入消去法。

答案： $\begin{cases} x = 1 \\ y = 2 \end{cases}$ 或 $\begin{cases} x = 2 \\ y = 1 \end{cases}$

詳解：

由 (1) 式得 $y = 3 - x$，代入 (2) 式得 $x^3 + (3 - x)^3 = 9 \Rightarrow 27 - 27x + 9x^2 = 9$

$\Rightarrow x^2 - 3x + 2 = 0 \Rightarrow (x - 1)(x - 2) = 0 \Rightarrow x = 1$ 或 2

代回 $y = 3 - x$ 得 $y = 2$ 或 1，故 $\begin{cases} x = 1 \\ y = 2 \end{cases}$ 或 $\begin{cases} x = 2 \\ y = 1 \end{cases}$

說明：

❶ 這是標準題，標準想法即可解出。

❷ 這題也可用代換方式：

令 $u = x + y$，$v = xy$，則 $\begin{cases} x + y = 3 \\ x^3 + y^3 = 9 \end{cases} \Rightarrow \begin{cases} u = 3 \\ u^3 - 3uv = 9 \end{cases} \Rightarrow \begin{cases} u = 3 \\ v = 2 \end{cases}$

$\Rightarrow \begin{cases} x + y = 3 \\ xy = 2 \end{cases} \Rightarrow \begin{cases} x = 1 \\ y = 2 \end{cases}$ 或 $\begin{cases} x = 2 \\ y = 1 \end{cases}$

這是好方法，只是用在這題，有點殺雞用牛刀的感覺。

◎ 實例運用【80夜大社會組】

設方程組 $\begin{cases} x + y + z = 6 \\ 2x - y + 3z = 9 \\ 3x - 2y + z = 2 \end{cases}$ 與方程組 $\begin{cases} ax + by + cz = -1 \\ ax - by + cz = 3 \\ bx + cy - az = -4 \end{cases}$ 有相同的解，

則 $(a, b, c) = \underline{\hspace{2cm}}$。

引導思考：

❶ 已知「$\begin{cases} x + y + z = 6 \\ 2x - y + 3z = 9 \\ 3x - 2y + z = 2 \end{cases}$」可能如何使用？

➡ 可求出解。

❷ 已知「兩方程組有相同的解」可能如何使用？

➡ $\begin{cases} x + y + z = 6 \\ 2x - y + 3z = 9 \\ 3x - 2y + z = 2 \end{cases}$ 的解就是 $\begin{cases} ax + by + cz = -1 \\ ax - by + cz = 3 \\ bx + cy - az = -4 \end{cases}$ 的解。

❸ 得到「$\begin{cases} ax + by + cz = -1 \\ ax - by + cz = 3 \\ bx + cy - az = -4 \end{cases}$ 的解」可能如何使用？

➡ 代入滿足，可得 a, b, c 的三個方程式，可解出 a, b, c。

答案：$(1, -1, 0)$

詳解：

$$\begin{cases} x + y + z = 6 \\ 2x - y + 3z = 9 \\ 3x - 2y + z = 2 \end{cases} \Rightarrow \begin{cases} 3x + 4z = 15 \\ x + 5z = 16 \end{cases} \Rightarrow 11z = 33 \Rightarrow z = 3$$

代回得 $x = 1$，$y = 2$

$x = 1$，$y = 2$，$z = 3$ 也是 $\begin{cases} ax + by + cz = -1 \\ ax - by + cz = 3 \\ bx + cy - az = -4 \end{cases}$ 的解，代入得

$$\begin{cases} a + 2b + 3c = -1 \\ a - 2b + 3c = 3 \\ b + 2c - 3a = -4 \end{cases} \Rightarrow \begin{cases} 4b = -4 \\ -5b + 11c = 5 \end{cases} \Rightarrow b = -1，代回得 c = 0，a = 1$$

說明：

❶ 會解方程組，再簡單推理即可解出。

❷ 原考題是單選題組，這裡改成填充題型。

配合解方程組，我們又可以將代數解題策略再進化一步。

代數解題策略3

> 步驟 1　假設一個或多個未知數。
>
> 步驟 2　利用「已知」列出方程式或方程組。
>
> 步驟 3　解出方程式或方程組之後，再求出答案。

說明：

❶「代數解題策略 3」只是將「代數解題策略 2」中的單一未知數改成多個未知數，
　相應方程式改成方程組。

❷ 一般情形中，若設 n 個未知數，就需要 n 個條件化為 n 個方程式，才能解出
　所有未知數。

※

實例運用【77夜大社會組，非選擇一】

解聯立方程式 $\begin{cases} \mid x-2 \mid + \mid x-3 \mid + y = 0 \\ 2x + 5y = 0 \end{cases}$

引導思考：

❶ 解方程組就是要「消去未知數」。

　➡ 消哪個未知數？

❷ 方程組中有絕對值，可以如何處理？

　➡ 絕對值內可以分正負來討論。

➡ 考慮 $x - 2$、$x - 3$ 的正負分開，分成 $x \geq 3$、$2 \leq x < 3$、$x < 2$ 三種情形。

答案：$x = \dfrac{25}{8}$，$y = -\dfrac{5}{4}$ 或 $x = \dfrac{5}{2}$，$y = -1$

詳解：

當 $x \geq 3$ 時，$\begin{cases} \mid x - 2 \mid + \mid x - 3 \mid + y = 0 \\ 2x + 5y = 0 \end{cases}$ $\Rightarrow$ $\begin{cases} (x-2) + (x-3) + y = 0 \\ 2x + 5y = 0 \end{cases}$

$\Rightarrow$ $\begin{cases} 2x + y - 5 = 0 \\ 2x + 5y = 0 \end{cases}$ $\Rightarrow$ $x = \dfrac{25}{8}$，$y = -\dfrac{5}{4}$，符合 $x = \dfrac{25}{8} \geq 3$

當 $2 \leq x < 3$ 時，$\begin{cases} \mid x - 2 \mid + \mid x - 3 \mid + y = 0 \\ 2x + 5y = 0 \end{cases}$ $\Rightarrow$ $\begin{cases} (x-2) - (x-3) + y = 0 \\ 2x + 5y = 0 \end{cases}$

$\Rightarrow$ $\begin{cases} y + 1 = 0 \\ 2x + 5y = 0 \end{cases}$ $\Rightarrow$ $y = -1$，$x = \dfrac{5}{2}$，符合 $2 \leq x = \dfrac{5}{2} < 3$

當 $x < 2$ 時，$\begin{cases} \mid x - 2 \mid + \mid x - 3 \mid + y = 0 \\ 2x + 5y = 0 \end{cases}$ $\Rightarrow$ $\begin{cases} -(x-2) - (x-3) + y = 0 \\ 2x + 5y = 0 \end{cases}$

$\Rightarrow$ $\begin{cases} -2x + y = -5 \\ 2x + 5y = 0 \end{cases}$ $\Rightarrow$ $y = -\dfrac{5}{6}$，$x = \dfrac{25}{12}$，不符合 $x < 2$（不合）

故 $x = \dfrac{25}{8}$，$y = -\dfrac{5}{4}$ 或 $x = \dfrac{5}{2}$，$y = -1$

說明：

❶ 方程組中出現絕對值，就要同時考慮「解方程組」與「處理絕對值」的策略。

　　如果方程組中有指數、對數、三角函數也是一樣，綜合兩種策略即可。

❷ 這題若先考慮「消去未知數」：

$$\begin{cases} |x-2|+|x-3|+y=0 \\ 2x+5y=0 \end{cases} \Rightarrow 5|x-2|+5|x-3|-2x=0$$

再分成 $x \geq 3$、$2 \leq x < 3$、$x < 2$ 三種情形討論也可以。

實例運用【87學測，選填C】

某公司有甲、乙、丙三條生產線，現欲生產三萬個產品，如果甲、乙、丙三條生產線同時開動，需 10 小時；如果只開動乙、丙兩條生產線，需 15 小時；如果只開動甲生產線 15 小時，則需再開動丙生產線 30 小時，才能完成所有產品。問如果只開動乙生產線，需要_____小時才能生產三萬個產品。

引導思考：

❶ 已知「甲乙丙同開需 10 小時」、「只開乙丙需 15 小時」、「開甲 15 小時再開丙 30 小時」才能完成所有產品，可以如何用？

➡ 三個條件可得三個方程式，可設三個未知數，分別對應甲、乙、丙。

❷ 求解「只開乙需要多少小時」可能如何得到？

➡ 可設「只開甲、乙、丙一條生產線，各需 x, y, z 小時才能完成」，解出方程組的 y 就是答案。

❸ 也可設「甲、乙、丙生產線每小時各生產 x、y、z 個產品」配合「生產三萬個產品」可簡單列方程式，而答案就變成 $\dfrac{30000}{y}$。

答案：20

詳解：

設甲、乙、丙生產線每小時各生產 x、y、z 個產品，則

$$\begin{cases} 10x + 10y + 10z = 30000 \\ 15y + 15z = 30000 \\ 15x + 30z = 30000 \end{cases} \Rightarrow \begin{cases} x + y + z = 3000 \\ y + z = 2000 \\ x + 2z = 2000 \end{cases} \Rightarrow \begin{cases} y - z = 1000 \\ y + z = 2000 \end{cases} \Rightarrow y = 1500$$

如果只開動乙生產線，則需 $\dfrac{30000}{1500} = 20$ 小時。

另解：

設只開甲、乙、丙一條生產線，各需 x, y, z 小時才能完成；也就是只開甲、乙、丙一條生產線，每小時各能完成全部的 $\dfrac{1}{x}, \dfrac{1}{y}, \dfrac{1}{z}$，則

$$\begin{cases} \dfrac{1}{x} + \dfrac{1}{y} + \dfrac{1}{z} = \dfrac{1}{10} \\ \dfrac{1}{y} + \dfrac{1}{z} = \dfrac{1}{15} \\ \dfrac{15}{x} + \dfrac{30}{z} = 1 \end{cases} \Rightarrow \begin{cases} \dfrac{1}{y} + \dfrac{1}{z} = \dfrac{1}{15} \\ \dfrac{15}{y} - \dfrac{15}{z} = \dfrac{1}{2} \end{cases} \Rightarrow \dfrac{30}{y} = \dfrac{3}{2} \Rightarrow y = 20$$

如果只開動乙生產線，則需 20 小時。

說明：

❶ 兩種算法的差別只在假設未知數的方法，「另解」的方式較直接。解方程組時能把握消去未知數的要訣，就不難了。

❷ 題目中的條件「生產三萬個產品」是多餘的，只要總數量固定就可：「另解」的解法只用到了比例來求解。

實例運用【100學測，選填E】

一礦物內含 A、B、C 三種放射性物質，放射出同一種輻射。已知 A、B、C 每公克分別會釋放出 1 單位、2 單位、1 單位的輻射強度，又知 A、B、C 每過半年其質量分別變為原來質量的 $\frac{1}{2}$、$\frac{1}{3}$、$\frac{1}{4}$ 倍。於一年前測得此礦物的輻射強度為 66 單位，而半年前測得此礦物的輻射強度為 22 單位，且目前此礦物的輻射強度為 8 單位，則目前此礦物中 A、B、C 物質之質量分別為＿＿＿、＿＿＿、＿＿＿公克。

引導思考：

❶ 題目比較長，數據比較多，需要細心看，更要多看幾次才能清楚。

　求解「目前此礦物中 A、B、C 物質之質量」可能如何假設？

　➡ 可假設目前 A、B、C 物質之質量分別為 x, y, z 公克，要三個方程式。

❷ 已知「A 每過半年其質量分別變為原來質量的 $\frac{1}{2}$ 倍」是什麼意思？

　➡ 目前 A 之質量為 x 公克，則半年後為 $\frac{x}{2}$ 公克，一年後為 $\frac{x}{4}$ 公克，而半年前為 $2x$ 公克，一年前為 $4x$ 公克。

❸ 已知「目前此礦物的輻射強度為 8 單位」能列出方程式嗎？

　➡ A、B、C 三種放射性物質各有質量若干公克，輻射強度若干單位。輻射強度由質量決定，質量隨時間改變。目前輻射強度可由目前質量求出。

❹「一年前 66 單位」與「半年前 22 單位」又可得兩個方程式，那就可解了。

答案：4、1、2

詳解：

❶ 設目前 A、B、C 物質之質量分別為 x, y, z 公克

　則半年前 A、B、C 物質之質量分別為 $2x, 3y, 4z$ 公克

　而一年前 A、B、C 物質之質量分別為 $4x, 9y, 16z$ 公克

❷ 目前的輻射強度為 $x \times 1 + y \times 2 + z \times 1 = x + 2y + z$

　半年前的輻射強度為 $2x \times 1 + 3y \times 2 + 4z \times 1 = 2x + 6y + 4z$

　一年前的輻射強度為 $4x \times 1 + 9y \times 2 + 16z \times 1 = 4x + 18y + 16z$

❸ $\begin{cases} x + 2y + z = 8 \\ 2x + 6y + 4z = 22 \\ 4x + 18y + 16z = 66 \end{cases} \Rightarrow \begin{cases} 2y + 2z = 6 \\ 6y + 8z = 22 \end{cases} \Rightarrow 2z = 4 \Rightarrow z = 2$

❹ 代回 $2y + 2z = 6$ 得 $y = 1$，再代回 $x + 2y + z = 8$ 得 $x = 4$

　故目前 A、B、C 物質之質量分別為 4、1、2 公克

說明：

❶ 這題答對率 26% 相當低，其實並不難，題目敘述較長，要培養耐力。

❷ 主要困難是題意，若不了解放射性物質的性質，就可能看不懂。

❸ 只要能看懂題意，這題數學部分不難。

❹ 也可假設「一年前 A、B、C 物質之質量分別為 x, y, z 公克」。

對於已知條件的使用，我們再深入討論，有些條件有用而需要深思；也有些條件幾乎無用，或至少開始時無用。所以我將條件又分成「主要條件」與「輔助條件」，以區分它們的使用時機。

　　「主要條件」是指那些可以轉化成數學等式的條件，求未知數時要靠它們才能解出，缺一個就解不出答案了。所以，找出主要條件再深入考慮該怎麼用，是解題的關鍵，思考也是圍繞著主要條件。

　　一般題目中不等式的條件是輔助條件，但如果是不等關係的題目，例如解不等式、求範圍、求極值的問題中，不等式的條件都是主要條件。還有一個情況可由不等式去求整數之值，例如：x 為整數且 $3 < 3x < 8 \Rightarrow x = 2$，這時不等式也是主要條件。

　　「輔助條件」當然不是沒有用，只是無法直接轉換成方程式，它們也有各種不同的功能，下面是常見的三種：

1. 使用相關定理的條件或定下題目範圍：

　　例如「a、b 為正數」，有些定理（例如算幾不等式）必須在正數的條件下才能使用，這類條件也可以導引我們選用定理的提示。

　　例如「$f(x)$ 為多項式」，導引我們優先考慮多項式的各種公式。

2. 使題目條件合理：

　　例如「$ab \neq 0$」，如果題目中 a, b 出現在分母，這條件只是讓題目不會無意義。

　　例如「x, y 為實數」，如果題目在求極值，本就只有在實數時才有意義。

3. 限制答案個數：

　　例如「$a < 0$」，也許原本答案為 $a = -2$ 或 3，出題者不希望有兩組答案，於是加入此條件使答案只有 $a = -2$。

　　所以在分析題目的已知時，第 1 類的條件有時提醒我們，某些公式要待命了。第 2、3 類或分不出用途的輔助條件，通常會先擱在一邊。當然，在抓不住題目解法或已經得出答案後，還是要再檢視一遍所有的輔助條件，看看有無特殊作用。

第 4 節
求值問題

  如果在一個題目中假設了三個未知數，我們希望能找到三個方程式，就能解出三個未知數，然後得到答案。但萬一我們只找到兩方程式，那該怎麼辦？請先檢查一下有沒有漏看或還沒充分運用的條件，這是實際解題時較常出現的情況。

  若真的條件還是不夠，可區分為兩類：(1) 未知數有特殊限制，而仍可以解出未知數；(2) 求解是一個代數式之值，而不需先求出所有未知數。前者是一些特例，高中題目中很容易分辨，其中整數解有時很困難，不過現在已不再是高中數學的中心內容了。後者我稱為「求值問題」，例如求解是 $x + 2y = ?$ 也許 x, y 並不固定，而可以直接找出 $x + 2y$ 之值。

  先看屬於 (1) 的情形，是能以較少方程式解出更多未知數的特例。以下這幾個例子中，如果刪去未知數的限制，就會有無窮多組解。只要發現條件不夠，仔細重讀一遍題目，就很容易發現。

1. 未知數為整數

  如果未知數為整數或自然數，就可能以一個方程式解出兩個或更多未知數。目前高中課程中，如果出現「整數解的方程式」，用代入測試的方式即可解出，只要有注意到題目要求整數解，就不難解出。

【例 1】　x, y 為正整數且滿足 $2x + 3y = 15$，則 $x = ?$ $y = ?$

【解】　x 為正整數，則 $3y < 15$ $\Rightarrow$ $y \leq 4$，以 $y = 1, 2, 3, 4$ 代入測試

　　　　得 $x = 6$，$y = 1$ 或 $x = 3$，$y = 3$

【例 2】　x, y 為整數且滿足 $2x^2 + y^2 = 17$，則 $x = ?$ $y = ?$

【解】　x 為整數且 $2x^2 \leq 17$ $\Rightarrow$ $|x| \leq 2$，以 $x = 0, \pm1, \pm2$ 代入測試

　　　　得 $x = \pm2$，$y = \pm3$ 共四組解。

在這兩個例子中，如果改成「x, y 為實數」，則會有無窮多組解。

2. 另幾種特例

　　　這幾例都會遇到，題目中都提到未知數的屬性。第一次讀題時，有時會忽略成輔助條件，若發現條件不夠，重讀題目時就一定要去注意。下面三個是常見的例子，若還未學過虛數，最後一例可先跳過。

【例 1】　若 x, y 為實數，$(x - 2)^2 + (y + 3)^2 = 0$，則 $x = ?$ $y = ?$

【解】　$(x - 2)^2 + (y + 3)^2 = 0$ $\Rightarrow$ $x - 2 = 0$ 且 $y + 3 = 0$ $\Rightarrow$ $x = 2$，$y = -3$

【例 2】　若 x, y 為有理數，滿足 $(x + y - 4)\sqrt{3} + (2x - y - 5) = 0$，則 $x = ?$ $y = ?$

【解】　x, y 為有理數 $\Rightarrow$ $x + y - 4$ 與 $2x - y - 5$ 為有理數

$$(x + y - 4)\sqrt{3} + (2x - y - 5) = 0 \quad \Rightarrow \quad \begin{cases} x + y - 4 = 0 \\ 2x - y - 5 = 0 \end{cases} \quad \Rightarrow \quad \begin{cases} x = 3 \\ y = 1 \end{cases}$$

【例 3】 x, y 為實數且 $(3 + 2i)x + (4 - i)y = 1 + 8i$，其中 $i = \sqrt{-1}$，則 $x = ?\ y = ?$

【解】　$(3 + 2i)x + (4 - i)y = 1 + 8i \ \Rightarrow \ (3x + 4y) + (2x - y)i = 1 + 8i$

$$\Rightarrow \begin{cases} 3x + 4y = 1 \\ 2x - y = 8 \end{cases} \ \Rightarrow \ \begin{cases} x = 3 \\ y = -2 \end{cases}$$

　　現在考慮屬於 (2) 的情形，不需解出所有未知數就能得答案，這也是很多學生會忽略的情形。例如有 x, y, z 三個未知數，但只有兩個方程式，這時真的無法完全解出 x, y, z，但如果求的只是 $x + y = ?$ 或求的只是 $z = ?$ 我們視為 **求值問題**，也就是「有若干條件式，然後求一個代數式之值」。

　　求值問題常用的方向有：

(1) 直接找出已知與求解的關係並利用。

(2) 利用條件式消去一個變數。

(3) 將求解式當成一個未知數取代換。

3. 求值問題

【例 1】 已知 $\begin{cases} 3x + 9y + 2z = 7 \\ 2x + y + 3z = 8 \end{cases}$，則 $x + 5y = ?$

【解】　（求解與 z 無關，消去 z 再看）

　　　　(1) 式 $\times 3$ $-$(2) 式 $\times 2$ 得：$5x + 25y = 5 \ \Rightarrow \ x + 5y = 1$

【例 2】 已知 $\begin{cases} 2x + 3y + 9z = 4 \\ 3x + 2y + z = 6 \end{cases}$，則 $2x + y - z = ?$

【解】　**方法** 1（犀利眼睛找出已知與求解的關係，但很難看出！）：

(2) 式 $\times 4$ $-$(1) 式，得 $10x + 5y - 5z = 20 \Rightarrow 2x + y - z = 4$

方法 2（利用 $3x + 2y + z = 6$ 消去 z）：

由 $3x + 2y + z = 6 \Rightarrow z = -3x - 2y + 6$

代入已知 $2x + 3y + 9z = 4$，得 $2x + 3y + 9(-3x - 2y + 6) = 4$

$\Rightarrow -25x - 15y = -50 \Rightarrow 5x + 3y = 10$

代入求解，得

$2x + y - z = 2x + y - (-3x - 2y + 6) = 5x + 3y - 6 = 10 - 6 = 4$

（原本兩個條件求一式之值，消去一個變數就可少一個條件式，變成一個條件求一式之值，自然變得簡單多了。）

【例 3】　已知 $\begin{cases} \sqrt{x + 2y} + 2\sqrt{y + 2z} = 8 \\ 2\sqrt{x + 2y} + 3\sqrt{y + 2z} = 13 \end{cases}$，則 $y + 2z = $?

【解】　（求解式在條件式中出現，可利用）

令 $A = y + 2z$，$B = x + 2y$，

則原方程組為 $\begin{cases} \sqrt{B} + 2\sqrt{A} = 8 \\ 2\sqrt{B} + 3\sqrt{A} = 13 \end{cases}$

（變成兩個未知數，兩個方程式，而求解變成 A）

(1) 式 $\times 2$ $-$(2) 式，得 $\sqrt{A} = 3 \Rightarrow A = 9 \Rightarrow y + 2z = 9$

（原本三個變數與兩個方程式，經過代換後，變成兩個變數與兩個方程式，於是就能解了。）

4. 複雜式子的求值問題

　　有時求值問題的已知式很簡短，而求解是一個複雜的代數式。下面是個好例子，有許多不同的做法，初學者請盡量自己想，想不出來再看提示，仍想不出才看解答。

【例】　設 $xyz \neq 0$ 且滿足 $x + y + z = 0$，試求 $x(\dfrac{1}{y} + \dfrac{1}{z}) + y(\dfrac{1}{z} + \dfrac{1}{x}) + z(\dfrac{1}{x} + \dfrac{1}{y}) = ?$

【想法 1】條件 $x + y + z = 0$ 如何利用，最好是在求解式中**找到**或**製造** $x + y + z$，這當然不容易，做不到再看解法吧。

【解法 1】$x(\dfrac{1}{y} + \dfrac{1}{z}) + y(\dfrac{1}{z} + \dfrac{1}{x}) + z(\dfrac{1}{x} + \dfrac{1}{y})$

$= x(\dfrac{1}{y} + \dfrac{1}{z} + \dfrac{1}{x}) - 1 + y(\dfrac{1}{z} + \dfrac{1}{x} + \dfrac{1}{y}) - 1 + z(\dfrac{1}{x} + \dfrac{1}{y} + \dfrac{1}{z}) - 1$

$= (x + y + z)(\dfrac{1}{x} + \dfrac{1}{y} + \dfrac{1}{z}) - 3 = 0 \times (\dfrac{1}{x} + \dfrac{1}{y} + \dfrac{1}{z}) - 3 = -3$

（不易想到，但也可想其他解法。）

【想法 2】分式化簡要想到約分、通分，隨時考慮 $x + y + z = 0$ 的作用。

【解法 2】$x(\dfrac{1}{y} + \dfrac{1}{z}) + y(\dfrac{1}{z} + \dfrac{1}{x}) + z(\dfrac{1}{x} + \dfrac{1}{y}) = \dfrac{x}{y} + \dfrac{x}{z} + \dfrac{y}{z} + \dfrac{y}{x} + \dfrac{z}{x} + \dfrac{z}{y}$

$= (\dfrac{y}{x} + \dfrac{z}{x}) + (\dfrac{x}{y} + \dfrac{z}{y}) + (\dfrac{x}{z} + \dfrac{y}{z}) = \dfrac{y + z}{x} + \dfrac{x + z}{y} + \dfrac{x + y}{z}$

$= \dfrac{-x}{x} + \dfrac{-y}{y} + \dfrac{-z}{z} = -1 - 1 - 1 = -3$

（若全部通分，則式子過大，先將分母相同的合併，發現可利用 $y + z = -x$。）

【想法 3】利用 $x + y + z = 0$ 消去一個變數。

【解法3】由 $x + y + z = 0 \Rightarrow z = -x - y$ 代入求解式，得

$$x(\frac{1}{y} + \frac{1}{z}) + y(\frac{1}{z} + \frac{1}{x}) + z(\frac{1}{x} + \frac{1}{y})$$

$$= x(\frac{1}{y} + \frac{1}{-x-y}) + y(\frac{1}{-x-y} + \frac{1}{x}) + (-x-y)(\frac{1}{x} + \frac{1}{y})$$

$$= x(\frac{(x+y)-y}{y(x+y)}) + y(\frac{-x+(x+y)}{x(x+y)}) - (x+y)(\frac{x+y}{xy})$$

$$= \frac{x^2}{y(x+y)} + \frac{y^2}{x(x+y)} - \frac{(x+y)^2}{xy} = \frac{x^3 + y^3 - (x+y)^3}{xy(x+y)}$$

$$= \frac{-3x^2y - 3xy^2}{xy(x+y)} = \frac{-3xy(x+y)}{xy(x+y)} = -3$$

（對於這種條件式較少的求值問題，還有一種賴皮的方法，可參閱第 8 節。）

5. 用求值方式解難解的方程組

　　另一種情形，方程組可以解出未知數，但有點麻煩，如果求解是一個代數式而不是方程組的未知數，我們也可以考慮直接求出求解式之值，跳過求出未知數這一步。利用「根與係數關係」解題，是標準例子，大多學生會做這類題目，但從未想過這種解法背後的意義。

【例】　　若 $x^2 - 4x + 2 = 0$ 的兩根為 $x = \alpha, \beta$，則 $\frac{1}{\alpha^2} + \frac{1}{\beta^2} = ?$

【解1】　由根與係數關係，知：$\alpha + \beta = 4$，$\alpha\beta = 2$，所以

$$\frac{1}{\alpha^2} + \frac{1}{\beta^2} = \frac{\alpha^2 + \beta^2}{\alpha^2 \beta^2} = \frac{(\alpha + \beta)^2 - 2\alpha\beta}{(\alpha\beta)^2} = \frac{4^2 - 2 \times 2}{2^2} = 3$$

【解 2】　$x^2 - 4x + 2 = 0 \quad \Rightarrow \quad x = \dfrac{-(-4) \pm \sqrt{4^2 - 4 \times 1 \times 2}}{2 \times 1} = 2 \pm \sqrt{2}$，所以

$$\frac{1}{\alpha^2} + \frac{1}{\beta^2} = \frac{1}{(2 + \sqrt{2})^2} + \frac{1}{(2 - \sqrt{2})^2} = \frac{1}{6 + 4\sqrt{2}} + \frac{1}{6 - 4\sqrt{2}}$$

$$= \frac{(6 - 4\sqrt{2}) + (6 + 4\sqrt{2})}{(6 + 4\sqrt{2})(6 - 4\sqrt{2})} = \frac{12}{4} = 3$$

　　上題解 1 是我們習慣的解法，也比較簡潔。若不使用根與係數關係，也可以用解 2 的方式，更原始也比較麻煩。先認得解 2，再學會解 1 的簡潔方法，會有更多心得，也能了解此種以求值想法代替解方程式的做法。

【例】　　已知 $x,\ y$ 滿足 $\begin{cases} x + 2y + 2x^2y = 8 \\ 2x + 4y + 3x^2y = 13 \end{cases}$，則 $3x + 6y - x^2y = ?$

【解】　　（有兩個未知數與兩個方程式，理論上可以解出 $x,\ y$ 再代入求解式，可是方程組真的不好解，求解又不是 $x,\ y$，那麼可觀察已知與求解，能否用代換？）

令 $A = x + 2y$，$B = x^2y$，則

$$\begin{cases} x + 2y + 2x^2y = 8 \\ 2x + 4y + 3x^2y = 13 \end{cases} \Rightarrow \begin{cases} A + 2B = 8 \\ 2A + 3B = 13 \end{cases} \Rightarrow \begin{cases} A = 2 \\ B = 3 \end{cases}$$

而求解 $3x + 6y - x^2y = 3A - B = 3$

　　這種需要轉變成求值的技巧，在大考中出現過幾次，而且總是出現答對率超低的結果。

6. 齊次方程式

　　齊次式是指每一項次數都相同的多元多項式，因此齊次方程式就是指格式為「齊次式 $=0$」的方程式，例如：$x + 2y = 0$、$x^2 - 3xy - 4y^2 = 0$、$2xy + yz + zx = 0$ 是齊次方程式。而 $x^2 + 2y = 3$、$x^3 - 3xy - 2y^3 = 0$、$x^2 + y^2 + 4x - 6y = 0$ 不是齊次方程式。

　　一般而言，**齊次方程式的個數比未知數的個數少一個時，通常可解出各變數的比值**。先學怎樣由齊次方程式找出變數的比值。

【例 1】 若 $3x - 4y = 0$，則 $x : y = $ ？（兩個變數，一個方程式）

【解】 $x : y = 4 : 3$

【例 2】 若 $6x^2 + xy - 2y^2 = 0$，則 $x : y = $ ？（兩個變數，一個方程式）

【解】 $6x^2 + xy - 2y^2 = 0 \Rightarrow (2x - y)(3x + 2y) = 0$

　　　　$\Rightarrow 2x - y = 0$ 或 $3x + 2y = 0$

　　　　$\Rightarrow x : y = 1 : 2$ 或 $x : y = 2 : (-3)$

【例 3】 若 $\begin{cases} 2x + 3y - z = 0 \\ x + y - z = 0 \end{cases}$，則 $x : y : z = $ ？（三個變數，兩個方程式）

【解】 $\begin{cases} 2x + 3y - z = 0 \\ x + y - z = 0 \end{cases}$ （消去 z）$\Rightarrow x + 2y = 0 \Rightarrow x : y = 2 : (-1)$

　　　　代回 $x + y - z = 0$ 得 $x : y : z = 2 : (-1) : 1$

說明：

(1) 二變數時，一次齊次方程式解出二變數的比例，若為二次齊次式，則有二組解。

(2) 三變數時，二個齊次方程式解出三變數的比例。

　　有時題目的條件少一個，就無法解出所有未知數，但若條件都是齊次方程式，則可解出變數之間的比例，這時**將各變數以比例式代入求解式，即可得答案**。這也是求值問題的一種，較特殊也較常見，所以獨立出來討論。

【例】　設 $xyz \neq 0$，若 $2x + y + 2z = 3x - 4y + 3z = 4x + z$，試求

$$\frac{xy + yz + zx}{x^2 + y^2 + z^2} = ?$$

【解】　（x, y, z 三個未知數，二個齊次方程式）

$$2x + y + 2z = 3x - 4y + 3z = 4x + z \implies \begin{cases} 2x + y + 2z = 3x - 4y + 3z \\ 3x - 4y + 3z = 4x + z \end{cases}$$

$$\implies \begin{cases} x - 5y + z = 0 \\ x + 4y - 2z = 0 \end{cases} \implies \begin{cases} 9y - 3z = 0 \\ x + 4y - 2z = 0 \end{cases}$$

由 $9y - 3z = 0$ 得 $y : z = 1 : 3$，代回 $x + 4y - 2z = 0$，得

$$x : y : z = 2 : 1 : 3$$

可設 $x = 2t$，$y = t$，$z = 3t$（其中 $xyz \neq 0 \implies t \neq 0$），所以

$$\frac{xy + yz + zx}{x^2 + y^2 + z^2} = \frac{2t \times t + t \times 3t + 3t \times 2t}{(2t)^2 + t^2 + (3t)^2} = \frac{11t^2}{14t^2} = \frac{11}{14}$$

　　看過這些求值的例子，我們將代數解題策略做一個重要的進化：

代數解題策略4

> 步驟 1　　將「已知」、「求解」轉化成數學式，同時假設需要的未知數。
>
> 步驟 2　　利用已知式求出求解式。

說明：

❶ 這次進化主要是順序，有時我們不一定馬上看見最合適的未知數，也可以直接根據已知、求解去假設文字數，目的最主要是「轉化成數學式」。

❷ 當已知、求解都變成數學式，它們的關係就會變得明顯而易找到了。求解可能是一個或多個未知數，或一條代數式或其他。

❸ 特別是有些問題裡，有些文字數原本就不是固定數，也無法解出它們的值。

※

實例運用【99學測，選填 F】

設 a、b 為實數。已知坐標平面上拋物線 $y = x^2 + ax + b$ 與 x 軸交於 P、Q 兩點，且 $\overline{PQ} = 7$。若拋物線 $y = x^2 + ax + (b + 2)$ 與 x 軸的兩交點為 R、S，則 $\overline{RS} = $ _____。

引導思考：

❶ 已知「$\overline{PQ} = 7$」可能化成 a, b 的式子嗎？可能解出 a, b 嗎？

➡ 若 a, b 已知，則可求出 P、Q 坐標，然後求出 $\overline{PQ}$ 以 a, b 表示。

$\overline{PQ} = 7$ 是一個等式，無法求出兩個未知數，怎麼辦？

❷ 求解「$\overline{RS}$」可能化成 a, b 的式子嗎？

➡ 若 a, b 已知，則可求出 R、S 坐標，然後求出 $\overline{RS}$ 以 a, b 表示。

❸ 將條件式與求解式找出來，再看兩者有何關係？

答案：$\sqrt{41}$

詳解：

❶ P、Q 為 $y = x^2 + ax + b$ 與 x 軸交點，$\begin{cases} y = x^2 + ax + b \\ y = 0 \end{cases} \Rightarrow x^2 + ax + b = 0$

$\Rightarrow x = \dfrac{-a \pm \sqrt{a^2 - 4b}}{2}$ 為 P、Q 的 x 坐標

$\overline{PQ} = 7 \Rightarrow \dfrac{-a + \sqrt{a^2 - 4b}}{2} - \dfrac{-a - \sqrt{a^2 - 4b}}{2} = 7$

$\Rightarrow \sqrt{a^2 - 4b} = 7 \Rightarrow a^2 - 4b = 49$

❷ R、S 為 $y = x^2 + ax + (b + 2)$ 與 x 軸交點，$\begin{cases} y = x^2 + ax + (b + 2) \\ y = 0 \end{cases}$

$\Rightarrow x^2 + ax + (b + 2) = 0 \Rightarrow x = \dfrac{-a \pm \sqrt{a^2 - 4(b + 2)}}{2}$ 為 R、S 的 x 坐標

$\overline{RS} = \dfrac{-a + \sqrt{a^2 - 4(b + 2)}}{2} - \dfrac{-a - \sqrt{a^2 - 4(b + 2)}}{2} = \sqrt{a^2 - 4(b + 2)}$

$= \sqrt{a^2 - 4b - 8} = \sqrt{49 - 8} = \sqrt{41}$

另解：

設 $P(\alpha, 0)$、$Q(\beta, 0)$，則 α, β 為 $x^2 + ax + b = 0$ 兩根 $\Rightarrow \begin{cases} \alpha + \beta = -a \\ \alpha\beta = b \end{cases}$

$$\overline{PQ} = |\alpha - \beta| = \sqrt{(\alpha - \beta)^2} = \sqrt{(\alpha + \beta)^2 - 4\alpha\beta} = \sqrt{(-a)^2 - 4b} = \sqrt{a^2 - 4b}$$

同理，$\overline{RS} = \sqrt{a^2 - 4(b+2)} = \sqrt{a^2 - 4b - 8}$

當 $\overline{PQ} = \sqrt{a^2 - 4b} = 7 \Rightarrow a^2 - 4b = 49$

則 $\overline{RS} = \sqrt{a^2 - 4b - 8} = \sqrt{49 - 8} = \sqrt{41}$

說明：

❶ 這題答對率僅 15%，屬於難題，也是高手間的決戰題。

❷ 這題解法的結構很單純，將 $\overline{PQ}$、$\overline{RS}$ 以 a, b 表示，再利用 $\overline{PQ} = 7$ 求出 $\overline{RS}$。

❸ 當 $\overline{PQ}$ 以 a, b 表示後，要發現 a, b 不固定（二個變數與一個方程式），所以直接將 $\overline{RS}$ 以 a, b 表示，並以求值的方式，利用關係式直接找答案。

❹ 另解的結構相同，只是利用根與係數關係簡化計算過程。

❺ 這題 a, b 不是定值，若以特殊值滿足 $\overline{PQ} = 7$ 代入，取 $a = -7$，$b = 0$，$y = x^2 - 7x$ 與 x 軸交於 $(0, 0)$　$(7, 0)$ 滿足 $\overline{PQ} = 7$，則 $y = x^2 + ax + (b+2) = x^2 - 7x + 2$ 與 x 軸交於 $(\frac{7 \pm \sqrt{41}}{2}, 0) \Rightarrow \overline{RS} = \frac{7 + \sqrt{41}}{2} - \frac{7 - \sqrt{41}}{2} = \sqrt{41}$（參見第 8 節）。

第 5 節
代換

代換是數學裡常用的技巧，代換沒有直接解決問題，而是把問題簡化了。有些常見的代換大家都很熟，但我們希望能了解代換背後的意義，就能更靈活的自行找到適合題目的代換。下面介紹三種選取代換的方向：

1. 當題目或一個式子的一部分重複出現時，就可考慮將此部分取為代換。

【例 1】 解方程式：$(x^2 + 3x)(x^2 + 3x - 2) = 8$

【思考】 有哪一部分重複出現？可利用嗎？

➡ 前後有兩個 $x^2 + 3x$，若令 $x^2 + 3x = t$ 代入，原題會變簡單嗎？

【解】 令 $x^2 + 3x = t$，原方程式就變為 $t(t - 2) = 8 \Rightarrow t^2 - 2t - 8 = 0$

$\Rightarrow (t - 4)(t + 2) = 0 \Rightarrow t = 4$ 或 -2

當 $t = 4 \Rightarrow x^2 + 3x = 4 \Rightarrow x^2 + 3x - 4 = 0 \Rightarrow (x + 4)(x - 1) = 0$

$\Rightarrow x = 1$ 或 -4

當 $t = -2 \Rightarrow x^2 + 3x = -2 \Rightarrow x^2 + 3x + 2 = 0$

$\Rightarrow (x + 1)(x + 2) = 0 \Rightarrow x = -1$ 或 -2

故 $x = 1, -4, -1, -2$

【例 2】 若 $x^2y^2 - 2xy - 3 = 0$，則 $\dfrac{x^2y^2 + 3}{xy + 3} = ?$

【思考】有哪一部分重複出現？可利用嗎？

　　　　➡ 有很多 xy，若令 $xy = t$ 代入，原題會變簡單嗎？

【解】　令 $xy = t$，$x^2y^2 - 2xy - 3 = 0$ $\Rightarrow$ $t^2 - 2t - 3 = 0$ $\Rightarrow$ $t = 3$ 或 -1

　　　　當 $t = 3$，$\dfrac{x^2y^2 + 3}{xy + 3} = \dfrac{t^2 + 3}{t + 3} = \dfrac{12}{6} = 2$

　　　　當 $t = -1$，$\dfrac{x^2y^2 + 3}{xy + 3} = \dfrac{t^2 + 3}{t + 3} = \dfrac{4}{2} = 2$

　　　　故 $\dfrac{x^2y^2 + 3}{xy + 3} = 2$

2. 當題目的幾個部分有簡單的關係時，就可考慮利用這關係取為代換。

【例1】 x 為任意實數，試求 $2x^2 + 4x - (x^2 + 2x + 3)^2$ 的最大值。

【思考】$2x^2 + 4x$ 與 $x^2 + 2x + 3$ 有什麼關係？可利用嗎？

　　　　➡ 令 $t = x^2 + 2x + 3$ 代入，原題會變簡單嗎？

【解】　令 $t = x^2 + 2x + 3 = (x + 1)^2 + 2$ $\Rightarrow$ $t \geq 2$

　　　　$2x^2 + 4x - (x^2 + 2x + 3)^2 = 2t - 6 - t^2 = -(t - 1)^2 - 5$

　　　　但 $t \geq 2$，所以當 $t = 2$ 時，最大值 $-(2 - 1)^2 - 5 = -6$，此時 $x = -1$

　　　　（這題也可令 $t = x^2 + 2x$，計算稍長一點。）

【例2】 解方程式：$\dfrac{x^2 + 1}{x + 1} - \dfrac{5x + 5}{x^2 + 1} + 4 = 0$

【思考】$\dfrac{x^2 + 1}{x + 1}$ 與 $\dfrac{5x + 5}{x^2 + 1}$ 有什麼關係？可利用嗎？

➡ 令 $t = \dfrac{x^2+1}{x+1}$ 代入，原題會變簡單嗎？

【解】　令 $t = \dfrac{x^2+1}{x+1}$，則 $\dfrac{5x+5}{x^2+1} = \dfrac{5}{t}$，原方程式變為 $t - \dfrac{5}{t} + 4 = 0$

$\Rightarrow t^2 + 4t - 5 = 0 \Rightarrow (t+5)(t-1) = 0 \Rightarrow t = 1$ 或 -5

當 $t = 1$，則 $\dfrac{x^2+1}{x+1} = 1 \Rightarrow x^2 - x = 0 \Rightarrow x(x-1) = 0 \Rightarrow x = 0$ 或 1

當 $t = -5$，則 $\dfrac{x^2+1}{x+1} = -5 \Rightarrow x^2 + 5x + 6 = 0 \Rightarrow (x+2)(x+3) = 0$

$\Rightarrow x = -2$ 或 -3

故 $x = 0,\ 1,\ -2,\ -3$

3. 某些特定代換可以消去特定的麻煩式子。

【例】　x 為實數，試求 $4\sqrt{x-2} - x$ 的最大值。

【思考】一般而言，題目中有 $\sqrt{ax+b}$ 時，可令 $t = \sqrt{ax+b}$ 代入消去根號。

【解】　令 $t = \sqrt{x-2}$，則 $t^2 = x - 2 \Rightarrow x = t^2 + 2$

代入 $4\sqrt{x-2} - x = 4t - (t^2+2) = -t^2 + 4t - 2 = -(t-2)^2 + 2 \leq 2$

當 $t = 2$ 即 $x = 6$ 時，$4\sqrt{x-2} - x$ 的最大值為 2

　　我們通常是將一個變數用另一個變數代換，也可以將二個變數用另二個變數代換，而代換後變數的個數通常不會增加，能減少更好。另外，一旦 x 以 t 代換，就要代換所有的 x，不可只代換一部分。

有些常見的代換要先熟悉，一看見那種形狀就有警覺。下面介紹一組乘法公式，本身在根與係數問題中使用，又能幫助我們使用特定的代換：

(1) $\alpha^2 + \beta^2 = (\alpha + \beta)^2 - 2\alpha\beta$

(2) $\alpha^3 + \beta^3 = (\alpha + \beta)^3 - 3\alpha\beta(\alpha + \beta)$

建議先看清 $(\alpha + \beta)^2 = \alpha^2 + 2\alpha\beta + \beta^2$、$(\alpha + \beta)^3 = \alpha^3 + 3\alpha^2\beta + 3\alpha\beta^2 + \beta^3$，用兩個熟悉的公式再去推成上述兩公式。

此兩公式產生多種推廣，下面列舉兩種代換，其中第一種在國中可能見過。

(1) 令 $t = x + \dfrac{1}{x}$，則

$$x^2 + \frac{1}{x^2} = x^2 + (\frac{1}{x})^2 = (x + \frac{1}{x})^2 - 2x \cdot \frac{1}{x} = t^2 - 2$$

$$x^3 + \frac{1}{x^3} = x^3 + (\frac{1}{x})^3 = (x + \frac{1}{x})^3 - 3x \cdot \frac{1}{x}(x + \frac{1}{x}) = t^3 - 3t$$

(2) 令 $t = a^x + a^{-x}$，則

$$a^{2x} + a^{-2x} = (a^x)^2 + (a^{-x})^2 = (a^x + a^{-x})^2 - 2a^x a^{-x} = t^2 - 2$$

$$a^{3x} + a^{-3x} = (a^x)^3 + (a^{-x})^3$$
$$= (a^x + a^{-x})^3 - 3a^x a^{-x}(a^x + a^{-x}) = t^3 - 3t$$

代換的種類不勝枚舉，每次使用時都要想一想：這樣的代換是不是將題目變得簡單了？常常這樣觀察，久了就能自己判斷使用代換的時機。上面兩種代換分別將分式與指數格式變為多項式，當然就變簡單了。

第 6 節
化簡的方向

　　有時看到解題高手將題目條件、求解式列出，然後動一些小手腳，這邊變化一點，那邊改寫一下，然後每個人都看出題目的解法了。感覺好像是獨具慧眼，又像是一眼看穿題目的種種設計，馬上就直搗黃龍。其實這都是熟悉各種化簡方向，並做各種嘗試，直到發現解題的玄機。

　　我們隨時都在化簡各種算式（代數式、方程式、不等式、……），這是最自然不過的，可是怎樣做才是化簡？什麼樣子才是簡單？一般情況下，式子愈短就是愈簡單，這原則是對的，不過還有其他情形，有時還要考慮其他條件。這一節中，我們就提出一些簡單好用的小策略，知道方向，總能愈來愈接近答案。

◎ 解題策略：化簡的方向

(1) 算式中的變數（或未知數）愈少愈好。

(2) 一次條件式可以代入消去一個變數。

(3) 算式的型態以多項式最簡單，而且次數愈低愈好。

(4) 若有多個條件式、求解式，則希望它們的格式一致。

(5) 有些物件有標準式，化為標準式就容易看出某些性質或代入公式。

說明：

❶ 策略 (1)：通常利用條件式消去變數都是好方法。

例如題目的條件式有變數 x, y, u, v，而題目的求解式只與 u, v 有關，那麼第一件事就是設法消去 x, y，只留下 u, v 的關係式。

❷ 策略 (2)：是上個策略的特例，一次條件式可以用代入消去法消去一個變數，而且通常不會使式子變得更複雜，這是我最常使用的策略之一。

❸ 策略 (3)：若為分式或有根號的算式，就會想辦法化為多項式；若是指對數或三角函數，甚至更奇怪的算式，若能化成多項式最好，否則也會努力「迴避」或「代換」成多項式。

❹ 策略 (4)：格式一致時，更容易發現已知與求解之間的好關係。例如條件式是多項式而求解式含有指數，化為同型態是好方向，最好讓求解式的指數消失，不然就是將條件式化為含有指數的代數式。

【例 1】 x, y 為滿足 $2x + y = 5$ 的實數，試求 $x^2 + y^2$ 的最小值。

【解】 $2x + y = 5 \Rightarrow y = 5 - 2x$，代入 $x^2 + y^2$，得

$x^2 + y^2 = x^2 + (5 - 2x)^2 = 5x^2 - 20x + 25 = 5(x - 2)^2 + 5$

當 $x = 2$ 時有最小值 5（利用條件式消去 y，變成 x 的二次式）

【例 2】 x 為任意實數，試求 $\log (x + 1) + \log (5 - x)$ 的最大值。

【解】 $\log (x + 1) + \log (5 - x) = \log (x + 1)(5 - x) = \log(-x^2 + 4x + 5)$

$= \log [-(x - 2)^2 + 9] \leq \log 9$（迴避了 $\log$）

【例 3】 x 為任意實數，試求 $4^x - 2^{x+3} - 5$ 的最小值。

【解】 令 $t = 2^x$，則 $4^x - 2^{x+3} - 5 = t^2 - 8t - 5 = (t - 4)^2 - 21$

當 $t = 4$、即 $x = 2$ 時，有最小值 -21

（令 $t = 2^x$ 代換成 t 的二次多項式，自然就看見極值的求法。）

【例4】 若 $x + y = 45°$，試求 $(1 + \tan x)(1 + \tan y) = $？

【解】　$x + y = 45° \Rightarrow \tan(x + y) = \tan 45° \Rightarrow \dfrac{\tan x + \tan y}{1 - \tan x \tan y} = 1$

　　　$\Rightarrow \tan x + \tan y = 1 - \tan x \tan y$

　　　$\Rightarrow \tan x \tan y + \tan x + \tan y + 1 = 2$

　　　$\Rightarrow (1 + \tan x)(1 + \tan y) = 2$

　　　（將 $x + y = 45°$ 取 $\tan$ 並代入和角公式，使已知與求解的格式一致。）

【例5】 x 的方程式 $\dfrac{(x + 4)^2}{x} = k$ 沒有實根，試求 k 的範圍。

【解】　$\dfrac{(x + 4)^2}{x} = k \Rightarrow (x + 4)^2 = kx \Rightarrow x^2 + (8 - k)x + 16 = 0$

　　　沒有實根，則判別式 $(8 - k)^2 - 64 < 0 \Rightarrow k^2 - 16k < 0$

　　　$\Rightarrow k(k - 16) < 0 \Rightarrow 0 < k < 16$

　　　（化成多項式、再化成二次式的標準式。）

解題策略：分式的化簡

分式（或分數）的化簡方向是約分、通分。

說明：

❶ 除了少數特殊情形，分式的化簡方向是約分、通分。

❷ 任何時候都隨時注意有無約分的機會；如無特別方向，就該考慮通分。

❸ 通分前先注意各分母間有沒有公因式（或公因數）？

❹ 全部分式通分太複雜時，也可考慮先將一部分的分式通分。

 **實例運用【81聯考社會組，填充1】**

計算 $\dfrac{(1+\frac{11}{2})\cdot(1+\frac{11}{3})\cdots\cdots(1+\frac{11}{11})}{(1+\frac{13}{2})\cdot(1+\frac{13}{3})\cdots\cdots(1+\frac{13}{13})}$ 之值，用最簡分數表示得_____。

引導思考：

❶ 題目單純，就是化簡一個繁分數，可能如何下手？

➡ 解法也很單純，就是不斷約分、通分。

❷ 求解可能如何得到？

➡ 化成「最簡分數」就是答案。

答案：$\dfrac{91}{1150}$

詳解：

$$\frac{(1+\frac{11}{2})\cdot(1+\frac{11}{3})\cdots\cdots(1+\frac{11}{11})}{(1+\frac{13}{2})\cdot(1+\frac{13}{3})\cdots\cdots(1+\frac{13}{13})}=\frac{\frac{13}{2}\cdot\frac{14}{3}\cdot\frac{15}{4}\cdot\frac{16}{5}\cdot\frac{17}{6}\cdot\frac{18}{7}\cdot\frac{19}{8}\cdot\frac{20}{9}\cdot\frac{21}{10}\cdot\frac{22}{11}}{\frac{15}{2}\cdot\frac{16}{3}\cdot\frac{17}{4}\cdot\frac{18}{5}\cdot\frac{19}{6}\cdot\frac{20}{7}\cdot\frac{21}{8}\cdot\frac{22}{9}\cdot\frac{23}{10}\cdot\frac{24}{11}\cdot\frac{25}{12}\cdot\frac{26}{13}}$$

$$=\frac{\frac{13}{1}\cdot\frac{14}{1}\cdot\frac{1}{1}\cdot\frac{1}{1}\cdot\frac{1}{1}\cdot\frac{1}{1}\cdot\frac{1}{1}\cdot\frac{1}{1}\cdot\frac{1}{1}\cdot\frac{1}{1}}{\frac{1}{1}\cdot\frac{1}{1}\cdot\frac{1}{1}\cdot\frac{1}{1}\cdot\frac{1}{1}\cdot\frac{1}{1}\cdot\frac{1}{1}\cdot\frac{1}{1}\cdot\frac{23}{1}\cdot\frac{24}{1}\cdot\frac{25}{12}\cdot\frac{26}{13}}=\frac{13\cdot14\cdot12\cdot13}{23\cdot24\cdot25\cdot26}=\frac{13\cdot7\cdot1\cdot1}{23\cdot2\cdot25\cdot1}=\frac{91}{1150}$$

說明：

這題當時答題狀況不好，其實只要知道標準化簡方向，就很容易得到答案。

解題策略：含有根號的式子，先考慮消去根號

> (1) 將根號內的式子配成平方式。
>
> (2) 等式中有根號，可利用平方消去根號。
>
> (3) 乘以有理化因子，變成另一型態試試看。

說明：

❶ 策略 (1) 可直接消去根號，但要注意規則 $\sqrt{a^2} = |a|$，需要考慮 a 的正負，無法確定正負就要加絕對值。

❷ 策略 (2) 有兩種常見形式：

$$\sqrt{A} = B \quad \Rightarrow \quad (\sqrt{A})^2 = (B)^2 \quad \Rightarrow \quad A = B^2，消去根號。$$

$$\sqrt{A} = \sqrt{B} + C \quad \Rightarrow \quad (\sqrt{A})^2 = (\sqrt{B} + C)^2 \quad \Rightarrow \quad A = B + C^2 + 2C\sqrt{B}，減少根號。$$

兩種形式都要先將等號一側變成只有一個根號再做平方，第二種形式可再用第一種形式的方法，消去剩下的一個根號。

❸ 方程式兩邊平方可能產生增根，需要驗算。

【例】　若 $0 < t < 1$，化簡 $\sqrt{(t + \frac{1}{t})^2 - 4} - \sqrt{(t - \frac{1}{t})^2 + 4} = ?$

【解】　$\sqrt{(t + \frac{1}{t})^2 - 4} - \sqrt{(t - \frac{1}{t})^2 + 4} = \sqrt{(t^2 + 2 + \frac{1}{t^2}) - 4} - \sqrt{(t^2 - 2 + \frac{1}{t^2}) + 4}$

$= \sqrt{t^2 - 2 + \frac{1}{t^2}} - \sqrt{t^2 + 2 + \frac{1}{t^2}} = \sqrt{(t - \frac{1}{t})^2} - \sqrt{(t + \frac{1}{t})^2} = |\, t - \frac{1}{t} \,| - |\, t + \frac{1}{t} \,|$

又 $0 < t < 1$，則 $t - \frac{1}{t} < 0$，$t + \frac{1}{t} > 0$

所以 $|\, t - \frac{1}{t} \,| - |\, t + \frac{1}{t} \,| = -(t - \frac{1}{t}) - (t + \frac{1}{t}) = -2t$（根號內配方）

【例】　解方程式：$\sqrt{2x + 1} - \sqrt{x} = 5$

【解】　$\sqrt{2x + 1} - \sqrt{x} = 5 \;\Rightarrow\; \sqrt{2x + 1} = 5 + \sqrt{x} \;\Rightarrow\; (\sqrt{2x + 1})^2 = (5 + \sqrt{x})^2$

$\Rightarrow\; 2x + 1 = 25 + 10\sqrt{x} + x \;\Rightarrow\; x - 24 = 10\sqrt{x} \;\Rightarrow\; (x - 24)^2 = (10\sqrt{x})^2$

$\Rightarrow\; x^2 - 48x + 576 = 100x \;\Rightarrow\; x^2 - 148x + 576 = 0$

$\Rightarrow\; (x - 4)(x - 144) = 0 \;\Rightarrow\; x = 4$ 或 144

代回 $\sqrt{2x + 1} - \sqrt{x} = 5$ 驗算，得 $x = 144$（平方消去根號）

【例】　化簡 $\dfrac{1}{1 + \sqrt{2}} + \dfrac{1}{\sqrt{2} + \sqrt{3}} + \dfrac{1}{\sqrt{3} + \sqrt{4}} + \cdots + \dfrac{1}{\sqrt{99} + \sqrt{100}} = ?$

【解】　$\dfrac{1}{1 + \sqrt{2}} + \dfrac{1}{\sqrt{2} + \sqrt{3}} + \dfrac{1}{\sqrt{3} + \sqrt{4}} + \cdots + \dfrac{1}{\sqrt{99} + \sqrt{100}}$

$= \dfrac{\sqrt{2} - 1}{2 - 1} + \dfrac{\sqrt{3} - \sqrt{2}}{3 - 2} + \dfrac{\sqrt{4} - \sqrt{3}}{4 - 3} + \cdots + \dfrac{\sqrt{100} - \sqrt{99}}{100 - 99}$

$$= (\sqrt{2} - 1) + (\sqrt{3} - \sqrt{2}) + (\sqrt{4} - \sqrt{3}) + \cdots + (\sqrt{100} - \sqrt{99})$$

$$= -1 + 10 = 9 \quad （乘以有理化因子）$$

 實例運用【 101學測，單選1 】

$\sqrt{\dfrac{1}{5^2} + \dfrac{1}{4^2} + 1}$ 等於下列哪一個選項？

(1) 1.01　　(2) 1.05　　(3) 1.1　　(4) 1.15　　(5) 1.21

引導思考：

化簡 $\sqrt{\dfrac{1}{5^2} + \dfrac{1}{4^2} + 1}$ 可能有什麼方向？

➡ 分式要通分；根號內試著配方。

答案：(2)

詳解：

$$\sqrt{\frac{1}{5^2} + \frac{1}{4^2} + 1} = \sqrt{\frac{1}{25} + \frac{1}{16} + 1} = \sqrt{\frac{16 + 25 + 400}{400}} = \sqrt{\frac{441}{400}} = \frac{21}{20} = 1.05 \text{，選 (2)。}$$

說明：

這題答對率 77%，算是基本題，根號內通分即可簡單解出。

　　下面就是本章代數解題策略的終極版。此策略是很大的策略，本書很多難題都是由此延伸的想法。大家應先了解這個策略，再經過很多經驗累積，直到能運用它為止。

代數解題策略5

> (1) 將「已知」轉化成數學式並化簡。
>
> (2) 將「求解」轉化成數學式並化簡。
>
> (3) 找尋「已知」與「求解」的關係。
>
> (4) 假設合適的未知數。
>
> (5) 有什麼相關的公式、定理可能用到？

說明：

❶ 這雖然是終結版本，但也要提醒：沒有萬能的策略！每當問題超出了我們的策略，就該想一想，如何修正或擴大我們的策略，使它功能更加完備。

❷ 這是五個方向，不一定要有順序，只在這些方向反覆尋找，就會找到方法。最高段的解題就只用這些，再熟悉最基本的定義，運用靈活而精確的思考。

❸ 此策略是很大的策略，本書很多難題都是以此延伸的想法，先了解這個策略，再經過經驗累積，直到能運用它。

❹ 看過這個策略，不表示前四個策略可以忘記，而是簡單題只需考慮前面的簡單策略，當簡單策略無法應付時，才需運用更複雜、應用更廣的策略。

第 7 節
比大小的問題

比大小是我們一直在處理的問題。小學時學了自然數與分數,就開始比大小;國中學了指數與根號,也有了新的比大小問題;高中又學了對數、三角函數,就要新學不同對數、三角函數之間的大小關係。

比大小的問題,本來就是最基礎的問題,在科學研究中得到兩個有關係的量,最先考慮的就是它們相等嗎?若不相等,接著就會想,哪一個比較大?兩者之間有什麼關係?

如果我要買輛新車,比較兩種不同車型,該選擇哪一型?我馬上就會想:哪一輛比較便宜?哪一輛比較省油?哪一輛比較安全?哪一輛比較寬敞?哪一輛跑得比較快?

如果我要選擇餐廳吃飯,比較兩家不同餐廳,我馬上就會想:哪一家比較便宜?哪一家比較近?哪一家比較好吃?哪一家比較吃得飽?

生活裡充滿各式各樣的比較,能化成數字就能客觀比較。

下面許多的比大小問題,請大家先做做看,尤其希望大家做完這些題目,或看完這些答案後,靜下來想想,能不能自己歸納出「比大小的策略」。希望大家都能找出簡單的策略,自己找到的,就會是永遠忘不掉的。

【例 1】 請問 $\dfrac{29}{4-\sqrt{12}}$ 與 $\dfrac{29}{4-\sqrt{11}}$ 中,哪一個比較大?

【解】 (兩數只有一處 12 與 11 不同。)

$$\sqrt{12} > \sqrt{11} \quad \Rightarrow \quad 0 < 4 - \sqrt{12} < 4 - \sqrt{11} \quad \Rightarrow \quad \frac{29}{4-\sqrt{12}} > \frac{29}{4-\sqrt{11}}$$

所以 $\dfrac{29}{4-\sqrt{12}}$ 比較大。

【例2】 請問 $\dfrac{-5}{2-\dfrac{2}{3+\sqrt{5}}}$ 與 $\dfrac{-5}{2-\dfrac{2}{3+\sqrt{6}}}$ 中，哪一個比較大？

【解】 （兩數只有一處 5 與 6 不同。）

$$\sqrt{5}<\sqrt{6} \ \Rightarrow \ \frac{2}{3+\sqrt{5}}>\frac{2}{3+\sqrt{6}} \ \Rightarrow \ 0<2-\frac{2}{3+\sqrt{5}}<2-\frac{2}{3+\sqrt{6}}$$

$$\Rightarrow \ \frac{5}{2-\dfrac{2}{3+\sqrt{5}}}>\frac{5}{2-\dfrac{2}{3+\sqrt{6}}}>0 \ \Rightarrow \ \frac{-5}{2-\dfrac{2}{3+\sqrt{5}}}<\frac{-5}{2-\dfrac{2}{3+\sqrt{6}}}$$

所以 $\dfrac{-5}{2-\dfrac{2}{3+\sqrt{6}}}$ 比較大。

【例3】 請問 $(\dfrac{4}{1-\sqrt{6}})^2$ 與 $(\dfrac{4}{1-\sqrt{7}})^2$ 中，哪一個比較大？

【解】 （兩數只有一處 6 與 7 不同。）

$$\sqrt{6}<\sqrt{7} \ \Rightarrow \ 0>1-\sqrt{6}>1-\sqrt{7} \ \Rightarrow \ \frac{4}{1-\sqrt{6}}<\frac{4}{1-\sqrt{7}}<0$$

$$\Rightarrow \ (\frac{4}{1-\sqrt{6}})^2>(\frac{4}{1-\sqrt{7}})^2 \ , \ \text{所以}(\frac{4}{1-\sqrt{6}})^2\text{比較大。}$$

看過這三個例子，想一想，能不能得到類似這樣的結論：

「當兩數……時，可以用……方法比大小。」

【例4】 請問 $\dfrac{4015}{2013}$ 與 $\dfrac{4017}{2015}$ 中，哪一個比較大？

【解】 $\dfrac{4015}{2013} = 1 + \dfrac{2002}{2013}$ ；$\dfrac{4017}{2015} = 1 + \dfrac{2002}{2015}$

因為 $2013 < 2015 \Rightarrow \dfrac{4015}{2013} > \dfrac{4017}{2015}$ ，所以 $\dfrac{4015}{2013}$ 比較大。

【例5】 請問 $\dfrac{1000}{1111}$ 與 $\dfrac{10000}{11111}$ 中，哪一個比較大？

【解】 $\dfrac{1000}{1111} = \dfrac{10000}{11110} > \dfrac{10000}{11111}$ ，所以 $\dfrac{1000}{1111}$ 比較大。

【例6】 請問 11 與 $4 + 4\sqrt{3}$ 中，哪一個比較大？

【解】 $11 = 4 + 7 = 4 + \sqrt{49}$ ；$4 + 4\sqrt{3} = 4 + \sqrt{48}$ 所以 11 比較大。

【例7】 請問 3^{20} 與 2^{30} 中，哪一個比較大？

【解】 $3^{20} = (3^2)^{10} = 9^{10}$ ；$2^{30} = (2^3)^{10} = 8^{10}$ ，因為 $9^{10} > 8^{10}$ ，所以 3^{20} 比較大。

【例8】 請問 16^{30} 與 32^{25} 中，哪一個比較大？

【解】 $16^{30} = (2^4)^{30} = 2^{120}$ ；$32^{25} = (2^5)^{25} = 2^{125}$ ，因為 $2^{125} > 2^{120}$ ，所以 32^{25} 比較大。

【例9】 請問 $5^{10} + 5^{13}$ 與 $5^{11} + 5^{12}$ 中，哪一個比較大？

【解】 $5^{10} + 5^{13} = 5^{10}(1 + 5^3) = 5^{10} \times 126$

$5^{11} + 5^{12} = 5^{10}(5^1 + 5^2) = 5^{10} \times 30$ ，所以 $5^{10} + 5^{13}$ 比較大。

【例10】請問 1993×1999 與中 1995×1997，哪一個比較大？

【解】 $1993 \times 1999 = (1996 - 3)(1996 + 3) = 1996^2 - 3^2$

$1995 \times 1997 = (1996 - 1)(1996 + 1) = 1996^2 - 1^2$

所以 1995×1997 比較大。

【例11】請問 $\sqrt{28} - \sqrt{27}$ 與 $\sqrt{27} - \sqrt{26}$ 中，哪一個比較大？

【解】　$\sqrt{28} - \sqrt{27} = \dfrac{1}{\sqrt{28} + \sqrt{27}}$ ；$\sqrt{27} - \sqrt{26} = \dfrac{1}{\sqrt{27} + \sqrt{26}} > \dfrac{1}{\sqrt{28} + \sqrt{27}}$

　　　　所以 $\sqrt{27} - \sqrt{26}$ 比較大。

　　　再看過這八個例子，想一想，能不能再得到類似這樣的結論：

　　　「當兩數……時，可以用……方法比大小。」

【例12】請問 $1.\overline{76} + 2.6\overline{2}$ 與 $\dfrac{13}{3}$ 中，哪一個比較大？

【解】　$1.\overline{76} + 2.6\overline{2} = 1.767676... + 2.622222... = 4.389898...$

　　　　$\dfrac{13}{3} = 4.333333...$ ，所以 $1.\overline{76} + 2.6\overline{2}$ 比較大。

　　　（也可以都化成分數再比，但比較麻煩。）

【例13】請問 $1.\overline{5} \times 1.\overline{7}$ 與 $(1.\overline{6})^2$ 中，哪一個比較大？

【解】　$1.\overline{5} \times 1.\overline{7} = (1 + \dfrac{5}{9})(1 + \dfrac{7}{9}) = \dfrac{14}{9} \times \dfrac{16}{9} = \dfrac{224}{81}$

　　　　$(1.\overline{6})^2 = (1 + \dfrac{6}{9})^2 = (\dfrac{15}{9})^2 = \dfrac{225}{81}$ ，所以 $(1.\overline{6})^2$ 比較大。

　　　再看過這兩個例子，想一想，能不能再得到類似這樣的結論：

　　　「當兩數……時，可以用……方法比大小。」

【例 14】請問 $\dfrac{3+3\sqrt{2}}{2}$ 與 $\dfrac{5+4\sqrt{2}}{3}$ 中，哪一個比較大？

【解】 $\dfrac{3+3\sqrt{2}}{2} - \dfrac{5+4\sqrt{2}}{3} = \dfrac{-1+\sqrt{2}}{6} > 0$

所以 $\dfrac{3+3\sqrt{2}}{2}$ 比較大。

【例 15】請問 $95^2 + 98^2$ 與 $96^2 + 97^2$ 中，哪一個比較大？

【解】 $(95^2 + 98^2) - (96^2 + 97^2) = (98^2 - 97^2) - (96^2 - 95^2)$

$= (98 + 97) - (96 + 95) = 4$，所以 $95^2 + 98^2$ 比較大。

【例 16】請問 $\sqrt{27} + \sqrt{28}$ 與 $\sqrt{26} + \sqrt{29}$ 中，哪一個比較大？

【解】 $(\sqrt{27} + \sqrt{28}) - (\sqrt{26} + \sqrt{29}) = (\sqrt{27} - \sqrt{26}) - (\sqrt{29} - \sqrt{28})$

$= \dfrac{1}{\sqrt{27} + \sqrt{26}} - \dfrac{1}{\sqrt{29} + \sqrt{28}} > 0$

所以 $\sqrt{27} + \sqrt{28}$ 比較大。

再看過這三個例子，想一想，能不能再得到類似這樣的結論：

「當兩數……時，可以用……方法比大小。」

下面這題只是簡單想法，但要不斷重複運用。

【例 17】請問 $5 + \sqrt{17}$ 與 $4 + \sqrt{27}$ 中，哪一個比較大？

【解】 （將 $5 + \sqrt{17}$ 化為 $4 + \sqrt{\cdots}$ 格式）：

$5 + \sqrt{17} = 4 + (1 + \sqrt{17}) = 4 + \sqrt{(1 + \sqrt{17})^2} = 4 + \sqrt{18 + 2\sqrt{17}}$

（想比較 $18 + 2\sqrt{17}$ 與 27 的大小，將 27 化為 $18 + \sqrt{\cdots}$ 格式）：

$$4 + \sqrt{27} = 4 + \sqrt{18 + 9} = 4 + \sqrt{18 + \sqrt{81}}$$

（想比較 $2\sqrt{17}$ 與 $\sqrt{81}$ 的大小，將 $2\sqrt{17}$ 化為 $\sqrt{\ldots}$ 格式）：

$$4 + \sqrt{18 + 2\sqrt{17}} = 4 + \sqrt{18 + \sqrt{68}}$$

因為 $81 > 68$，所以 $4 + \sqrt{27}$ 比較大。

【另解】（如果會開方計算，也可這樣算。）

$$5 + \sqrt{17} = 5 + 4.12\ldots = 9.12\ldots \; ; \; 4 + \sqrt{27} = 4 + 5.18\ldots = 9.18\ldots$$

所以 $4 + \sqrt{27}$ 比較大。

如果讀者有了自己的策略，請比較一下我的策略：

解題策略：數字比大小的策略

(1) 將兩數化成只有一處不同，即可直接比較。

(2) 將兩數化成同一種格式再比較。

(3) 直接相減，再判斷正負。

這裡我不再說明了，從頭做下來、想下來，就是最好的說明了。所以這是基礎，學到對數、三角函數後，又要加入新的元素，還有學到新的不等式，又會有新的想法。總之，沒有完美的策略，只有愈來愈強的策略。

實例運用【91指考數甲，多選7】

某君於九十年初，在甲、乙、丙三銀行各存入十萬元，各存滿一年後，分別取出。已知該年各銀行之月利率如下表，且全年十二個月皆依機動利率按月以複利計息。

	甲銀行	乙銀行	丙銀行
1～4 月	0.3%	0.3%	0.3%
5～8 月	0.3%	0.4%	0.2%
9～12 月	0.3%	0.2%	0.4%

假設存滿一年，某君在甲、乙、丙三家銀行存款的本利和分別為 a , b , c 元，請問下列哪些式子為真？

(1) $a > b$　(2) $a > c$　(3) $b > c$　(4) $a = b = c$

引導思考：

❶ 求解是「比較 a, b, c 的大小關係」可能如何得到？

➡ 先求出 a, b, c，再看能否比較大小。

❷ $a = 100000 \cdot (1 + 0.3\%)^4(1 + 0.3\%)^4(1 + 0.3\%)^4$，計算複雜該如何？

➡ 先寫式子，也許可以直接比較。

答案：(1)(2)

詳解：

甲銀行經過 4 期 0.3%，再 4 期 0.3%，再 4 期 0.3%

$a = 100000 \cdot (1 + 0.3\%)^4(1 + 0.3\%)^4(1 + 0.3\%)^4 = 10^5 \times 1.003^4 \times 1.003^4 \times 1.003^4$

乙銀行經過 4 期 0.3%，再 4 期 0.4%，再 4 期 0.2%

$b = 100000 \cdot (1 + 0.3\%)^4 (1 + 0.4\%)^4 (1 + 0.2\%)^4 = 10^5 \times 1.003^4 \times 1.004^4 \times 1.002^4$

丙銀行經過 4 期 0.3%，再 4 期 0.2%，再 4 期 0.4%

$c = 100000 \cdot (1 + 0.3\%)^4 (1 + 0.2\%)^4 (1 + 0.4\%)^4 = 10^5 \times 1.003^4 \times 1.002^4 \times 1.004^4$

顯然 $b = c$，而 a, b 大多部分相同，找出不同部分再比較。

$a = 10^5 \times 1.003^4 \times 1.003^4 \times 1.003^4 = 10^5 \times 1.003^4 \times (1.003 \times 1.003)^4$

$b = 10^5 \times 1.003^4 \times 1.004^4 \times 1.002^4 = 10^5 \times 1.003^4 \times (1.004 \times 1.002)^4$

只需比較 1.003×1.003 與 1.004×1.002，

而 $1.004 \times 1.002 = (1.003 + 0.001)(1.003 - 0.001) = 1.003^2 - 0.001^2 < 1.003^2$

所以 $b = c < a$，(1)(2) 對。

說明：

❶ 這題答對率 62%。

❷ 也可以 $1.003 \times 1.003 = 1.006009$ 比 $1.004 \times 1.002 = 1.006008$ 大，得 $a > b$。

實例運用【93學測2】

下列選項中的數，何者最大？〔其中 $n! = n \times (n-1) \times \cdots \times 2 \times 1$ 〕

(1) 100^{10}　　(2) 10^{100}　　(3) 50^{50}　　(4) $50!$　　(5) $\dfrac{100!}{50!}$

引導思考：

❶ 求解「五個數找最大的」可能如何得到？

➡ 容易比大小的先比，將小的淘汰，留下大的繼續比，最後剩的是答案。

❷ 哪兩個有部分相同或相似？

➡100^{10} 與 10^{100} 底數部分相似；

10^{100} 與 50^{50} 指數部分相似，可化為相同指數；

$50!$ 與 $\dfrac{100!}{50!}$ 都可看成 50 個自然數的乘積，所以也相似。

答案：(2)

詳解：

❶$100^{10}$ 與 10^{100} 底數相似，$100^{10} = (10^2)^{10} = 10^{20} < 10^{100}$，選項 (1) 100^{10} 淘汰。

❷$10^{100}$ 與 50^{50} 指數相似，$10^{100} = (10^2)^{50} = 100^{50} > 50^{50}$，選項 (3) 50^{50} 淘汰。

❸$50! = 50 \times 49 \times 48 \times \cdots \times 2 \times 1$

$$\frac{100!}{50!} = \frac{100 \times 99 \times 98 \times \cdots \times 2 \times 1}{50 \times 49 \times 48 \times \cdots \times 2 \times 1} = 100 \times 99 \times 98 \times \cdots \times 52 \times 51$$

都是 50 個自然數的乘積，但 $\dfrac{100!}{50!}$ 的比較大，選項 (4) $50!$ 淘汰。

❹$10^{100} = 100^{50} = 100 \times 100 \times 100 \times \cdots \times 100 \times 100$ 是 50 個 100 的乘積，

比 $\dfrac{100!}{50!} = 100 \times 99 \times 98 \times \cdots \times 52 \times 51$ 大，選項 (5) $\dfrac{100!}{50!}$ 淘汰。

故答案為 (2)。

說明：

❶ 這題答對率 60%。

❷ 用最基本的想法：找出相似的，化成一樣格式，因為都是正整數，比較好想。

第 8 節
其他解題時需要的觀念

這一節提到的是九個解題或考試時該有的觀念，不一定是真正的數學，但總是對考試有幫助的，尤其應該要平常就養成習慣。

一、數字太複雜先照抄

這是常遇到的情形，數字的算式變得很複雜，常令我們覺得沮喪或煩躁，甚至想放棄或另起爐灶。其實這時候可以先不要算而只是照著抄，有可能後來有機會直接消掉，也有可能後來發現根本不需要算，當然，也可能最後還是必須算，那麼已經得到答案再專心化簡，至少心情比較篤定，也比較不會煩躁了。

【例】　設 x 為任意實數，則 $(x-49)^2 + (x-51)^2 - 4x$ 的最小值為＿＿＿＿。

【解】　（二次式求極值當然用配方，配方前要化成標準式）

$$(x-49)^2 + (x-51)^2 - 4x$$
$$= (x^2 - 98x + 49^2) + (x^2 - 102x + 51^2) - 4x$$
$$= 2x^2 - 204x + 49^2 + 51^2 = 2(x-51)^2 - 2 \times 51^2 + 49^2 + 51^2$$

最小值為 $-2 \times 51^2 + 49^2 + 51^2 = 49^2 - 51^2 = (49+51)(49-51) = -200$

在這個例子中，標準程序要算 $49^2 + 51^2$，先不算，最後變得根本不用算。這題也有另一個方法，配方後將 $x = 51$ 代入 $(x - 49)^2 + (x - 51)^2 - 4x$ 得最小值為 $2^2 + 0^2 - 4 \times 51 = -200$，反正「數字太複雜先照抄」常有意想不到的好處。

二、利用特殊數值代入

有些題目中，變數不是特定值，卻要求一個式子的值，我們會用特定值代入得到答案。

【例】設 $x, y > 0$ 且 $xy = 1$，試求：$\dfrac{1}{1+x} + \dfrac{1}{1+y} =$ _____ 。

【解】$\dfrac{1}{1+x} + \dfrac{1}{1+y} = \dfrac{(1+y) + (1+x)}{(1+x)(1+y)} = \dfrac{x+y+2}{xy+x+y+1} = \dfrac{x+y+2}{1+x+y+1} = 1$

這樣的結果是說：任意滿足 $xy = 1$ 的正數 x, y 都會使得 $\dfrac{1}{1+x} + \dfrac{1}{1+y} = 1$。如果做不出來，我們可以先找符合「$x, y > 0$ 且 $xy = 1$」的一組 x, y，例如以 $x = 1$，$y = 1$ 代入得 $\dfrac{1}{1+x} + \dfrac{1}{1+y} = \dfrac{1}{1+1} + \dfrac{1}{1+1} = 1$，這樣的做法在選擇題或填充題可以賴皮得到分數，但在演算題時，這樣做一定沒有分。

其實這是正規的思考：先用特殊值代入猜答案，有了可能的答案，常常會給我們一些解題的靈感。運用此方式時要記得：1. 用的特殊數值必須滿足題目要求，在上例中，只要滿足 $xy = 1$ 的正數都可得到正確答案，當然用 $x = y = 0$ 代入就沒用了；2. 要去挑簡單好算的數據，沒人想用 $x = 100$，$y = 0.01$ 代入。大家可以試試後面兩例，其中第二例屬於三角函數範圍，但可以賴皮得到答案。

【例】 若 $x + y + 1 = 0$，則 $x^3 + y^3 - 3xy =$ _____。

【解1】 $x^3 + y^3 - 3xy = (x + y)^3 - 3xy(x + y) - 3xy = (-1)^3 - 3xy(-1) - 3xy$

$= -1 + 3xy - 3xy = -1$

【解2】（賴皮解）取 $x = -1$，$y = 0$ 滿足 $x + y + 1 = 0$，

代入 $x^3 + y^3 - 3xy = -1$

【例】 設 $\triangle ABC$ 的三邊長分別為 x，y，$\sqrt{x^2 + xy + y^2}$ ，則 $\triangle ABC$ 的最大角為 _____。

【解】 （賴皮解）這裡 x, y 為正數就好，

以 $x = y = 1$ 代入得三邊長 $1, 1, \sqrt{3}$ ，

如右圖，最大邊 $\sqrt{3}$ 的等腰三角形，做頂角的

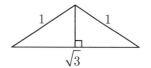

角平分線會垂直平分底邊，只看右側直角三角形，斜邊 1 ，一股長 $\dfrac{\sqrt{3}}{2}$ ，則右側底

角為 $30°$，頂角也就是最大角 $120°$。

（這題的正規做法不在本書範圍，在三角中是中等難度的題目。）

出題老師在設計題目時，會注意避免學生有機會用此方法得答案，但難免會有漏網之魚。

三、選擇題的排除法

選擇題的特性是只要分辨哪一個是對的，尤其是單選題，只要知道其他是錯的，就表示剩下的是對的。當題目不好算時，將選項的答案代回檢驗也是一個方法。

舉一些特例代入，也可能有效，但也要記得：特例代入不合，就表示該選項錯誤，而特例代入符合，不表示該選項一定對。有時只要能刪去部分不可能的選項，也可以縮小我們注意的焦點。

四、選填題的答案格式

選填題的答案格式有時也是一種提示或代表題目的要求。

例如求方程式的解時，答案格式能提示我們答案是整數、分數或無理數，如果答案是兩格，就表示答案是二位整數或負的一位整數，求近似值的題目中，答案格式告訴我們要求到小數第幾位，有時這些還能給我們一點幫助。

五、解讀表格

有時題目會給表格，表格單純時題目不會解釋，我們必須自己看懂。生活中的表格大家都會看，可是當表格夾雜著數學式時，有的同學會怕，所以這裡我們做一些標準的看法。常見的表格有兩種形式：一維表格與二維表格。

一維表格是說明變數 x 與變數 y 的關係，通常以兩列或兩行來呈現。右邊是兩列的標準格式，第 1 行表明變數是 X 與 Y，其餘行是資料，例如第 3 行就表示：當 $X = c$ 時，$Y = r$。其餘類推，表中共有 5 筆資料。下面這個表格請大家自行解讀其意義。

X	a	b	c	d	e
Y	p	q	r	s	t

r	0.01	0.02	0.03	0.04	0.05
$(1+r)^{100}$	2.705	7.245	19.219	50.505	131.501

二維表格是說明變數 z 由變數 x 與變數 y 所決定，通常就稱做 z 的表。如右圖，左上角是變數 x、y 的名稱，第 1 列是所有 x 之值，第 1 行是所有 y 之值，其餘是相應的 z 值。例如第 3 列與第 4 行交會處是 g，表示當 $x = 3$ 且 $y = q$ 時，相應的 $z = g$。看看手邊的功課表、全班成績單，是不是都依這樣的規則設計？

y \ x	1	2	3	4
p	a	b	c	d
q	e	f	g	h
r	i	j	k	l

當然有時為了需求或特性，很多表格會有獨特的設計。至少考題中的表格，都可以簡單依這樣的規則來解讀。

六、回到基本定義

這是一個觀念，尤其在學測中，總有一些題目是出題教授精心設計的新題，大家都沒見過，連類似的題目都沒見過，有時只要用最基本的定義或原理就可以輕易解出來，可是事後都看到答對率很低。我樂見這種題目多一點，更希望學生因而更著重於基本功。

我的一個同事是學養俱佳的超強老師，她有一句名言：「對學生而言，沒見過的題目就是難題。」這是事實，多半學生花很多時間做各式難題，卻很少在最基本的定義與性質上鑽研。

再次強調，「回到基本定義」是面對陌生題目最好的方法，但要在平時就能深入考量最基本的內容，才能有這種能力。

七、面對綜合題

　　這裡的綜合題是指一個題目牽扯兩個不同章節的題目，例如：機率問題裡面又有指數、方程式裡的問題又摻雜了等比數列。這時我們就需考慮兩部分的解題策略，哪個好用就先用哪個。例如聯立方程組裡又有根號，聯立方程組要想著消去未知數，根號要想到利用平方消去根號。

【例 1】　解方程組：$\begin{cases} x + \sqrt{y+5} = 7 \\ 2x - \sqrt{y+5} = 5 \end{cases}$

【解】　（可簡單消去未知數 y，直接消去 y）

　　　　兩式相加得 $3x = 12 \Rightarrow x = 4$

　　　　代入 $x + \sqrt{y+5} = 7 \Rightarrow 4 + \sqrt{y+5} = 7 \Rightarrow \sqrt{y+5} = 3$

　　　　$\Rightarrow y + 5 = 9 \Rightarrow y = 4$

　　　　故得 $x = 4$，$y = 4$

【例 2】　解方程組：$\begin{cases} x + \sqrt{y} = 5 & \cdots\cdots(1) \\ 2x^2 - 3y = 6 & \cdots\cdots(2) \end{cases}$

【解】　（無法簡單消去未知數，先消去根號）

　　　　由 (1) 式得 $\sqrt{y} = 5 - x \Rightarrow y = (5-x)^2$

　　　　代入 (2) 式得：$2x^2 - 3(5-x)^2 = 6 \Rightarrow x^2 - 30x + 81 = 0$

　　　　$\Rightarrow (x-3)(x-27) = 0 \Rightarrow x = 3$ 或 27

　　　　當 $x = 3$ 代入 (1) 式得 $3 + \sqrt{y} = 5 \Rightarrow \sqrt{y} = 2 \Rightarrow y = 4$

　　　　當 $x = 27$ 代入 (1) 式得 $27 + \sqrt{y} = 5$，不合

　　　　故 $x = 3$，$y = 4$

通常綜合題用到的都是基本想法，如果出題老師是將兩章艱難的部分再組成一題來考，就太殘酷了。

八、檢核答案

做出的答案到底對不對？大多數同學都會想翻到書後面看答案，這當然是最簡單的方法。但如果是考試呢？會變成考卷發下來就知道了，知道的時候分數都已經被扣掉了。我們都希望能在交考卷以前就發現自己的錯吧，有什麼辦法可以如此有先見之明呢？

重算是一個方法，但耗時且效果差，也常會重複錯誤而已。很多題目或其中一個過程可以簡單的驗算，例如解方程式有點麻煩，但代回去檢查很簡單。解聯立方程組時，常得到 x 以後，代回 (1) 式得到 y，順手再代入 (2) 式驗算吧。做連加法時，從頭加到尾，再從尾加到頭一次，以確定答案。

求級數和 $1 \times 2 + 2 \times 3 + 3 \times 4 + \cdots + n(n+1) = ?$

這樣做：$1 \times 2 + 2 \times 3 + 3 \times 4 + \cdots + n(n+1)$

$$= \sum_{k=1}^{n} k(k+1) = \sum_{k=1}^{n} (k^2 + k) = \sum_{k=1}^{n} k^2 + \sum_{k=1}^{n} k$$

$$= \frac{n(n+1)(2n+1)}{6} + \frac{n(n+1)}{2}$$

$$= \frac{n(n+1)}{2}[\frac{2n+1}{3} + 1] = \frac{n(n+1)}{2}[\frac{2n+4}{3}] = \frac{n(n+1)(n+2)}{3}$$

怎樣驗算？將 $n = 2$ 代入 $\frac{n(n+1)(n+2)}{3} = \frac{2 \times 3 \times 4}{3} = 8$，確實等於 $1 \times 2 + 2 \times 3$。

什麼樣的計算有好方法驗算？平時多注意就會發現很多。

九、培養耐力

　　每個人解題的耐力都有限度，超過限度就會覺得煩躁，想要放棄。有的學生只能忍受三個轉折，那麼超過三個轉折的題目就做不出來了。有時候熟悉的學生問我問題，但我覺得她應該能自己解卻放棄了，我就請她再讀一遍題目，常常她讀到一半，突然就很高興的說：「啊！我會了！」她不是解不出來，而是題目轉折超過她的限度，就受不了而放棄。經過我再逼她集中精神、再推她一下，就解出來了。

　　我自己算高中數學題時，耐力限度大約一小時，若超過限度還沒解出，我也會想去看解答。有些數學家對於有興趣的問題，可以花幾個月甚至幾年時間去解，這與信心和毅力有關。這些都可以經由努力和經驗慢慢加強；同樣的能力，耐力愈強就能解愈多的題目。

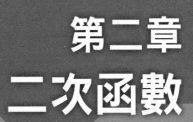

第二章
二次函數

二次函數是函數中較簡單的，也因為簡單，所以學習得很深入，
題目也可以做出很多廣泛的變化，同時也會在其他單元中
不斷的運用，是一個必須研究透澈的單元。

本章共有 2 節：

第1節　函數與一次函數：要了解函數的意義與基本用法。
　　　　這些會廣泛在各函數問題上使用。
第2節　二次函數：包含圖形、方程式、不等式與極值。

第 1 節
函數與一次函數

重點整理

一、函數

1. 定義 1：x, y 為兩個變數，若 y 值隨 x 值而**唯一確定**，則變數 y 是變數 x 的一個函數。其中 x 為自變數，y 為應變數。

2. 定義 2：函數 f 是一個對應關係，將 x 對應到 $f(x)$，也記為 $y = f(x)$。

3. 說明：

    (1) 函數 $y = x^2$，x, y 為有關係的變數，可任意變動而不是定數。

    當 $x = 3$，y 隨 x 而確定為 $3^2 = 9$；

    當 $x = 5$，y 隨 x 而確定為 $5^2 = 25$。

    我們在意的是 x, y 的關係或當 x 變動時，y 會如何相應變動。

    (2) 函數 $f(x) = 3x + 2$，f 是一個對應關係：x 對應到 $3x + 2$。

    5 對應到 $3 \times 5 + 2 = 17$，也就是 $f(5) = 17$，

    也可說 f 是一個「特殊運算」，此處 f 就是「乘以 3 再加 2」。

    $f(x) = 3x + 2$ 就是「將 x 乘以 3 再加 2」，

    $f(a - 1) = 3(a - 1) + 2$ 就是「將 $a - 1$ 乘以 3 再加 2」。

(3)「唯一確定」是函數的基本要求，若「1 對應 3 且 1 對應 4」，則會有
「$f(1) = 3$ 且 $f(1) = 4 \ \Rightarrow \ 3 = 4$」的矛盾。

二、函數圖形

1. $y = f(x)$ 的圖形是坐標平面上，所有點 $(x, f(x))$ 所成的圖形。

2. 函數圖形與任意鉛直線最多只有 1 個交點。

三、線型函數：函數圖形為一直線的函數

1. 線型函數是 $f(x) = ax + b$，包括一次函數與常數函數。

2. 一次函數是 $f(x) = ax + b$，其中 $a \neq 0$，常數函數是 $f(x) = a$

3. 線型函數 $f(x) = ax + b$ 的性質：

   (1) 當 $a > 0$，圖形為左下右上的直線。

   (2) 當 $a < 0$，圖形為左上右下的直線。

   (3) 當 $a = 0$，圖形為水平的直線。

   (4) 若 $f(x) = ax + b$ 通過兩點 (x_1, y_1)、(x_2, y_2)，則 $a = \dfrac{y_1 - y_2}{x_1 - x_2}$。

   (5) a 是直線的斜率，當 y 隨 x 而變化時，y 變化量是 x 變化量的 a 倍。
   a 的正負表示傾斜的方向，當 $|a|$ 愈大時，直線愈斜。

⊙ 充要條件：點與函數圖形的關係

> (1) 點 (a, b) 在 $y = f(x)$ 圖形上 $\Leftrightarrow$ $b = f(a)$ $\Leftrightarrow$ 若 $x = a$，則 $y = b$
>
> (2) 點 (a, b) 在 $y = f(x)$ 圖形上方 $\Leftrightarrow$ $b > f(a)$
>
> (3) 點 (a, b) 在 $y = f(x)$ 圖形下方 $\Leftrightarrow$ $b < f(a)$

說明：

❶ 有關函數圖形的問題裡，一定要主動想到這些關係。

❷ 在幾何問題裡也類似：點在圖形上 $\Leftrightarrow$ 點代入方程式會滿足。

❸「在圖形上」與「在圖形上方」意思完全不同，看題目時要小心。

⊙ 充要條件：兩函數圖形的關係

> (1) $y = f(x)$ 與 $y = g(x)$ 圖形交點的 x 坐標恰為方程式 $f(x) = g(x)$ 的實根。
>
> (2) $y = f(x)$ 的圖形完全在 $y = g(x)$ 的上方 $\Leftrightarrow$ $f(x) > g(x)$ 恆成立

說明：

❶ 請由函數圖形上觀察這些充要條件的原理。

❷ 若 x 有範圍，也可有相應的充要條件。

   例如：在 y 軸右側部分，$y = f(x)$ 的圖形完全在 $y = g(x)$ 的上方。

   $\Leftrightarrow$ 當 $x > 0$ 時，$f(x) > g(x)$ 恆成立

第 2 節
二次函數

重點整理

一、複數

1. 虛數單位 i：$i = \sqrt{-1}$ 為虛數單位。

   (1) $i^2 = -1$。

   (2) 當 $a > 0$ 時，規定 $\sqrt{-a} = \sqrt{a}\,i$。

2. 複數的定義：設 a, b 為實數，形如 $a + bi$ 的數為複數。

   複數 $z = a + bi$ 的實部為 a，虛部為 b。

3. 複數的相等：設 a, b, c, d 為實數，則

$$a + bi = c + di \iff a = c \text{ 且 } b = d$$

4. 共軛複數：設 a, b 為實數，複數 $z = a + bi$ 的共軛複數為 $\bar{z} = a - bi$

   (1) $z + \bar{z} = 2a$，$z \times \bar{z} = a^2 + b^2$ 都是實數。

   (2) z, w 為複數，則 $\overline{z + w} = \bar{z} + \bar{w}$，$\overline{z \times w} = \bar{z} \times \bar{w}$。

5. 設 a, b 為實數，

$$\sqrt{a}\sqrt{b} = \begin{cases} -\sqrt{ab} \;;\; \because\; a, b < 0 \\ \sqrt{ab} \;;\; \text{其他情形} \end{cases} \;;\; \frac{\sqrt{a}}{\sqrt{b}} = \begin{cases} -\sqrt{\dfrac{a}{b}} \;;\; \because\; a > 0, b < 0 \\ \sqrt{\dfrac{a}{b}} \;;\; \text{其他情形} \end{cases}$$

二、二次方程式

1. 公式解：二次方程式 $ax^2 + bx + c = 0$ 的解為 $x = \dfrac{-b \pm \sqrt{b^2 - 4ac}}{2a}$ 。

2. 根的性質：實係數二次方程式 $ax^2 + bx + c = 0$ 的判別式 $D = b^2 - 4ac$。

   (1) 兩根為相異實數 $\Leftrightarrow D > 0$

   (2) 兩根為相等實數 $\Leftrightarrow D = 0$

   (3) 共軛虛數 $\Leftrightarrow D < 0$

   (4) 使用此性質時要檢查「實係數」條件。

3. 以根造方程式：以 α, β 為兩根的二次方程式為

   $$(x - \alpha)(x - \beta) = 0 \Leftrightarrow x^2 - (\alpha + \beta)x + \alpha\beta = 0$$

4. 根與係數關係：$ax^2 + bx + c = 0$ 的解為 α, β，則 $\begin{cases} \alpha + \beta = -\dfrac{b}{a} \\ \alpha\beta = \dfrac{c}{a} \end{cases}$

三、二次函數的圖形

1. 圖形為拋物線。

2. 頂點與開口方向：

   $a \neq 0$，$y = a(x - h)^2 + k$ 的頂點 (h, k)

   當 $a > 0$ 時，開口向上。

   當 $a < 0$ 時，開口向下。

   $|a|$ 愈大，則開口愈窄。

   圖形對稱於 $x = h$，即通過頂點的鉛直線。

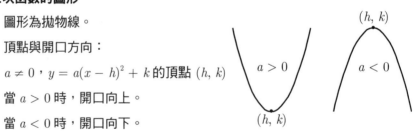

3. $y = ax^2 + bx + c$ 與 x 軸關係（其中 $a \neq 0$，$D = b^2 - 4ac$）：

$D > 0$，交於兩點；$D = 0$，切於一點；$D < 0$，無交點。

由 a 與 D 可判斷二次函數與 x 軸的六種關係。

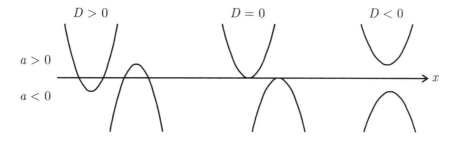

4. $y = ax^2 + bx + c$ 與 y 軸恰有一交點 $(0, c)$。

四、二次函數的極值：$a \neq 0$，$y = a(x - h)^2 + k$

1. x 為任意實數時，

   (1) 若 $a > 0$，當 $x = h$ 時，y 有最小值 k，沒有最大值。

   (2) 若 $a < 0$，當 $x = h$ 時，y 有最大值 k，沒有最小值。

2. x 有範圍時，

   (1) 若 $a > 0$，當 x 愈接近 h 時（$|x - h|$ 愈小），y 值愈小。

   (3) 若 $a < 0$，當 x 愈接近 h 時（$|x - h|$ 愈小），y 值愈大。

3. 這些性質可由函數圖形中看出。

五、二次不等式

當判別式 $b^2 - 4ac > 0$ 時，可化為 $ax^2 + bx + c = a(x - \alpha)(x - \beta)$，$\alpha < \beta$

1. $(x - \alpha)(x - \beta) < 0 \iff \alpha < x < \beta$

2. $(x - \alpha)(x - \beta) \leq 0 \iff \alpha \leq x \leq \beta$

3. $(x - \alpha)(x - \beta) > 0 \iff x > \beta$ 或 $x < \alpha$

4. $(x - \alpha)(x - \beta) \geq 0 \iff x \geq \beta$ 或 $x \leq \alpha$

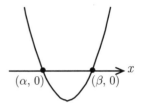

六、二次函數的三種格式

1. $a \neq 0$，$y = ax^2 + bx + c$ 為二次函數標準式。

2. $a \neq 0$，$y = a(x - h)^2 + k$ 的頂點 (h, k)。

3. $a \neq 0$，$y = a(x - \alpha)(x - \beta)$ 與 x 軸交於 $(\alpha, 0)$、$(\beta, 0)$。

七、二次式的恆值定理（其中 a, b, c 為實數，$a \neq 0$）

1. 對於任意實數 x，$ax^2 + bx + c > 0$ 恆成立 $\iff a > 0$ 且 $b^2 - 4ac < 0$

2. 對於任意實數 x，$ax^2 + bx + c \geq 0$ 恆成立 $\iff a > 0$ 且 $b^2 - 4ac \leq 0$

3. 對於任意實數 x，$ax^2 + bx + c < 0$ 恆成立 $\iff a < 0$ 且 $b^2 - 4ac < 0$

4. 對於任意實數 x，$ax^2 + bx + c \leq 0$ 恆成立 $\iff a < 0$ 且 $b^2 - 4ac \leq 0$

5. 說明：

　　(1) 上述四個性質容易混淆，最好利用圖形來認。

　　(2) x 的不等式有兩種要分清楚：「解不等式」是要找出滿足不等式的 x。

　　　　「不等式恆成立」是指任意 x 代入都成立。

　　(3) 充要條件：「$f(x) > 0$ 恆成立」$\Leftrightarrow$「$y = f(x)$ 的圖形在 x 軸上方」

八、單項函數： $f(x) = ax^n$，其中 $a \neq 0$，n 為正整數

　　1. n 為奇數時，f 的圖形對稱於原點。

　　2. n 為偶數時，f 的圖形對稱於 y 軸。

實例運用【81聯考社會組，填充4】

設 k 為實數，且 $y = x^2 + kx + k$ 的圖形與直線 $y = x + 1$ 沒有交點，則 k 的範圍為_____。

答案：$1 < k < 5$

說明：

這題為標準題，「沒有交點」$\Leftrightarrow x^2 + kx + k = x + 1$ 無解。

實例運用【92學測，選填F】

設 k 為一整數。若方程式 $kx^2 + 7x + 1 = 0$ 有兩個相異實根，且兩根的乘積介於 $\dfrac{5}{71}$ 與 $\dfrac{6}{71}$ 之間，則 $k =$ _____。

引導思考：

❶ 已知「k 為整數」、「$kx^2 + 7x + 1 = 0$ 有兩相異實根」、「兩根乘積介於 $\dfrac{5}{71}$ 與 $\dfrac{6}{71}$ 之間」可能如何使用？

➡ 「k 為整數」是輔助條件；

「$kx^2 + 7x + 1 = 0$ 有兩相異實根」可得「判別式 > 0」；

「兩根乘積介於 $\dfrac{5}{71}$ 與 $\dfrac{6}{71}$ 之間」可得一個不等式。

❷ 求解「$k = \,?$」可能如何得到？

➡ 需要一個方程式解 k，但條件中根本沒有等式，怎麼辦？

➡ 因為 k 為整數，只要有 k 的範圍就可能求出 k，所以由兩個不等式去做。

答案：12

詳解：

$kx^2 + 7x + 1 = 0$ 有兩個相異實根

$\Rightarrow 7^2 - 4 \times k \times 1 > 0 \ \Rightarrow k < \dfrac{49}{4} = 12.25$

又 k 為整數，故 $k \leq 12$

兩根乘積介於 $\dfrac{5}{71}$ 與 $\dfrac{6}{71}$ 之間 $\Rightarrow \dfrac{5}{71} < \dfrac{1}{k} < \dfrac{6}{71} \ \Rightarrow \dfrac{71}{5} > k > \dfrac{71}{6}$

$\Rightarrow 14.2 > k > 11.8...$，又 k 為整數，故 $k = 12$ 或 13 或 14

綜合得 $k = 12$

說明：

❶ 這題答對率 35%。

❷ 在這題裡，本就是用不等式求 $k = ?$ 故

　「$kx^2 + 7x + 1 = 0$ 有兩相異實根　$\Rightarrow$　判別式 > 0」是主要條件。

實例運用【93指考數乙，選填A】

設 a 為實數，令 α、β 為二次方程式 $x^2 + ax + (a-2) = 0$ 的兩個根。試問當 a 為何值時，$|\alpha - \beta|$ 有最小值？答：$a = $ _____ 。

引導思考：

❶ 已知「a 為實數」可能如何使用？

　➡ 這是輔助條件，因為是極值問題，故限制 a 為實數，可先擱著。

❷ 已知「α、β 為 $x^2 + ax + (a-2) = 0$ 兩根」可能如何使用？

　➡ 解出方程式，或用根與係數關係。

❸ 求解「當 a 為何值時，$|\alpha - \beta|$ 有最小值」可能如何得到？

　➡ 將 $|\alpha - \beta|$ 表為 a 的代數式，再考慮如何求最小值。

答案：2

詳解：

根與係數關係得 $\begin{cases} \alpha + \beta = -a \\ \alpha\beta = a - 2 \end{cases}$

$| \alpha - \beta |^2 = (\alpha + \beta)^2 - 4\alpha\beta = (-a)^2 - 4(a - 2) = a^2 - 4a + 8 = (a - 2)^2 + 4$

當 $a = 2$ 時，$| \alpha - \beta |^2$ 最小，$| \alpha - \beta |$ 也最小。

說明：

❶ 這題答對率 59%。

❷ a 為實數，但 α、β 也一定為實數嗎？

　判別式 $(-a)^2 - 4(a - 2) = a^2 - 4a + 8 = (a - 2)^2 + 4 > 0$，故 α、β 為實數。

　考慮到更好，沒考慮也不影響答案。

實例運用【96指考數乙，多選6】

假設 a , b 是整數，且 $b \neq 0$。已知 $c = \dfrac{a}{3} + \dfrac{b\sqrt{2}}{3} i$ 是實係數一元二次方程式

$x^2 + kx + 1 = 0$ 的一個解。請問下列哪些選項是正確的？

(1) $\dfrac{1}{c}$ 是上述方程式的另外一個解　(2) $\dfrac{1}{c} = \dfrac{a}{3} - \dfrac{b\sqrt{2}}{3} i$　(3) $c + \dfrac{1}{c} = k$

(4) k 一定是整數　(5) a 一定是奇數

引導思考：

❶ 已知「a , b 是整數，且 $b \neq 0$」可能如何使用？

➡ 這是輔助條件，使 c 為虛根且實部、虛部可以 a, b 表示。

❷ 已知「$c = \dfrac{a}{3} + \dfrac{b\sqrt{2}}{3}i$ 是實係數 $x^2 + kx + 1 = 0$ 解」可能如何使用？

➡ 由二次方程式的公式解，有兩虛根 $c = \dfrac{a}{3} \pm \dfrac{b\sqrt{2}}{3}i$ ；

用根與係數關係，兩根乘積為 1，兩根和為 $-k$。

❸ 五個選項逐個討論。

答案：$(1)(2)(5)$

詳解：

選項 (1)：兩根乘積為 1，一根為 c，則另一根為 $\dfrac{1}{c}$ ，(1) 對。

選項 (2)：另一根為 $\dfrac{1}{c}$ ，另一根也為 $\dfrac{a}{3} + \dfrac{b\sqrt{2}}{3}i$ 的共軛虛數 $\dfrac{a}{3} - \dfrac{b\sqrt{2}}{3}i$ ，(2) 對。

選項 (3)：$c + \dfrac{1}{c}$ 為兩根和，應為 $c + \dfrac{1}{c} = -k$ ，顯然 $k \neq 0$，(3) 錯。

選項 (4)：兩根乘積為 1 $\Rightarrow$ $(\dfrac{a}{3} + \dfrac{b\sqrt{2}}{3}i)(\dfrac{a}{3} - \dfrac{b\sqrt{2}}{3}i) = 1$ $\Rightarrow$ $\dfrac{a^2}{9} + \dfrac{2b^2}{9} = 1$

$\Rightarrow$ $a^2 + 2b^2 = 9$，又 a, b 是整數，且 $b \neq 0$，則 $a = \pm 1$，$b = \pm 2$

兩根和為 $-k$ $\Rightarrow$ $(\dfrac{a}{3} + \dfrac{b\sqrt{2}}{3}i) + (\dfrac{a}{3} - \dfrac{b\sqrt{2}}{3}i) = -k$

$\Rightarrow$ $k = -\dfrac{2a}{3} = \pm\dfrac{2}{3}$ ，k 不為整數，(4) 錯。

選項 (5)：$a = \pm 1$ 一定是奇數，(5) 對。

說明：

❶ 這題答對率 26%，屬於難題。

❷ 雖只是二次方程式，但牽扯各種性質，不易考慮周全。

❸ 好像條件少一個，但 a, b 為整數，依然可解出 a, b, k。

實例運用【82聯考社會組，填充3】

若 a 與 $a + 2$ 為異號的兩實數，且均為方程式 $x^2 + |x| + 3k = 0$ 的解，
則 $k =$ _____。

引導思考：

❶ 已知「a 與 $a + 2$ 為異號的兩實數」可能如何使用？

　➡ 因為 $a < a + 2$，故 $a < 0$ 且 $a + 2 > 0$。

❷ 已知「a 與 $a + 2$ 均為方程式 $x^2 + |x| + 3k = 0$ 的解」可能如何使用？

　➡ 方程式的解代入方程式成等式。

❸ 方程式 $x^2 + |x| + 3k = 0$ 可如何解？

　➡ 1. 分成 $x \geq 0$ 與 $x < 0$ 討論。

　　 2. 看成 $|x|^2 + |x| + 3k = 0$，先解出 $|x|$，再解出 x。

❹ 求解「k」可能如何得到？

　➡ 需要一個 k 的等式，若也用到 a，則需要二個 a, k 的等式。

答案：$-\dfrac{2}{3}$

詳解：

a 與 $a+2$ 異號，$a < a+2$ $\Rightarrow$ $a < 0 < a+2$

a 與 $a+2$ 均為方程式 $x^2 + |x| + 3k = 0$ 的解

$\Rightarrow \begin{cases} a^2 + |a| + 3k = 0 \\ (a+2)^2 + |a+2| + 3k = 0 \end{cases}$ $\Rightarrow \begin{cases} a^2 - a + 3k = 0 \\ (a+2)^2 + (a+2) + 3k = 0 \end{cases}$

（消去 k）$\Rightarrow (a+2)^2 + (a+2) = a^2 - a \Rightarrow 6a + 6 = 0 \Rightarrow a = -1$

代回 $a^2 - a + 3k = 0$ 得 $(-1)^2 - (-1) + 3k = 0 \Rightarrow k = -\dfrac{2}{3}$

另解：

$x^2 + |x| + 3k = 0 \Rightarrow |x|^2 + |x| + 3k = 0$，設解出 $|x| = \alpha, \beta$

由根與係數關係得 $\alpha + \beta = -1$，α, β 可為一正一負或二負。

若 $\alpha, \beta < 0$，則 x 無解，不合。若 $\alpha < 0 < \beta$，則 $x = \pm\beta$

所以 $a + (a+2) = 0 \Rightarrow a = -1$

-1 為 $x^2 + |x| + 3k = 0$ 一根 $\Rightarrow 1 + 1 + 3k = 0 \Rightarrow k = -\dfrac{2}{3}$

說明：

❶ 詳解中，直接用根的定義，二根代入即得二方程式，恰可解 a, k 二未知數。

❷ 另解中，運用代換解方程式 $x^2 + |x| + 3k = 0$，找出 a 與 $a+2$ 的關係。

實例運用【83學測，多選8】

若函數 $f(x) = ax^2 + bx + c$ 的圖形如圖 3，

則下列各數哪些為負數？

(A) a　　(B) b　　(C) c

(D) $b^2 - 4ac$　　(E) $a - b + c$

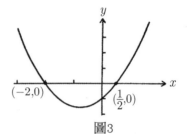

圖3

答案：(C)(E)

說明： 這題為標準題，其中 $a - b + c = f(-1)$ 為 $x = -1$ 時相應的 y 坐標。

實例運用【90學測，多選5】

設 a, b, c 為實數。若二次函數 $f(x) = ax^2 + bx + c$ 的圖形通過 $(0, -1)$ 且與 x 軸相切，則下列選項何者為真？

(1) $a < 0$　(2) $b > 0$　(3) $c = -1$　(4) $b^2 + 4ac = 0$　(5) $a + b + c \leq 0$

引導思考：

❶ 已知「a, b, c 為實數」可能如何使用？

　➡ 是輔助條件，實係數函數才有圖形及相關結果，可先不管。

❷ 已知「二次函數 $f(x) = ax^2 + bx + c$」可能如何使用？

　➡ 是輔助條件，隱含 $a \neq 0$，可先不管。

❸ 已知「通過 $(0, -1)$」可能如何使用？

➡ 通過 $(0, -1)$ ⇔ $f(0) = -1$ ⇔ $c = -1$

❹ 已知「與 x 軸相切」可能如何使用？

➡ 與 x 軸相切 ⇔ $f(x) = 0$ 恰一實根 ⇔ $b^2 - 4ac = 0$

❺ 這些已知可能再得出什麼結果？

➡ 兩條件無法完全解出 $f(x)$，$f(x)$ 不是唯一的。

➡ 可畫圖觀察；也可由兩式 $c = -1$、$b^2 - 4ac = 0$ 推論。

❻ 五個選項逐個討論。

答案：$(1)(3)(5)$

詳解：（由幾何圖形觀察）

選項 (1)：通過 $(0, -1)$ 且與 x 軸相切，則只可能如下圖的兩種狀況，所以 $a < 0$。(1) 對。

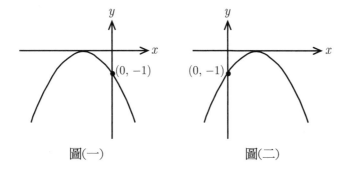

圖(一)　　　　圖(二)

選項 (2)：如圖（一）則 $b < 0$，如圖（二）則 $b > 0$。(2) 錯。

選項 (3)：通過 $(0, -1)$ 則 $c = -1$。(3) 對。

選項 (4)：與 x 軸相切，則 $b^2 - 4ac = 0$，而且 $ac \neq 0$，故 $b^2 + 4ac \neq 0$。(4) 錯。

選項 (5)：$a + b + c = f(1)$，由圖可知 $f(1) \leq 0$，(5) 對。

另解：（由代數式 $a \neq 0$，$c = -1$、$b^2 - 4ac = 0$ 推論）

❶ 選項 (3) 對。

❷ $c = -1$、$b^2 - 4ac = 0 \Rightarrow b^2 + 4a = 0 \Rightarrow a = -\dfrac{b^2}{4} \leq 0$

又 $a \neq 0$，則必 $a < 0$，選項 (1) 對。

❸ 將 $c = -1$、$b^2 + 4a = 0$ 代入得 $a + b + c = -\dfrac{b^2}{4} + b - 1 = -\dfrac{1}{4}(b - 2)^2 < 0$

選項 (5) 對。

❹ $(a, b, c) = (-1, -2, -1)$ 滿足 $a \neq 0$，$c = -1$、$b^2 - 4ac = 0$，選項 (2) 錯。

❺ 將 $c = -1$、$b^2 + 4a = 0$ 代入得 $b^2 + 4ac = -4a - 4a = -8a > 0$，選項 (4) 錯。

說明：

❶ 這題可由圖形或代數式判斷，解題時也可兩者交錯使用，更易判斷。

❷ 由圖形判斷通常比較簡捷，但要考慮周全，例如此題，如果只考慮圖 (二) 而沒想到圖 (一)，選項 (2) 就會出錯。

❸ 對於推不出的選項，最好能找出反例再確定是錯的。

 **實例運用【87學測，多選9】**

設 a 與 b 均為實數，且二次函數 $f(x) = a(x - 1)^2 + b$ 滿足 $f(4) > 0$，$f(5) < 0$。試問下列何者為真？

(1) $f(0) > 0$　(2) $f(-1) > 0$　(3) $f(-2) > 0$　(4) $f(-3) > 0$　(5) $f(-4) > 0$

引導思考：

❶ 已知「a 與 b 均為實數」可能如何使用？

➡ 輔助條件，$y = f(x)$ 為實係數，才會有不等式、圖形。

❷ 已知「二次函數 $f(x) = a(x-1)^2 + b$」可能如何使用？

　➡ 實際上只有頂點 x 坐標為 1、$a \neq 0$。

　➡ 圖形對稱於 $x = 1$。

❸ 已知「$f(4) > 0, f(5) < 0$」可能如何使用？

　➡ $f(4), f(5)$ 是 $x = 4, 5$ 相應的 y 坐標。

　➡ 圖形上，$(4, f(4))$ 在 x 軸上方，$(5, f(5))$ 在 x 軸下方。

❹ 求解可能如何由圖形上判斷？如何由代數式上判斷？

　➡ 圖形上判斷，$x = 0, -1, -2, -3, -4$ 相應的點在 x 軸上方或下方。

答案：$(1)(2)(3)$

詳解：（由圖形判斷）

由頂點 x 坐標為 1，

$(4, f(4))$ 在 x 軸上方，$(5, f(5))$ 在 x 軸下方

　⇒ 圖形與 x 軸一交點在 $4, 5$ 之間

由於圖形對稱於直線 $x = 1$，

　⇒ 圖形與 x 軸另一交點在 $-3, -2$ 之間

圖形如右圖，可判斷 $f(0) > 0$、

$f(-1) > 0$、$f(-2) > 0$、$f(-3) < 0$、$f(-4) < 0$

故選 $(1)(2)(3)$。

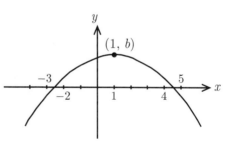

另解：（由代數式推論）

由 $f(x) = a(x-1)^2 + b$，$f(4) > 0$，$f(5) < 0$

$$\Rightarrow \begin{cases} 9a + b > 0 \\ 16a + b < 0 \end{cases} \Rightarrow a < 0$$

可得 $f(0) = a + b = (9a + b) - 8a > 0$；$f(-1) = 4a + b = (9a + b) - 5a > 0$；

$f(-2) = 9a + b > 0$；$f(-3) = 16a + b < 0$；$f(-4) = 25a + b = (16a + b) + 9a < 0$

故選 $(1)(2)(3)$

說明：

❶ 由圖形判斷即可，但要能充分把握各條件的幾何意義。

❷ 另解中由代數式推論也可。

實例運用【78夜大社會組，非選擇一】

設不等式 $ax^2 + 2(2a - 1)x + (7a - 2) < 0$ 對於一切實數 x 均成立，

試求其中常數 a 之範圍。

答案：$a < -1$

說明：這題為標準題，代入公式就可得解。

實例運用【86學測，單選3】

設 $f(x)$ 為二次函數，且不等式 $f(x) > 0$ 之解為 $-2 < x < 4$，則 $f(2x) < 0$ 之解為

(1) $-1 < x < 2$　(2) $x < -1$ 或 $x > 2$　(3) $x < -2$ 或 $x > 4$

(4) $-4 < x < 8$　(5) $x < -4$ 或 $x > 8$

引導思考：

❶ 已知「二次不等式 $f(x) > 0$ 之解為 $-2 < x < 4$」可能如何使用？

➡ 將解二次不等式的方法倒過來想：什麼樣的二次不等式解為 $-2 < x < 4$？

❷ 求解「$f(2x) < 0$」可能如何得到？

➡ 能得到 $f(x)$，就可代入解 $f(2x) < 0$

答案：(2)

詳解：

二次不等式 $f(x) > 0$ 之解為 $-2 < x < 4$

$\Rightarrow f(x) = a(x + 2)(x - 4)$ 且 $a < 0$

所以 $f(2x) < 0 \Rightarrow a(2x + 2)(2x - 4) < 0 \Rightarrow (2x + 2)(2x - 4) > 0$

$\Rightarrow (x + 1)(x - 2) > 0 \Rightarrow x < -1$ 或 $x > 2$，選 (2)。

另解：

二次不等式 $f(x) > 0$ 之解為 $-2 < x < 4$

$\Rightarrow y = f(x)$ 開口向下且與 x 軸交於 $(-2, 0)$、$(4, 0)$

$\Rightarrow f(x) < 0$ 的解為 $x < -2$ 或 $x > 4$

$\Rightarrow f(2x) < 0$ 的解為 $2x < -2$ 或 $2x > 4$

（將所有 x 都以 $2x$ 代換）

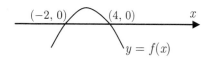

$\Rightarrow f(2x) < 0$ 的解為 $x < -1$ 或 $x > 2$，選 (2)。

說明：

❶ 詳解由代數式去想，另解由函數圖形去觀察，都能解出。

❷ 如果只用特例 $f(x) = -(x+2)(x-4)$ 去解也能得到答案。

實例運用【97指考數乙，多選7】

請問對於下列哪些選項，可以找到實數 a，使得選項裡面所有的數都同時滿足
一元二次不等式 $x^2 + (2-a)x - 2a < 0$？

(1) -1 , 0　　(2) 1 , 2 , 3 , $\cdots$（所有的正整數）

(3) -3 , -4 , -5 , $\cdots$（所有小於 -2 的整數）(4) 97 , 2008

(5) $-\pi$, π（π 是圓周率）

引導思考：

❶ 已知「a 為實數」可能如何使用？

　➡ 這是輔助條件，實數才有不等關係，先擱著。

❷ 已知「$x^2 + (2-a)x - 2a < 0$」可能如何使用？

　➡ 這不等式能解嗎？

❸ 求解式判斷「存在 a 使得不等式有這些解」可能如何得到？

　➡ 問法很奇特，尤其有 $-\pi$, π 這類奇怪的東西。

　➡ 還是該從不等式著手。

❹ 五個選項逐個判斷。

答案：(1)(4)

詳解：

$x^2 + (2 - a)x - 2a < 0 \Rightarrow (x^2 + 2x) - (ax + 2a) < 0$

$\Rightarrow x(x + 2) - a(x + 2) < 0 \Rightarrow (x - a)(x + 2) < 0$

$\Rightarrow x$ 在 a 與 -2 之間

若 $a > -2$，則解為 $-2 < x < a$，如圖一；

若 $a < -2$，則解為 $a < x < -2$，如圖二；

若 $a = -2$，則無解。

解的圖形如右兩圖之一。

選項 (1)：當 $a > 0$ 時，圖一包含 -1 , 0，(1) 對。

選項 (2)：無論 a 多大，總有正整數比 a 大，圖一無法包含所有正整數，(2) 錯。

選項 (3)：無論 a 多小，總有負整數比 a 小，圖二無法包含所有小於 -2 的整數，
　　　　　(3) 錯。

選項 (4)：當 $a > 2008$ 時，圖一包含 97, 2008，(4) 對。

選項 (5)：$-\pi < -2$ 且 $\pi > -2$，圖一無法包含 $-\pi$，圖二無法包含 π，(5) 錯。

說明：

❶ 這題答對率 7%，是該年答對率最低的一題。

❷ 最大困難點是沒發現 $x^2 + (2 - a)x - 2a$ 可簡單分解，這種情況確實少見，但在一般方
　 法解不出時，仍是方法之一。

實例運用【101指考數乙，非選擇題一】

設二次實係數多項式函數 $f(x) = ax^2 + 2ax + b$ 在區間 $-1 \leq x \leq 1$ 上的最大值為 7、最小值為 3。試求數對 (a, b) 的所有可能值。

引導思考：

❶ 已知「二次實係數」可能如何使用？

　➡ 這是輔助條件，也可看成 $a \neq 0$ 且 a, b 為實數，先擱著。

❷ 已知「在區間 $-1 \leq x \leq 1$ 上的最大值為 7、最小值為 3」可能如何使用？

　➡ 二次式在有範圍時的極值，要配方再考慮頂點 x 坐標與 a 的正負。

❸ 二條件「最大值為 7」、「最小值為 3」求 a, b 二未知數。

　➡ 將最大值、最小值表為 a, b 的式子。

❹ 何處有最大值？何處有最小值？

　➡ 此與 a 的正負有關，但題目沒指明怎麼辦？

　➡ 最無奈的辦法是：分成 $a > 0$ 與 $a < 0$ 兩情形討論。

❺ 求解「(a, b) 的所有可能值」可能有何暗示？

　➡ 題目強烈暗示答案可能不只一組解，解題時要注意。

答案：$(a, b) = (1, 4)$ 或 $(-1, 6)$

詳解：

❶ 配方 $f(x) = ax^2 + 2ax + b = a(x+1)^2 - a + b$

❷ 當 $a > 0$ 時，x 最接近 -1 時 $f(x)$ 最小，x 離 -1 最遠時 $f(x)$ 最大。

　又 $-1 \leq x \leq 1$，所以最小值為 $f(-1) = 3$，最大值為 $f(1) = 7$

$$\Rightarrow \begin{cases} f(-1) = -a + b = 3 \\ f(1) = a + 2a + b = 7 \end{cases} \Rightarrow \begin{cases} a = 1 \\ b = 4 \end{cases}$$，滿足 $a > 0$，這是一解。

❸ 當 $a < 0$ 時，x 最接近 -1 時 $f(x)$ 最大，x 離 -1 最遠時 $f(x)$ 最小。

又 $-1 \le x \le 1$，所以最大值為 $f(-1) = 7$，最小值為 $f(1) = 3$

$$\Rightarrow \begin{cases} f(-1) = -a + b = 7 \\ f(1) = a + 2a + b = 3 \end{cases} \Rightarrow \begin{cases} a = -1 \\ b = 6 \end{cases}$$，滿足 $a < 0$，此也為一解。

❹ 故得 $(a, b) = (1, 4)$ 或 $(-1, 6)$

說明：

❶ 這題只使用基本的二次函數配方求極值。

❷ 當題目反過來問，已知極值而去求二次函數，加上必須依 a 的正負討論，所以還需要精確的邏輯才能做對。

實例運用【94指考數甲，多選4】

設 $f(x) = x^2 + a(1 - x^2)$ 為一實係數多項式函數，a 為常數。下列敘述何者正確：

(1) 不論 a 是何值，$f(x)$ 的函數圖形都不可能是直線。

(2) 不論 a 是何值，若 $f(x)$ 有極值，則極值都等於 a。

(3) 0 有可能是 $f(x)$ 的極大值。

(4) 若 $a \ne 0$，則 $f(x) = 0$ 無重根。

引導思考：

❶ 已知「$f(x) = x^2 + a(1 - x^2)$」可能如何使用？

➡ 化為標準式 $f(x) = (1 - a)x^2 + a$ 再考慮。

➡ 當 $a \neq 1$ 時，$f(x)$ 為二次式；當 $a = 1$ 時，$f(x) = 1$ 為常數函數。

❷ 已知「實係數」可能如何使用？

➡ 是輔助條件，實係數多項式才有圖形，可先不管。

❸ 四個選項逐個討論。

答案：(2)(4)

詳解：

選項 (1)：$y = f(x)$ 為一直線 ⇔ $f(x)$ 為一次式或常數

當 $a = 1$ 時，$f(x) = 1$ 為一直線，(1) 錯。

選項 (2)：當 $a \neq 1$，$f(x) = (1 - a)x^2 + a$，極值為 $f(0) = a$

當 $a = 1$ 時，$f(x) = 1$，極值為 1，(2) 對。

選項 (3)：若 $f(x)$ 有極大值 a，則 $1 - a < 0 \Rightarrow a > 1$，極大值 a 不為 0，(3) 錯。

選項 (4)：$Ax^2 + Bx + C = 0$ 有重根 ⇔ $A \neq 0$ 且判別式 $B^2 - 4AC = 0$

$f(x) = 0$ 有重根 ⇔ $1 - a \neq 0$ 且 $0^2 - 4(1 - a)a = 0$ ⇔ $a = 0$

所以若 $a \neq 0$，則 $f(x) = 0$ 無重根，(4) 對。

說明：

❶ 這題答對率 30%，答對率偏低，選項涵蓋圖形、極值、根，都只觸及最基本的性質。

❷ 題目所給形式 $f(x) = x^2 + a(1 - x^2)$ 並不好用，應先將 $f(x)$ 化為標準式再看。

第三章
多項式的問題

將熟悉的二次式再推廣成更高次的多項式，與其他函數比較，

多項式函數是比較簡單的，所以其他複雜函數的問題，也常代換成多項式再處理。

本章共分 4 節：

第 1 節
多項式的運算與乘法公式

重點整理

一、多項式定義

能化成 $f(x) = a_n x^n + a_{n-1} x^{n-1} + a_{n-2} x^{n-2} + \cdots + a_1 x + a_0$ 的代數式，為 x 的多項式。其中 n 為正整數或 0，$a_n, a_{n-1}, a_{n-2}, \cdots, a_1, a_0$ 為常數。

1. 當 $a_n \neq 0$ 時，$f(x)$ 的次數 $\deg f(x) = n$。

2. 當 $k \neq 0$ 時，$f(x) = k$ 為 0 次多項式；$f(x) = 0$ 為零多項式。

3. $f(x)$ 的常數項 $a_0 = f(0)$。

4. $f(x)$ 的係數總和 $a_n + a_{n-1} + a_{n-2} + \cdots + a_1 + a_0 = f(1)$。

二、多項式運算

1. 多項式相等：兩多項式相等 $\Leftrightarrow$ 次數相等且同次項係數相等。

   (1) 若 $f(x), g(x)$ 相等，則任意數 a 滿足 $f(a) = g(a)$。

   （多項式相等是一種恆等式。）

   (2) 若 $f(x), g(x)$ 次數不超過 n 次，且有 $n+1$ 個相異數 $\alpha_1, \alpha_2, \cdots, \alpha_{n+1}$

滿足 $f(\alpha_1) = g(\alpha_1), f(\alpha_2) = g(\alpha_2), \cdots, f(\alpha_{n+1}) = g(\alpha_{n+1})$ ，

則 $f(x)$, $g(x)$ 相等。

(3) 多項式相等的用法 1 —— 任意代入：

x 以任何數代入時都相等，代入後得到的等式為方程式。這時選擇合適代入值很重要，仔細觀察式子，什麼 x 代入後，會使式子變簡單或出現我們想要的式子。

【例】若 $a(x-1)(x+1) + b(x+1)(x-2) + c(x-2)(x-1) = x^2 + 7x - 12$ 恆成立，試求 $(a, b, c) = $ _____。

【解】當 $x = 1$ 代入得 $0 - 2b + 0 = -4 \Rightarrow b = 2$

當 $x = -1$ 代入得 $0 + 0 + 6c = -18 \Rightarrow c = -3$

當 $x = 2$ 代入得 $3a + 0 + 0 = 6 \Rightarrow a = 2$

（也可乘開整理再比較係數，但較麻煩。）

(4) 多項式相等的用法 2 —— 比較係數：

等式兩側同次項係數相等。

【例】若 $a(x-1)(x+1) + b(x+1)(x-2) + c(x-2)(x-1) = 2x^2 + cx - d$ 恆成立，試求 $a + b + c = $ _____。

【解】比較兩側 x^2 係數得 $a + b + c = 2$

2. 多項式乘法：

進入高中後馬上要熟悉的乘法公式有：

$$(x + y)^3 = x^3 + 3x^2y + 3xy^2 + y^3 \text{；} (x - y)^3 = x^3 - 3x^2y + 3xy^2 - y^3$$

$$x^3 + y^3 = (x + y)(x^2 - xy + y^2) \text{；} x^3 - y^3 = (x - y)(x^2 + xy + y^2)$$

$$(x + y + z)^2 = x^2 + y^2 + z^2 + 2xy + 2yz + 2zx$$

三、拉格朗日多項式

$f(x)$ 為二次多項式，a, b, c 相異，則：

1. $f(x) = f(a)\dfrac{(x-b)(x-c)}{(a-b)(a-c)} + f(b)\dfrac{(x-c)(x-a)}{(b-c)(b-a)} + f(c)\dfrac{(x-a)(x-b)}{(c-a)(c-b)}$

二次函數 $f(x)$ 已知 $f(a)$、$f(b)$、$f(c)$，可直接寫出 $f(x)$。

2. $f(d) = f(a)\dfrac{(d-b)(d-c)}{(a-b)(a-c)} + f(b)\dfrac{(d-c)(d-a)}{(b-c)(b-a)} + f(c)\dfrac{(d-a)(d-b)}{(c-a)(c-b)}$

二次函數 $f(x)$ 已知 $f(a)$、$f(b)$、$f(c)$，可直接寫出 $f(d)$。

3. 也可推廣成三次以上的函數。

 重要觀念：等式有三種

我們在數學中看到的等式（含有「＝」的式子），有各種不同的意義，常見的有下列三種，看到時要分清楚，它們的意義和使用方向都不同。

(1) 方程式：例如 $x^2 - 2x - 3 = 0$，只有某些 x（3 與 -1）滿足等式，通常我們要去找出方程式的解，這裡的 x 稱為未知數，我們在解題時所說的條件式大多變成方程式，再去解出我們需要的未知數。這是最常見的等式。

(2) 恆等式：例如 $x^2 - 2x - 3 = (x - 3)(x + 1)$，這是一個 x 的恆等式，任意 x 代入都成立，當然也不需要去解出 x。一般的定義、公式、運算式都是恆等式，有時題目條件說某等式恆成立，則這等式也是恆等式。恆等式最基本的使用方法就是找合適的 x 代入。

(3) 函數：例如 $y = x^2 - 2x - 3$，這裡的 x, y 並不代表特定的數，我們稱 x, y 為變數，函數只有表示 x, y 的特定關係，當 $x = 1$ 時，相應的 $y = -4$；當 $x = 2$ 時，相應的 $y = -3$。

說明：

❶ 若 $ax - 2 = 3x + b$ 是一個方程式，可以得到：當 $a \neq 3$ 時，$x = \dfrac{b+2}{a-3}$。

❷ 若 $ax - 2 = 3x + b$ 是多項式相等（恆等式），可以得到：$a = 3$，$b = -2$。

❸ 有時處理一個 x 的方程式，發現它的解是任意實數，則它就變成恆等式了。

實例運用【100學測，單選2】

多項式 $4(x^2 + 1) + (x+1)^2(x-3) + (x-1)^3$ 等於下列哪一個選項？
(1) $x(x+1)^2$ (2) $2x(x-1)^2$ (3) $x(x-1)(x+1)$ (4) $2(x-1)^2(x+1)$
(5) $2x(x-1)(x+1)$

答案：(5)

說明：這題答對率 72%，為基本題。

實例運用【96學測，單選1】

設 $f(x) = ax^6 - bx^4 + 3x - \sqrt{2}$ ，其中 a, b 為非零實數，則 $f(5) - f(-5)$ 之值為
(1) -30 (2) 0 (3) $2\sqrt{2}$ (4) 30 (5) 無法確定（與 a, b 有關）

答案：(4)

說明：這題答對率 71%，是基本題。

實例運用【84學測，填充13】

已知二多項式 $P(x) = 1 + 2x + 3x^2 + \cdots + 10x^9 + 11x^{10} = \sum_{i=0}^{10}(i+1)x^i$，與

$Q(x) = 1 + 3x^2 + 5x^4 + \cdots + 9x^8 + 11x^{10} = \sum_{i=0}^{5}(2i+1)x^{2i}$，則 $P(x)$ 和 $Q(x)$ 的乘積中，

x^9 的係數為 _____。

引導思考：

❶ 什麼是「$P(x)$、$Q(x)$」可能如何使用？

➡ 不要用「Σ」表示：

$$\sum_{i=0}^{10}(i+1)x^i = 1 + 2x + 3x^2 + 4x^3 + 5x^4 + 6x^5 + 7x^6 + 8x^7 + 9x^8 + 10x^9 + 11x^{10}$$

$$\sum_{i=0}^{5}(2i+1)x^{2i} = 1 + 3x^2 + 5x^4 + 7x^6 + 9x^8 + 11x^{10}$$

❷ 求解「x^9 項係數」可能如何得到？

➡ 將 $(1 + 2x + 3x^2 + 4x^3 + 5x^4 + 6x^5 + 7x^6 + 8x^7 + 9x^8 + 10x^9 + 11x^{10})$

　$\times (1 + 3x^2 + 5x^4 + 7x^6 + 9x^8 + 11x^{10})$ 乘開後可得 x^9 項係數。

❸ 全算出來太麻煩，但只要找出所有 x^9 項即可，能只找出 x^9 項嗎？

答案：110

詳解：

$(1 + 2x + 3x^2 + 4x^3 + 5x^4 + 6x^5 + 7x^6 + 8x^7 + 9x^8 + 10x^9 + 11x^{10})$

　$\times (1 + 3x^2 + 5x^4 + 7x^6 + 9x^8 + 11x^{10})$ 共有 $11 \times 6 = 66$ 項

其中為 x^9 的有

$$(2x)(9x^8) + (4x^3)(7x^6) + (6x^5)(5x^4) + (8x^7)(3x^2) + (10x^9)(1)$$

$$= 18x^9 + 28x^9 + 30x^9 + 24x^9 + 10x^9 = 110x^9$$

所以 x^9 的係數為 110

說明：

這算法也是同一個原理：完整計算很麻煩，而求解不是完整的乘積，如何能排除那些不需要的？如何只是找出我們真正需要的答案？

實例運用

設 $f(x) = a\dfrac{(x-b)(x-c)}{(a-b)(a-c)} + b\dfrac{(x-c)(x-a)}{(b-c)(b-a)} + c\dfrac{(x-a)(x-b)}{(c-a)(c-b)}$，其中 a, b, c 為相異三數，試

求 $f(a+b+c) = $ _____。（以 a, b, c 表示）

引導思考：

❶ 已知「a, b, c 為相異三數」可能如何使用？

　➡ 這是輔助條件，使 $f(x)$ 的分母不為 0。

❷ 求解「$f(a+b+c)$」可能如何得到？

　➡ 將 $x = a+b+c$ 代入 $f(x)$ 會很麻煩，有沒有其他辦法？

❸ 有哪些定理、公式可能用到？

　➡ $f(x)$ 格式很像拉格朗日多項式，可能利用嗎？

答案：$a + b + c$

詳解：

由拉格朗日多項式可知：$f(a) = a$、$f(b) = b$、$f(c) = c$

即 $f(x) = x$ 有三個相異根 $x = a, b, c$；

$f(x)$ 次數不超過二次且有相異三根，

所以 $f(x) = x$ 為恆等式，$f(a + b + c) = a + b + c$。

說明：

❶ 拉格朗日多項式是新加入的教材，大考當然未考過，列一題參考。

❷ 由 $f(a) = a$、$f(b) = b$、$f(c) = c$ 推出 $f(x) = x$ 有根 $x = a, b, c$，這是一個較少見的技巧。

第 2 節
餘式定理與因式定理

 重點整理

一、除法原理

設 $f(x)$, $g(x)$ 都是多項式，$g(x) \neq 0$，則存在唯一的多項式 $q(x)$, $r(x)$ 滿足

$f(x) = g(x)q(x) + r(x)$ 且 $\deg(r(x)) < \deg(g(x))$

1. 除法形式有兩種，在高中數學都有使用：

   第一種：$(x^2 - 2x + 5) \div (x - 3) = \dfrac{x^2 - 2x + 5}{x - 3}$

   第二種：$(x^2 - 2x + 5) \div (x - 3) = (x + 1) \cdots\cdots 8$

   第二種是一種表示法，而不是真正的等式，寫成等式應為：

   $$(x^2 - 2x + 5) = (x - 3)(x + 1) + 8 \text{ 或 } \frac{x^2 - 2x + 5}{x - 3} = x + 1 + \frac{8}{x - 3}$$

2. 除法原理也可以看成除法的定義或除法的計算方法。

二、餘式定理

多項式 $f(x)$ 除以 $(x - c)$ 所得的餘式為 $f(c)$。

也可看成：多項式 $f(x)$ 除以 $(ax - b)$ 所得的餘式為 $f(\frac{b}{a})$。

1. 可以這樣記：將除式等於 0 的 x 代入被除式，就得到餘式。

2. 餘式定理的唯一限制是「除式是一次式」。

例如：$[f(x)g(x)] \div (x - 3)$ 餘式為 $f(3)g(3)$

$f(3x + 2) \div (x - 5)$ 餘式為 $f(3 \times 5 + 2) = f(17)$

三、因式、倍式的定義

設 $f(x)$、$g(x)$ 為多項式，若存在多項式 $h(x)$，使得 $f(x) = g(x)h(x)$，則 $g(x)$ 是 $f(x)$ 的因式，$f(x)$ 是 $g(x)$ 的倍式，記作 $g(x) \mid f(x)$。

四、因式定理

設 $f(x)$ 為多項式，則 $x - a \mid f(x) \Leftrightarrow f(a) = 0$

也可看成：設 $f(x)$ 為多項式，則 $ax - b \mid f(x) \Leftrightarrow f(\frac{b}{a}) = 0$

實例運用【92學測，單選2】

若 $f(x) = x^3 - 2x^2 - x + 5$，則多項式 $g(x) = f(f(x))$ 除以 $(x-2)$ 所得的餘式為

(1) 3　(2) 5　(3) 7　(4) 9　(5) 11

引導思考：

❶ 求解「$g(x) = f(f(x))$ 除以 $(x-2)$ 所得的餘式」可能如何得到？

➡ 除式為一次式，用餘式定理。

$g(x) = f(f(x))$ 除以 $(x-2)$ 所得的餘式 $g(2) = f(f(2))$

❷ 已知「$f(x) = x^3 - 2x^2 - x + 5$」可能如何使用？

➡ $g(2) = f(f(2))$ 可由 $f(x)$ 求得。

答案：(5)

詳解：

$g(x) = f(f(x))$ 除以 $(x-2)$ 所得的餘式 $g(2) = f(f(2))$

$f(2) = 8 - 8 - 2 + 5 = 3$，$f(f(2)) = f(3) = 3^3 - 2 \cdot 3^2 - 3 + 5 = 11$，選 (5)

說明：

❶ 這題答對率 46%，中等難度。

❷ 要能掌握餘式定理、並能了解 $g(x) = f(f(x))$ 的意義與使用。

實例運用【86學測，選填A】

設 $f(x) = x^5 + 6x^4 - 4x^3 + 25x^2 + 30x + 20$ ，則 $f(-7) = $ _____ 。

答案：6

說明：這題是標準題，$f(-7)$ 是 $f(x)$ 除以 $x+7$ 的餘式。

解題策略：求餘式問題

若無法以直式的除法計算，則將所有已知與求解利用餘式定理或除法原理，表示成數學式，再利用已知式與求解式找出答案。

說明：

❶ 當除式為一次式且題目與商式無關時，用餘式定理。

❷ 除法定理寫出的式子是恆等式，可以「任意代入」或「比較係數」。

❸「任意代入」時，優先考慮使除式等於 0 的 x。

❹ 求解通常變成若干個未知數，再找到足夠的方程式解出。已知除以一次式的餘式，可得一個條件式；已知除以二次式的餘式，就可得二個條件式。

實例運用【90學測，選填D】

設多項式 $f(x)$ 除以 $x^2 - 5x + 4$，餘式為 $x + 2$；除以 $x^2 - 5x + 6$，餘式為 $3x + 4$。則多項式 $f(x)$ 除以 $x^2 - 4x + 3$，餘式為 _____。

引導思考：

❶ 已知「$f(x)$ 除以 $x^2 - 5x + 4$ 餘 $x + 2$」、「$f(x)$ 除以 $x^2 - 5x + 6$ 餘 $3x + 4$」可能如何使用？

➡ 設 $f(x) = (x - 1)(x - 4)Q_1(x) + x + 2$，$f(x) = (x - 2)(x - 3)Q_2(x) + 3x + 4$

❷ 求解「$f(x)$ 除以 $x^2 - 4x + 3$ 的餘式」可能如何得到？

➡ 設 $f(x) = (x - 1)(x - 3)Q_3(x) + ax + b$，再求出 a, b

❸ 有哪些定理、公式可能用到？

➡ 可以將 x 代入不同的數，尤其代入後使除式為 0 的 x

答案：$5x - 2$

詳解：

$f(x)$ 除以 $x^2 - 5x + 4$ 餘 $x + 2$ $\Rightarrow$ 設 $f(x) = (x - 1)(x - 4)Q_1(x) + x + 2$

$\Rightarrow f(1) = 3$，$f(4) = 6$

$f(x)$ 除以 $x^2 - 5x + 6$ 餘 $3x + 4$ $\Rightarrow$ 設 $f(x) = (x - 2)(x - 3)Q_2(x) + 3x + 4$

$\Rightarrow f(2) = 10$，$f(3) = 13$

設 $f(x)$ 除以 $x^2 - 4x + 3$ 的餘式 $ax + b$，即設 $f(x) = (x - 1)(x - 3)Q_3(x) + ax + b$

$\Rightarrow f(1) = a + b$，$f(3) = 3a + b$

故得 $\begin{cases} f(1) = a + b = 3 \\ f(3) = 3a + b = 13 \end{cases}$ $\Rightarrow \begin{cases} a = 5 \\ b = -2 \end{cases}$，餘式 $5x - 2$

說明：

這是標準題，用標準的策略即可解出。

實例運用【92學測補，選填B】

設多項式 $(x+1)^6$ 除以 x^2+1 的餘式為 $ax+b$，則 $a=$ _____，$b=$ _____。

引導思考：

❶ 已知「$(x+1)^6$ 除以 x^2+1 的餘式為 $ax+b$」可能如何使用？

　➡ 利用除法定理，設為 $(x+1)^6=(x^2+1)Q(x)+ax+b$。

❷ 求解是「$a,\ b$」，可能如何得到？

　➡ 需要兩個條件，可用 $x=\pm i$ 代入得到兩個條件。

答案：$a=-8$，$b=0$

詳解：

設 $(x+1)^6=(x^2+1)Q(x)+ax+b$

以 $x=i$ 代入得 $(i+1)^6=(-1+1)Q(i)+ai+b$

$\Rightarrow (2i)^3=ai+b \Rightarrow ai+b=-8i$

以 $x=-i$ 代入得 $(-i+1)^6=(-1+1)Q(-i)-ai+b \Rightarrow -ai+b=8i$

解 $\begin{cases} ai+b=-8i \\ -ai+b=8i \end{cases} \Rightarrow \begin{cases} a=-8 \\ b=0 \end{cases}$

另解：

設 $(x+1)^6 = (x^2+1)Q(x) + ax + b$，其中 a、b 為實數。

以 $x = i$ 代入得 $(i+1)^6 = (-1+1)Q(i) + ai + b \Rightarrow (2i)^3 = ai + b$

$\Rightarrow ai + b = -8i \Rightarrow a = -8$，$b = 0$

說明：

❶ 在另解中，由於被除式與除式都是實係數，故可設餘式也是實係數。

　這樣做即可只利用 $ai + b = -8i$ 就得到 $a = -8$，$b = 0$。

❷ 被除式為 6 次式，若乘開 $(x+1)^6$ 再用長除法計算也可，雖麻煩但還能接受。

實例運用【95學測，多選9】

學生練習計算三次多項式 $f(x)$ 除以一次多項式 $g(x)$ 的餘式。已知 $f(x)$ 的三次項係數為 3，一次項係數為 2。甲生在計算時把 $f(x)$ 的三次項係數錯看成 2（其他係數沒看錯），乙生在計算時把 $f(x)$ 的一次項係數錯看成 -2（其他係數沒看錯）。而甲生和乙生算出來的餘式剛好一樣。試問 $g(x)$ 可能等於以下哪些一次式？

(1) x　(2) $x-1$　(3) $x-2$　(4) $x+1$　(5) $x+2$

引導思考：

❶ 已知「$f(x)$ 的三次項係數為 3，一次項係數為 2」可能如何使用？

　➡ 看成 $f(x) = 3x^3 + bx^2 + 2x + d$

❷ 已知「甲生的計算」可能如何使用？

　➡ $2x^3 + bx^2 + 2x + d = g(x)Q_1(x) + r_1$

❸ 已知「乙生的計算」可能如何使用？

➡ $3x^3 + bx^2 - 2x + d = g(x)Q_2(x) + r_2$

❹ 已知「甲生和乙生算出來的餘式剛好一樣」可能如何使用？

➡ $r_1 = r_2$

❺ 求解「$g(x)$ 可能等於以下哪些一次式？」可能如何得到？

➡ 未知數比條件式多，無法解出所有未知數，而題目問法暗示 $g(x)$ 可能不只一解，所以
應設法找到 $g(x)$ 更簡單的式子再考慮。

答案：$(1)(3)(5)$

詳解：

設 $f(x) = 3x^3 + bx^2 + 2x + d$，

甲生計算 $2x^3 + bx^2 + 2x + d = g(x)Q_1(x) + r$

乙生計算 $3x^3 + bx^2 - 2x + d = g(x)Q_2(x) + r$

兩式相減得 $x^3 - 4x = g(x)[Q_2(x) - Q_1(x)] \Rightarrow g(x) \mid x^3 - 4x$

而 $x^3 - 4x = x(x + 2)(x - 2)$ 且 $g(x)$ 為一次式，$g(x) = x$ 或 $x + 2$ 或 $x - 2$

故選 $(1)(3)(5)$

說明：

❶ 這題答對率 38%。

❷ 使用公式與計算都很簡單，重點是 b, d, r 與答案無關，直接消去以後，答案就顯現了。

實例運用【87學測，選填H】

設 $f(x)$ 為一多項式。若 $(x+1)f(x)$ 除以 $x^2 + x + 1$ 的餘式為 $5x + 3$，則 $f(x)$ 除以 $x^2 + x + 1$ 的餘式為 _____。

引導思考：

❶ 已知「$(x+1)f(x)$ 除以 $x^2 + x + 1$ 的餘式為 $5x + 3$」能否寫成數學式？

　➡ 用除法定理，可設 $(x+1)f(x) = (x^2 + x + 1)Q_1(x) + 5x + 3$

　➡ 這式子還有什麼用？

❷ 求解「$f(x)$ 除以 $x^2 + x + 1$ 的餘式」能否寫成數學式？

　➡ 用除法定理，可設 $f(x) = (x^2 + x + 1)Q_2(x) + ax + b$

❸「已知」與「求解」兩式有什麼關係？可如何使用？

　➡ 前式等號左側是後式左側乘以 $x + 1$

答案：$2x + 5$

詳解：

設 $f(x) = (x^2 + x + 1)Q(x) + ax + b$

$\Rightarrow (x+1)f(x) = (x+1)(x^2 + x + 1)Q(x) + (ax+b)(x+1)$

$\qquad = (x^2 + x + 1)[(x+1)Q(x)] + ax^2 + ax + bx + b$

$\qquad = (x^2 + x + 1)[(x+1)Q(x)] + a(x^2 + x + 1) + bx + (b-a)$

$\qquad = (x^2 + x + 1)[(x+1)Q(x) + a] + bx + (b-a)$

又 $(x+1)f(x)$ 除以 $x^2 + x + 1$ 的餘式為 $5x + 3$，可得 $5x + 3 = bx + (b-a)$

$\Rightarrow \begin{cases} b = 5 \\ b - a = 3 \end{cases} \Rightarrow a = 2，b = 5，餘式 2x + 5$

另解：

設 $(x+1)f(x) = (x^2+x+1)Q_1(x) + 5x+3\cdots\cdots①$

以 $x=-1$ 代入得 $0 \times f(-1) = 1 \times Q_1(-1) -5+3 \Rightarrow Q_1(-1) = 2$

由 $Q(-1) = 2$，可設 $Q_1(x) = (x+1)Q_2(x)+2$，代入 ① 式得

$(x+1)f(x) = (x^2+x+1)[(x+1)Q_2(x)+2] + 5x+3$

$\Rightarrow (x+1)f(x) = (x^2+x+1)(x+1)Q_2(x) + 2(x^2+x+1) + 5x+3$

$\Rightarrow (x+1)f(x) = (x^2+x+1)(x+1)Q_2(x) + 2x^2+7x+5$

$\Rightarrow (x+1)f(x) = (x^2+x+1)(x+1)Q_2(x) + (x+1)(2x+5)$

$\Rightarrow f(x) = (x^2+x+1)Q_2(x) + (2x+5)$

所以 $f(x)$ 除以 x^2+x+1 的餘式為 $2x+5$

說明：

❶ 詳解中比較已知式與求解式，將求解式乘以 $x+1$，再與已知式比較。

❷ 另解中找出已知式裡暗藏的條件加以運用。

◎ **實例運用**【98學測，單選3】

已知 $f(x)$, $g(x)$ 是兩個實係數多項式，且知 $f(x)$ 除以 $g(x)$ 的餘式為 x^4-1。試問下列哪一個選項<u>不可能</u>是 $f(x)$ 與 $g(x)$ 的公因式？

(1) 5　(2) $x-1$　(3) x^2-1　(4) x^3-1　(5) x^4-1

引導思考：

❶ 已知「$f(x)$ 除以 $g(x)$ 的餘式為 x^4-1」可能如何使用？

➡ 設 $f(x) = g(x)Q(x) + x^4 - 1$。

❷「$f(x)$ 與 $g(x)$ 的公因式」有什麼條件？

➡ 一定也是 $x^4 - 1$ 的因式。

答案：(4)

詳解：

由 $f(x)$ 除以 $g(x)$ 的餘式為 $x^4 - 1$，可設 $f(x) = g(x)Q(x) + x^4 - 1$，

則 $f(x)$ 與 $g(x)$ 的公因式必為 $x^4 - 1$ 的因式。

$x^4 - 1 = (x^2 + 1)(x^2 - 1) = (x^2 + 1)(x + 1)(x - 1)$

只有 $x^3 - 1$ 不是 $x^4 - 1$ 的因式。故選 (4)。

說明：

❶ 這題答對率只有 27%。

❷ 5 是 $x^4 - 1$ 的因式：依據定義，$x^4 - 1 = 5 \times \dfrac{x^4 - 1}{5}$，而且 5 與 $\dfrac{x^4 - 1}{5}$ 都是多項式。

❸ 當時有些學生只看了選項 (1) 就急忙選了 (1)，如果仔細看完五個選項再決定，也許就
會進一步考慮了。這是考試作答的習慣，一定要看完所有選項再決定，而且要平時就養
成習慣。

解題策略：已知因式

(1) 已知一次因式 ➡ 用因式定理。

(2) 已知高次可分解因式 ➡ 分解後重複用因式定理。

(3) 已知高次不能分解因式 ➡ 用長除法或除法定理得餘式等於 0。

說明：

❶ 策略 (1)：$(x-5) \mid f(x) \Rightarrow f(5) = 0$

❷ 策略 (2)：$(x^2 - 5x + 6) \mid f(x) \Rightarrow (x-2)(x-3) \mid f(x) \Rightarrow f(2) = f(3) = 0$

❸ 策略 (3)：$(x^2 + x + 2) \mid f(x)$ ➡ 長除法或設 $f(x) = (x^2 + x + 2)g(x)$

❹ 以條件數來看，有一次因式相當於一個條件式；有二次因式相當於二個條件式。

實例運用【94學測，選填A】

若多項式 $x^2 + x + 2$ 能整除 $x^5 + x^4 + x^3 + px^2 + 2x + q$，則 $p = $ ＿＿＿，$q = $ ＿＿＿。

答案：$p = 3$；$q = 8$

說明：

這題答對率 69%，是標準題，用長除法即可算出。

第 3 節
解高次方程式

重點整理

有理根檢驗法（牛頓定理）

設 $f(x) = a_n x^n + a_{n-1} x^{n-1} + \cdots + a_1 x + a_0$ 是一個整係數 n 次多項式，其中 n 為正整數，若方程式 $f(x) = 0$ 有一根 $\dfrac{b}{a}$（其中 a, b 為互質整數），

則 $a \mid a_n$ 且 $b \mid a_0$。

1. 因為 $ax - b \mid f(x) \iff f(x) = 0$ 有一根 $\dfrac{b}{a}$，所以這也是一次整係數因式檢驗法。

2. 這定理可以這樣簡單記憶：若整係數方程式有因式 $ax - b$，可想成

$$a_n x^n + a_{n-1} x^{n-1} + \cdots + a_1 x + a_0$$
$$= (ax - b)(c_{n-1} x^{n-1} + c_{n-2} x^{n-2} + \cdots + c_1 x + c_0)$$

比較係數，可得 $a_n = a c_{n-1}$，$a_0 = -b c_0 \implies a \mid a_n$ 且 $b \mid a_0$

注意：這是記憶方法，不是證明。

3. 例如方程式 $2x^4 + ax^3 + bx^2 + cx - 9 = 0$（其中 a, b, c 為整數），

若有有理根 $\dfrac{q}{p}$，則 $p \mid 2$，$q \mid 9 \Rightarrow p = \pm 1, \pm 2$，$q = \pm 1, \pm 3, \pm 9$

而 $\dfrac{q}{p}$ 只可能為 $\pm 1, \pm 3, \pm 9, \pm\dfrac{1}{2}, \pm\dfrac{3}{2}, \pm\dfrac{9}{2}$。

4. 這方法找出所有「可能的有理根」，仍須驗算檢查是否真的是「有理根」。

5. 這方法可找出所有有理根，仍找不出的根就會是無理根或虛根。

解題策略：超過二次的方程式

> 解高次方程式可用 (1) 有理根檢驗法、(2) 代換、(3) n 次方根。

說明：

❶ 在解一般題目時，遇到超過二次的方程式，應先檢查是否有根 $x = 1, -1$。大多數題目都會刻意留下簡單的根，以免計算過於麻煩，但如果是專門考方程式的題目，就可能需要進一步使用「有理根檢驗法」。

❷ 「有理根檢驗法」只能用於整係數多項式方程式，只能找出所有有理根。

❸ 超過三次的方程式有時可以用代換的方式化簡，這部分在第一章第 5 節詳述過。

❹ 出現 $(\cdots\cdots)^n = k$ 形式的方程式，就是 n 次方根了。這時先要認清，題目的未知數只是實數還是要看成複數？

若未知數是實數，當 n 為奇數時，$x^n = k \quad \Rightarrow \quad x = \sqrt[n]{k}$ ；

當 n 為偶數時，$x^n = k$，$k > 0 \quad \Rightarrow \quad x = \pm\sqrt[n]{k}$ 。

若未知數是複數，就要用棣美弗定理處理了，這部分不在本書討論範圍。

❺ 高次方程式不一定能解出簡單解，如果題目不是求根等於多少，也要考慮用其他方式去找題目的求解，這類問題放在第四章。

實例運用【79聯考社會組，填充6】

方程式 $x^3 - 3x^2 - 17x - 13 = 0$ 的正根為 _____ 。

答案：$2 + \sqrt{17}$

說明：這題是標準題，標準程序解出方程式就可得答案。

第 4 節
解不等式

重點整理

一、多項式不等式

1. 先將不等式化成 $f(x) > 0$、$f(x) < 0$、$f(x) \geq 0$、$f(x) \leq 0$ 形式，其中 $f(x)$ 是最高次項係數為正，且完全分解成一或二次實係數多項式乘積。

2. 找出 $f(x) = 0$ 的所有相異實根，由小而大排列 $a_1 < a_2 < \cdots < a_k$，並分辨出哪些根是偶重根。

3. 遵循下列規則畫出 $y = f(x)$ 與 x 軸相交的關係圖。

   (1) $y = f(x)$ 圖形是連續的曲線，且與 x 軸相交於 $x = a_1$，a_2，...，a_k 處。

   (2) 在最右處（$x > a_k$），$y = f(x)$ 圖形在 x 軸上方。

   (3) 在 $f(x) = 0$ 的單根或奇重根處，$y = f(x)$ 圖形會穿過 x 軸。

   在 $f(x) = 0$ 的偶重根處，$y = f(x)$ 圖形與 x 軸相切而不會穿過 x 軸。

   (4) 例如：

   $$f(x) = (x - 1)(x - 2)(x - 3)(x - 4)$$

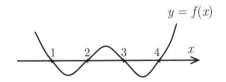

$$f(x) = (x-1)(x-2)^2(x-3)(x-4)$$

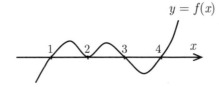

$$f(x) = (x-1)^3(x-2)(x-3)^2(x-4)$$

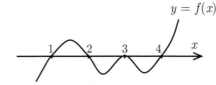

4. 根據圖形判斷不等式的解。

5. 例子（配合上面圖形）：

   $(x-1)(x-2)(x-3)(x-4) < 0 \Leftrightarrow 1 < x < 2$ 或 $3 < x < 4$

   $(x-1)(x-2)^2(x-3)(x-4) \leq 0 \Leftrightarrow x \leq 1$ 或 $x = 2$ 或 $3 \leq x \leq 4$

   $(x-1)^3(x-2)(x-3)^2(x-4) > 0 \Leftrightarrow 1 < x < 2$ 或 $x > 4$

6. 此處 $y = f(x)$ 圖形當然不是準確圖形，但與 x 軸相交關係完全正確，
   以此解不等式剛剛好。

二、分式不等式

1. 先將一側化為 0，另一側完全通分，化成下列四種型：

(1) 不等式 $\dfrac{f(x)}{g(x)} > 0$ 的解就是 $f(x)g(x) > 0$ 的解。

(2) 不等式 $\dfrac{f(x)}{g(x)} < 0$ 的解就是 $f(x)g(x) < 0$ 的解。

(3) 不等式 $\dfrac{f(x)}{g(x)} \geq 0$ 的解就是 $f(x)g(x) \geq 0$ 且 $g(x) \neq 0$ 的解。

(4) 不等式 $\dfrac{f(x)}{g(x)} \leq 0$ 的解就是 $f(x)g(x) \leq 0$ 且 $g(x) \neq 0$ 的解。

2. 一定要記得，在不確定分母的正負時，不可像方程式般，同乘分母或交叉相乘消分母，這是最常出錯的原因。

3. 例如：

(1) $\dfrac{(x-2)(x+4)}{x-3} > 0 \;\Rightarrow\; (x-2)(x+4)(x-3) > 0$

$\Rightarrow\; -4 < x < 2$ 或 $x > 3$

(2) $\dfrac{(x-2)^2(x-5)}{(x-3)} \leq 0 \;\Rightarrow\; (x-2)^2(x-5)(x-3) \leq 0$ 且 $x \neq 3$

$\Rightarrow\; x = 2$ 或 $3 < x \leq 5$

(3) $x > \dfrac{x+3}{x-1} \;\Rightarrow\; x - \dfrac{x+3}{x-1} > 0 \;\Rightarrow\; \dfrac{x(x-1) - (x+3)}{x-1} > 0$

$\Rightarrow\; \dfrac{x^2 - 2x - 3}{x-1} > 0 \;\Rightarrow\; \dfrac{(x-3)(x+1)}{x-1} > 0$

$\Rightarrow\; (x-3)(x+1)(x-1) > 0 \;\Rightarrow\; -1 < x < 1$ 或 $x > 3$

實例運用【92(補) 學測，選填D】

試問不等式 $(x^2 - 4x + 2)(2x - 5)(2x - 37) \leq 0$ 有多少個整數解？答：_____個。

答案：17

說明：這題為標準題，標準程序解出不等式，再找出其中的整數解。

實例運用【99指考數乙，多選3】

關於多項式不等式：

$x^2(x + 5)(x + 1)(x - 4)(x - 7) < (2x - 3)(x + 5)(x + 1)(x - 4)(x - 7)$

下列哪些選項是它的一個解？

(1) -2π　　(2) $-\pi$　　(3) π　　(4) 2π

引導思考：

❶ 解多項式不等式的程序是什麼？

➡ 解多項式不等式，化成「$(\cdots)(\cdots)(\cdots) > 0$」模式。

❷ 兩邊乘開不好吧，還能怎麼辦？仔細觀察題目有什麼特別之處？

➡ 左、右兩側有共同因式，應該可以利用。

❸ 若將各選項代回原式可以嗎？

➡ 理論上可以，但這題數據不合適。

答案：(2)(4)

詳解：

$x^2(x+5)(x+1)(x-4)(x-7) < (2x-3)(x+5)(x+1)(x-4)(x-7)$

$\Rightarrow\ x^2(x+5)(x+1)(x-4)(x-7) - (2x-3)(x+5)(x+1)(x-4)(x-7) < 0$

$\Rightarrow\ (x+5)(x+1)(x-4)(x-7)[x^2-(2x-3)] < 0$

$\Rightarrow\ (x+5)(x+1)(x-4)(x-7)[(x-1)^2+2] < 0$

$\Rightarrow\ -5 < x < -1$ 或 $4 < x < 7$

(1) $-2\pi = -6.28...$，不合　　(2) $-\pi = -3.14... \Rightarrow -5 < -\pi < -1$，符合。

(3) $\pi = 3.14...$，不合　　　　(4) $2\pi = 6.28... \Rightarrow 4 < 2\pi < 7$，符合。

故選 (2)(4)。

說明：

❶ 這題答對率 34%。

❷ 只要了解標準程序，照著小心做就能算出。

實例運用【97學測，選填F】

設 a，b 為正整數，若 $b^2 = 9a$ 且 $a+2b > 280$，則 a 的最小可能值為 _____。

引導思考：

❶ 已知「a，b 為正整數」可能如何使用？

　➡ 這是輔助條件，先擱著，等得到 a, b 範圍再考慮。

❷ 已知「$b^2 = 9a$ 且 $a+2b > 280$」可能如何使用？

　➡ 等式 $b^2 = 9a$ 可以代入 $a+2b > 280$ 消去 a 或 b，消去哪一個較好？

　　➡ 消去 a 或 b 各有優點，但消去一個才好做。

❸ 求解「a 的最小可能值」可能如何得到？

　　➡ 要求得 a 的不等式。

答案：225

詳解：

將 $b^2 = 9a$ 代入 $a + 2b > 280$ 得 $\dfrac{1}{9}b^2 + 2b > 280$　$\Rightarrow$　$b^2 + 18b - 2520 > 0$

　$\Rightarrow$　$(b + 60)(b - 42) > 0$　$\Rightarrow$　$b > 42$ 或 $b < -60$

但 b 為正整數，故 $b \geq 43$，又 $b^2 = 9a$ 則 b 為 3 的倍數，故 $b \geq 45$

b 的最小值為 45，此時 a 最小值為 $\dfrac{b^2}{9} = \dfrac{45^2}{9} = 225$

另解：

將 $b^2 = 9a$　$\Rightarrow$　$b = 3\sqrt{a}$ 代入 $a + 2b > 280$，得 $a + 6\sqrt{a} > 280$

　$\Rightarrow$　$(\sqrt{a})^2 + 6\sqrt{a} - 280 > 0$　$\Rightarrow$　$(\sqrt{a} + 20)(\sqrt{a} - 14) > 0$　$\Rightarrow$　$\sqrt{a} > 14$

但 a，b 為正整數且 $b = 3\sqrt{a}$，故 $\sqrt{a} \geq 15$　$\Rightarrow$　$a \geq 15^2 = 225$

說明：

❶ 這題答對率 20%，是個難題。

❷ 兩種解法分別是消去 a 與消去 b，看求解為 a 就會想消去 b，但會出現根號，考試當場
　就隨便挑一種，萬一真解不出時再換另一種。

❸ 這題的重點反而是「利用條件式消去一個未知數」。

閱讀筆記

第四章
方程式的問題

方程式的問題主要是有關多項式方程式的根的各種性質，實際考題中，
又常與多項式混合使用。另外，遇到指對數或三角方程式，也可能用到
此處的觀念或性質。而一次方程組在課本中是屬於第四冊的內容，
但這裡不提第四冊的內容，因為只用簡單的策略就可解出多半的題目，
同時也是別單元一般解題時所需應用的。

本章共分 2 節：

第 1 節 高次方程式的問題

重點整理

一、代數基本定理

$f(x)$ 是 n 次複係數多項式且 $n \geq 1$，則方程式 $f(x) = 0$ 必有複數根。

1. 推論：n 次方程式 $f(x) = 0$ 恰有 n 個複數根 $\alpha_1, \alpha_2, \cdots, \alpha_n$，各根有可能相同，重複的根為重根。

2. 推論：n 次多項式 $f(x) = a_n x^n + a_{n-1} x^{n-1} + \cdots + a_1 x + a_0$ 必可分解成

$$f(x) = a_n x^n + a_{n-1} x^{n-1} + \cdots + a_1 x + a_0 = a_n(x - \alpha_1)(x - \alpha_2) \cdots (x - \alpha_n)$$

3. 說明：

   (1) 最常見也最簡單的使用方式：「n 次方程式恰有 n 個複數根」。

   (2) 此方程式的係數只要是複數即可（實數、虛數、整數皆可）。

二、虛根成對定理

若實係數多項式方程式 $f(x) = 0$ 有虛根 $a + bi$，其中 a, b 為實數，則共軛虛數 $a - bi$ 也是 $f(x) = 0$ 的一根。

1. 推論：實係數多項式方程式都有偶數個虛根。

2. 推論：奇次實係數多項式方程式都有奇數個實根（至少一個）。

3. 說明：

(1) 條件中必須要「實係數」才能使用。

當係數有虛數時，$x(x-i)=0$ 兩根 0，i，虛根不成對。

(2) 也可以說是：「實係數多項式方程式的虛根必然是成對的共軛虛根」。

這在實係數二次方程式中很明顯，在一般高次的情形也是對的。

(3) 證明過程中用到「z 為複數，則實係數多項式 $f(x)$

滿足 $\overline{f(z)}=f(\bar{z})$」，這也偶爾會出現在題目中。

三、實根勘根定理（其中 $f(x)$ 為實係數多項式，a，b 為實數）

若 $f(a)f(b)<0$，則方程式 $f(x)=0$ 在 a，b 之間至少有一實根。

1. 此定理不是充要條件，所以反過來不一定對：若 $f(x)=0$ 在 a，b 之間

至少有一實根，則不一定會滿足 $f(a)f(b)<0$。

2. 也可進一步看成充要條件：

$f(a)f(b)<0 \Leftrightarrow f(x)=0$ 在 a，b 之間恰有奇數個實根。

$f(a)f(b)>0 \Leftrightarrow f(x)=0$ 在 a，b 之間恰有偶數個實根。

此處重根重複計算，「偶數個」也可能是 0 個。

3. 說明：

(1) 若將「實係數多項式」改成「連續函數」，原定理也會成立。

(2) 此定理找實根並不是完備的方法：找到的是實根範圍或近似值，無

法真正求出實根，找不到的根，無法判定是實根或虛根或位置。

四、根與係數關係

1. 二次方程式 $ax^2 + bx + c = 0$ 兩根 α , β，則

$$\alpha + \beta = -\frac{b}{a} \ , \ \alpha\beta = \frac{c}{a}$$

2. 三次方程式 $ax^3 + bx^2 + cx + d = 0$ 三根 α , β , γ，則

$$\alpha + \beta + \gamma = -\frac{b}{a} \ , \ \alpha\beta + \beta\gamma + \gamma\alpha = \frac{c}{a} \ , \ \alpha\beta\gamma = -\frac{d}{a}$$

3. n 次方程式 $ax^n + bx^{n-1} + cx^{n-2} + \cdots = 0$ 有 n 個根，則此 n 個根的

「和」$= -\dfrac{b}{a}$,「兩兩相乘和」$= \dfrac{c}{a}$,「三三相乘和」$= -\dfrac{d}{a}$, ……

充要條件：三合一條件

> $f(x) = 0$ 為一多項式方程式，則
>
> $x - a \mid f(x) \Leftrightarrow f(a) = 0 \Leftrightarrow x = a$ 是 $f(x) = 0$ 的一根

說明：

❶ 請先想一下，這三個條件是否可以互推出來？互推習慣了就不會弄錯。

❷ 這三個條件互為充要條件，看到任何一個，就要聯想到另外兩個。

【例】「多項式 $f(x)$ 滿足 $f(2) = 0$、$f(5) = 0$」$\Leftrightarrow$「$(x - 2)(x - 5) \mid f(x)$」

【例】「$f(x) = 0$ 與 $g(x) = 0$ 有一個相同根 p」$\Leftrightarrow$「$f(x)$ 與 $g(x)$ 有公因式 $x - p$」

【例】「$2x^2 + 3x + 4 = 0$ 兩根 α，β」$\Leftrightarrow$「$2x^2 + 3x + 4 = 2(x - \alpha)(x - \beta)$」

【推廣】「多項式 $f(x)$ 滿足 $f(2) = 3$、$f(5) = 3$」

$\quad \Leftrightarrow$「$f(x) - 3 = 0$ 有根 $x = 2, 5$」$\Leftrightarrow$「$(x - 2)(x - 5) \mid f(x) - 3$」

【推廣】「多項式 $f(x)$ 滿足 $f(2) = 2$、$f(5) = 5$」

$\quad \Leftrightarrow$「$f(x) - x = 0$ 有根 $x = 2, 5$」$\Leftrightarrow$「$(x - 2)(x - 5) \mid f(x) - x$」

解題策略：已知一根

> (1) 已知多項式方程式 $f(x) = 0$ 有一根 $x = 3$ $\Rightarrow$ $x - 3 \mid f(x)$、$f(3) = 0$
>
> (2) 已知實係數多項式方程式 $f(x) = 0$ 有一根 $x = 2 + 3i$
>
> $\quad \Rightarrow f(x) = 0$ 有兩根 $x = 2 \pm 3i$ $\Rightarrow$ $x^2 - 4x + 13 \mid f(x)$
>
> (3) 已知有理係數多項式方程式 $f(x) = 0$ 有一根 $x = 3 + \sqrt{5}$

$$\Rightarrow f(x) = 0 \text{ 有兩根 } x = 3 \pm \sqrt{5} \Rightarrow x^2 - 6x + 4 \mid f(x)$$

(4) 已知整係數多項式方程式 $f(x) = 0$ 有有理根 ➡ 牛頓定理

(5) 有關多項式方程式 $f(x) = 0$ 的所有根 ➡ 根與係數關係

(6) 已知一根的範圍 ➡ 實根勘根定理

說明：

❶ 無理根不一定成對，例如 $x^3 - 2 = 0$ 有一無理根 $\sqrt[3]{2}$ 與兩虛根。

❷ 有整數根時，也是用牛頓定理（整數根也是有理根）。

❈

 實例運用【87學測；單選2】

設 $1 - i$ 為 $x^2 + ax + 3 - i = 0$ 的一根，則 a 的值為何？

(1) -3　(2) -2　(3) $-1 - i$　(4) 2　(5) 3

引導思考：

❶ 已知「$1 - i$ 為 $x^2 + ax + 3 - i = 0$ 的一根」可能如何使用？

　➡ 代入方程式滿足。

❷ 求解「a」可能如何得到？

　➡ 只需一個 a 的條件式即可。

答案：(1)

詳解：

$x = 1 - i$ 為 $x^2 + ax + 3 - i = 0$ 的一根，則 $(1 - i)^2 + a(1 - i) + 3 - i = 0$

$\Rightarrow -2i + a(1 - i) + 3 - i = 0 \Rightarrow a(1 - i) = -3 + 3i \Rightarrow a = \dfrac{-3 + 3i}{1 - i} = -3$

說明：

這題不可誤用成「$x = 1 - i$ 為一根 $\Rightarrow$ 有兩根 $x = 1 \pm i$」，因為不是實係數多項方程式，故不適用虛根成對定理。

實例運用【85學測，單選4】

設 $f(x)$ 為實係數三次多項式，且 $f(i) = 0$（$i = \sqrt{-1}$），則函數 $y = f(x)$ 的圖形與 x 軸有幾個交點？ (A) 0 (B) 1 (C) 2 (D) 3 (E) 因 $f(x)$ 的不同而異。

答案：(B)

說明：正確運用代數基本定理、虛根成對定理，即可簡單得到答案。

實例運用【89學測，選填C】

設三次方程式 $x^3 - 17x^2 + 32x - 30 = 0$ 有兩複數根 $a + i$，$1 + bi$，其中 a，b 是不為 0 的實數。試求它的實根。答：_____。

答案：15

說明：正確運用虛根成對定理，即可簡單得到答案。

實例運用【101學測，多選8】

設 $f(x) = x^4 - 5x^3 + x^2 + ax + b$ 為實係數多項式，且知 $f(i) = 0$（其中 $i^2 = -1$）。
請問下列哪些選項是多項式方程式 $f(x) = 0$ 的根？

(1) $-i$ 　(2) 0 　(3) 1 　(4) -5 　(5) 5

引導思考：

❶ 已知「實係數」可能如何使用？

　➡ 這是輔助條件，提醒我們虛根成對定理待命。

❷ 已知「$f(i) = 0$」可能如何使用？

　➡ $f(i) = 0 \Leftrightarrow f(x) = 0$ 有一根 $i \Rightarrow f(x) = 0$ 有二根 $\pm i \Rightarrow (x^2 + 1) \mid f(x)$

❸ 求解「$f(x) = 0$ 的根」可能如何得到？

　➡ 由 $(x^2 + 1) \mid f(x)$ 可求出 $f(x)$　再求 $f(x) = 0$ 的根。

答案：(1)(2)(5)

詳解：

$f(i) = 0 \Leftrightarrow f(x) = 0$ 有一根 i

　　$\Rightarrow f(x) = 0$ 有二根 $\pm i$

　　$\Rightarrow (x^2 + 1) \mid f(x)$

以長除法算 $f(x) \div (x^2 + 1)$，如下：

$$
\begin{array}{r}
1 - 5 + 0 \\
1 + 0 + 1 \,\overline{\big)\; 1 - 5 + 1 + a + b} \\
\underline{1 + 0 + 1} \\
-5 + 0 + a \\
\underline{-5 + 0 - 5} \\
(a+5) + b \quad \rightarrow 0
\end{array}
$$

得商式 $x^2 - 5x$

所 $f(x) = 0 \;\Rightarrow\; (x^2 + 1)(x^2 - 5x) = 0$

$\quad\;\Rightarrow\; x(x - 5)(x^2 + 1) = 0 \;\Rightarrow\; x = 0, 5, \pm i$

故選 $(1)(2)(5)$。

另解：

$f(i) = 0 \;\Rightarrow\; i^4 - 5i^3 + i^2 + ai + b = 0 \;\Rightarrow\; b + (a + 5)i = 0$

因為 a, b 為**實數**，所以 $b = a + 5 = 0 \;\Rightarrow\; b = 0$，$a = -5$

故 $f(x) = x^4 - 5x^3 + x^2 - 5x$。

將各選項 $-i, 0, 1, -5, 5$ 分別代入 $f(x) = 0$ **檢驗**，得 $x = -i, 0, 5$ 符合。

說明：

❶ 這題答對率 56%，過程稍長，是一個標準題。

❷ 題目沒有求 a, b，由長除法餘式為 0 也可求出 $a = -5$，$b = 0$。

　另解看似更簡明，因為這題是選擇題，可直接代入而不需解方程式。

實例運用【99學測，選填B】

設 $f(x)$ 為滿足下列條件的最低次實係數多項式：$f(x)$ 最高次項的係數為 1，且 $3 - 2i$、i、5 皆為方程式 $f(x) = 0$ 的解（其中 $i^2 = -1$）。則 $f(x)$ 之常數項為 _____。

引導思考：

❶ 已知「$3 - 2i$、i、5 皆為方程式 $f(x) = 0$ 的解」可能如何使用？

➡ $f(x)$ 為實係數多項式，

有根 $x = 3 - 2i$ ⇒ 有根 $x = 3 \pm 2i$ ⇒ 有因式 $x^2 - 6x + 13$

有根 $x = i$ ⇒ 有根 $x = \pm i$ ⇒ 有因式 $x^2 + 1$

有根 $x = 5$ ⇒ 有因式 $x - 5$

❷ 求解「$f(x)$ 之常數項」可能如何得到？

➡ $f(x)$ 之常數項也就是 $f(0)$

答案：-65

詳解：

實係數多項式方程式 $f(x) = 0$ 有根 $x = 3 - 2i$、i、5

⇒ $f(x) = 0$ 有根 $x = 3 \pm 2i$、$\pm i$、5

⇒ $f(x)$ 有因式 $x^2 - 6x + 13$、$x^2 + 1$、$x - 5$

⇒ $f(x) = (x^2 - 6x + 13)(x^2 + 1)(x - 5)g(x)$，其中 $g(x)$ 為一多項式。

最低次數且最高次項的係數為 1 ⇒ $g(x) = 1$

即 $f(x) = (x^2 - 6x + 13)(x^2 + 1)(x - 5)$。

$f(x)$ 之常數項為 $f(0) = 13 \times 1 \times (-5) = -65$。

說明：

❶ 這題答對率 29% 不高。

❷ 也可利用根與係數關係：設 $f(x)$ 之常數項為 k，

則五根乘積 $(3 + 2i)(3 - 2i)(i)(-i)(5) = -k \Rightarrow k = -13 \times 1 \times 5 = -65$。

實例運用【101指考數乙，單選1】

已知實係數多項式方程式 $x^3 + ax^2 + bx + 8 = 0$ 的三根相同，請問 b 的值等於下列哪一個選項？

(1) 6 (2) 8 (3) 10 (4) 12 (5) 14

答案：(4)

說明：這題答對率 78%，為基本題，「三根相同」則方程式為 $(x - k)^3 = 0$ 格式。

實例運用【93學測，多選11】

設 $f(x)$ 為三次實係數多項式，且知複數 $1 + i$ 為 $f(x) = 0$ 之一解。試問下列哪些敘述是正確的？

(1) $f(1 - i) = 0$ (2) $f(2 + i) \neq 0$ (3) 沒有實數 x 滿足 $f(x) = x$

(4) 沒有實數 x 滿足 $f(x^3) = 0$ (5) 若 $f(0) > 0$ 且 $f(2) < 0$，則 $f(4) < 0$

引導思考：

❶ 已知「$f(x)$ 為三次實係數多項式」可能如何使用？

　➡「實係數」是輔助條件，配合 $f(x) = 0$ 有虛根，想到虛根成對定理。

❷ 已知「$1 + i$ 為 $f(x) = 0$ 之一解」可能如何使用？

　➡ 實係數多項方程式有一根 $1 - i$ ⇒ 有兩根 $1 \pm i$ ⇒ $x^2 - 2x + 2 \mid f(x)$

❸「$f(x)$」可能求出嗎？

　➡ 只能設 $f(x) = (x^2 - 2x + 2)(ax + b)$，$f(x)$ 不固定。

❹ 五個選項逐個討論。

答案：$(1)(2)(5)$

詳解：

選項 (1)：$1 + i$ 為 $f(x) = 0$ 之一解 ⇒ 有兩根 $1 \pm i$ ⇒ $f(1 - i) = 0$，(1) 對。

選項 (2)：三次實係數 $f(x) = 0$ 已知兩虛根 $1 \pm i$，則必為一實二虛根，

　　　　　所以 $2 + i$ 不是 $f(x) = 0$ 的根，$f(2 + i) \neq 0$，(2) 對。

選項 (3)：滿足 $f(x) = x$ 的 x 就是 $f(x) - x = 0$ 的根，而 $f(x) - x = 0$ 也是

　　　　　三次實係數多項方程式，至少有一實根，(3) 錯。

選項 (4)：$f(x^3) = 0$ 是九次實係數多項方程式，至少有一實根滿足 $f(x^3) = 0$，(4) 錯。

選項 (5)：若 $f(0) > 0$ 且 $f(2) < 0$，則 $f(x) = 0$ 的實根在 $0, 2$ 之間，

　　　　　因為 $f(x) = 0$ 有兩虛根，故只有一實根，$2, 4$ 之間沒有實根，

　　　　　則 $f(2) f(4) > 0$ ⇒ $f(4) < 0$，(5) 對。

說明：

❶ 這題答對率 29%，屬於難題。

❷ 選項 $(4)(5)$ 都需要深入考慮才能判斷。

實例運用【95指考數甲，單選1】

試問方程式 $(x^2 + x + 1)^3 + 1 = 0$ 有幾個相異實數解？

(1) 0 個　(2) 1 個　(3) 2 個　(4) 3 個　(5) 6 個

引導思考：

❶ 已知「方程式 $(x^2 + x + 1)^3 + 1 = 0$」可能如何使用？

➡ 第一步可取代換 $u = x^2 + x + 1$，變成 $u^3 + 1 = 0$，容易解嗎？

❷ 求解「相異實數個數」可能如何得到？

➡ 容易解就解出來，否則能判斷是實根或虛根即可。

❸ 可以從範圍或極值的方向考慮嗎？

答案：(1)

詳解：

令 $u = x^2 + x + 1$，原方程式為 $u^3 + 1 = 0$ $\Rightarrow$ $(u+1)(u^2 - u + 1) = 0$

$\Rightarrow u = -1 \cdot \dfrac{1 \pm \sqrt{3}i}{2}$ $\Rightarrow$ $x^2 + x + 1 = -1 \cdot \dfrac{1 \pm \sqrt{3}i}{2}$

當 $x^2 + x + 1 = -1$ $\Rightarrow$ $x^2 + x + 2 = 0$ $\Rightarrow$ 二虛根（判別式 $1^2 - 4 \times 2 < 0$）

當 $x^2 + x + 1 = \dfrac{1 \pm \sqrt{3}i}{2}$ $\Rightarrow$ 四虛根（實數 x 代入 $x^2 + x + 1$ 不可能得虛數 $\dfrac{1 \pm \sqrt{3}i}{2}$）

故六次方程式有 6 個虛根，0 個實根，選 (1)。

另解：

當 x 為實數時，$x^2 + x + 1 = (x + \dfrac{1}{2})^2 + \dfrac{3}{4} \geq \dfrac{3}{4}$

$$\Rightarrow (x^2 + x + 1)^3 + 1 \geq (\frac{3}{4})^3 + 1 > 0 \text{，故 } (x^2 + x + 1)^3 + 1 = 0 \text{ 沒有實根，選 (1)。}$$

說明：

❶ 這題答對率 57%。

❷ 詳解中直接去解方程式，只要注意到可代換，這方程式可解，不需完全解出，
　只去分辨出是否是實根就不難了。

❸ 另解中巧妙利用極值方法解決問題，雖然簡單解出這題，但這種方法不完備，
　如果最小值小於 0，則無法判斷實根個數。

解題策略：求實根的個數或範圍

題目有關根的範圍或個數時，要想到兩個方法：

1. 實根勘根定理。

2. 利用函數圖形：

　(1) 方程式 $f(x) = 0$ 的實根恰為 $y = f(x)$ 與 x 軸交點的 x 坐標。

　(2) 方程式 $f(x) = g(x)$ 的實根恰為 $y = f(x)$ 與 $y = g(x)$ 交點的 x 坐標。

說明：

❶ 當然，若能解出方程式的根也可，只是題目若只問根的範圍或個數，通常都是解不出根
　的。而實根勘根定理無法求出「根等於多少？」，但能找出根的「範圍」或「個數」。

❷ 方法 1 需要能「代入數值後判斷正負」。

❸ 方法 2 需要能「簡單畫出函數圖形」。

實例運用【91指考數乙，單選1】

方程式 $x^4 - 4x^3 - 3x^2 + x + 1 = 0$ 在下列哪兩個整數之間有實數根？

(1) -3 與 -2 之間 (2) -2 與 -1 之間 (3) -1 與 0 之間 (4) 0 與 1 之間 (5) 1 與 2 之間

答案：(4)

說明： 這題答對率 65%，是標準題，找實根範圍想到實根勘根定理即可。

實例運用【93指考數乙補，多選4】

給定三次方程式 $(x - 4)(x - 6)(x - 8) + (x - 5)(x - 7)(x - 9) = 0$，試問下列哪兩個正整數之間有這方程式的實根？

(1) 4 與 5 之間 (2) 5 與 6 之間 (3) 6 與 7 之間 (4) 7 與 8 之間 (5) 8 與 9 之間

引導思考：

❶ 已知「方程式 $(x - 4)(x - 6)(x - 8) + (x - 5)(x - 7)(x - 9) = 0$」可能如何使用？

➡ 是三次方程式，看起來不易解。

❷ 求解「實根範圍」可能如何得到？

➡ 函數圖形不好畫，那就該考慮實根勘根定理。

答案：(1)(3)(5)

詳解：

用實根勘根定理，

x	4	5	6	7	8	9
$f(x)$	−	+	+	−	−	+

在 $(4, 5)$、$(6, 7)$、$(8, 9)$ 各至少一實根；又三次方程式恰三根，

故 $(4, 5)$、$(6, 7)$、$(8, 9)$ 各恰有一根，其他部分沒有根。

說明：

❶ 這題只要看到求解是根的範圍，能想到實根勘根定理，就能輕易解出。

❷ 式子雖大，但用實根勘根定理並不需乘開整理，只要代值進去判斷正負。

實例運用【92學測補，多選10】

關於三次多項式 $f(x) = x^3 - 6x^2 + 1$，試問下列哪些敘述是正確的？

(1) $f(x) = 0$ 有實根落在 0 與 1 之間；

(2) $f(x) = 0$ 有實根大於 1；

(3) $f(x) = 0$ 有實根小於等於 -1；

(4) $f(x) = 0$ 有實根也有虛根；

(5) $f(x) = 10$ 有實數解。

引導思考：

❶ 已知「方程式 $f(x) = x^3 - 6x^2 + 1 = 0$」能解出嗎？

➡ 沒有有理根，不易解出。

❷ 求解主要是「實根位置」可能如何得到？

　➡ 當然用實根勘根定理。

❸ 五個選項逐個討論。

答案：(1)(2)(5)

詳解：

如右表，用實根勘根定理有三實根在

$(-1, 0)$、$(0, 1)$、$(1, 10)$ 之間。

x	-1	0	1	10
$f(x)$	-6	1	-4	401

選項 (1)(2) 對，選項 (3) 錯。

選項 (4)：三次方程式有三實根，就不會有虛根，(4) 錯。

選項 (5)：$f(x) = 10$ 為三次實係數方程式，至少有一實數解，(5) 對。

說明：

$f(x)$ 最高次係數大於 0，表示足夠大的 x 一定會使 $f(x) > 0$，當 $f(1) < 0$ 時，就一定有根大於 1，詳解中算 $f(10)$，只是找一個足夠大又好算的數字代入。

實例運用【96學測，多選11】

設 $f(x)$ 為一實係數三次多項式且其最高次項係數為 1，已知 $f(1) = 1$，$f(2) = 2$，$f(5) = 5$，則 $f(x) = 0$ 在下列哪些區間必定有實根？

(1) $(-\infty, 0)$　(2) $(0, 1)$　(3) $(1, 2)$　(4) $(2, 5)$　(5) $(5, \infty)$

引導思考：

❶ 已知「$f(x)$ 為一實係數三次多項式」可能如何使用？

　　➡「實係數」是輔助條件，

　　　「三次多項式」可看成 $f(x) = ax^3 + bx^2 + cx + d$。

❷ 已知「最高次項係數為 1、$f(1) = 1$，$f(2) = 2$，$f(5) = 5$」可能如何使用？

　　➡ 四個條件表示可解出 $f(x)$，但如何解比較簡單？

　　➡ $f(1) = 1$，$f(2) = 2$，$f(5) = 5$ 看成 $f(x) = x$ 有三根 $x = 1, 2, 5$。

❸ 求解「$f(x) = 0$ 實根範圍」可能如何得到？

　　➡ 若能解出方程式也可，否則用實根勘根定理判斷實根範圍。

答案：$(2)(4)$

詳解：

$f(1) = 1$，$f(2) = 2$，$f(5) = 5$ $\Rightarrow$ $f(x) = x$ 有三根 $x = 1, 2, 5$

　$\Rightarrow$ $f(x) - x$ 有因式 $(x-1)(x-2)(x-5)$

又 $f(x)$ 實係數三次且最高次項係數為 1 $\Rightarrow$ $f(x) - x = (x-1)(x-2)(x-5)$

　$\Rightarrow$ $f(x) = (x-1)(x-2)(x-5) + x$

x	0	1	2	3	4	5
$f(x)$	-10	1	2	-1	-2	5

用實根勘根定理，在 $(0, 1)$、$(2, 3)$、$(4, 5)$ 各至少一實根。

又三次方程式恰三根，故 $(0, 1)$、$(2, 3)$、$(4, 5)$ 各恰有一根，其他部分沒有根。

選 $(2)(4)$。

說明：

❶ 這題答對率 22%。

❷ 求 $f(x)$ 的原始方式是：

$f(x)$ 三次且最高次項係數為 1，設 $f(x) = x^3 + bx^2 + cx + d$

又 $f(1) = 1$，$f(2) = 2$，$f(5) = 5$ $\Rightarrow$ $\begin{cases} 1 + b + c + d = 1 \\ 8 + 4b + 2c + d = 2 \\ 125 + 25b + 5c + d = 5 \end{cases}$ $\Rightarrow$ $\begin{cases} b = -8 \\ c = 18 \\ d = -10 \end{cases}$

得 $f(x) = x^3 - 8x^2 + 18x - 10$，這樣較麻煩，但也可解出。

❸ 如果使用實根勘根定理時只代入 $x = 1, 2, 5$，就只能找到一實根，剩下兩根不知虛實，就必須再深入去找。沒繼續尋找，是這題做錯的主要原因。

實例運用【100學測，多選13】

設 $f(x) = x(x-1)(x+1)$，請問下列哪些選項是正確的？

(1) $f(\frac{1}{\sqrt{2}}) > 0$ (2) $f(x) = 2$ 有整數解   (3) $f(x) = x^2 + 1$ 有實數解

(4) $f(x) = x$ 有不等於零的有理數解   (5) 若 $f(a) = 2$，則 $f(-a) = 2$

引導思考：

五個選項都是不同問題，各自討論。

答案：(3)

詳解：

選項 (1)：$x(x-1)(x+1) > 0 \Leftrightarrow -1 < x < 0$ 或 $x > 1$

　　　　而 $0 < \dfrac{1}{\sqrt{2}} < 1 \Rightarrow f(\dfrac{1}{\sqrt{2}}) < 0$，故 (1) 錯。

選項 (2)：$f(x) = 2 \Leftrightarrow x^3 - x - 2 = 0$，整數根只可能為 $\pm 1, \pm 2$

　　　　代入均不合，沒有整數根，故 (2) 錯。

選項 (3)：$f(x) = x^2 + 1 \Leftrightarrow x^3 - x^2 - x - 1 = 0$ 為三次實係數方程式，至少有一實根，

　　　　故 (3) 對。

選項 (4)：$f(x) = x \Leftrightarrow x^3 - 2x = 0 \Leftrightarrow x(x^2 - 2) = 0 \Leftrightarrow x = 0, \pm\sqrt{2}$

　　　　沒有不等於零的有理數解，故 (4) 錯。

選項 (5)：若 $f(a) = 2 \Rightarrow a^3 - a = 2$

　　　　則 $f(-a) = (-a)^3 - (-a) = -(a^3 - a) = -2$，故 (5) 錯。

說明：

❶ 這題答對率 39%。

❷ 中等難度，牽扯多個基本的概念。

實例運用【96指考數甲，多選5】

設 $P(x)$ 是一個五次實係數多項式。若 $P(x)$ 除以 $x - 3$ 的餘式是 2，且商 $Q(x)$ 是一個係數均為正數的多項式，試問下列哪些選項是正確的？

(1) $P(x) = 0$ 與 $Q(x) = 0$ 有共同的實根。

(2) 3 是 $P(x) = 2$ 唯一的實根。

(3) $P(x)$ 不能被 $x - 4$ 整除。

(4) $P(x) = 0$ 一定有小於 3 的實根。

(5) $P(x)$ 除以 $(x - 3)(x + 3)$ 的餘式也是 2。

引導思考:

❶ 已知「$P(x)$ 是一個五次實係數多項式」可能如何使用?

➡ $P(x)$ 為五次式,「實係數」是輔助條件,可以先擱著。

❷ 已知「$P(x)$ 除以 $x - 3$ 的餘式是 2」可能如何使用?

➡ 題目有關商式 $Q(x)$,該用除法定理 $P(x) = (x - 3)Q(x) + 2$

❸ 已知「商 $Q(x)$ 是一個係數均為正數的多項式」可能如何使用?

➡ $P(x) = (ax^4 + bx^3 + cx^2 + dx + e)(x - 3) + 2$ 且 $a, b, c, d, e > 0$

❹ 五個選項逐個討論。

答案:(3)(4)

詳解:

選項 (1):因為 $P(x) = Q(x)(x - 3) + 2$,若 $Q(x) = 0$ 有實根 $x = a \Rightarrow Q(a) = 0$

$\Rightarrow P(a) = Q(a)(a - 3) + 2 = 2 \Rightarrow x = a$ 不是 $P(x) = 0$ 的實根,(1) 錯。

選項 (2):$P(3) = Q(3)(3 - 3) + 2 = 2 \Rightarrow P(x) = 2$ 有實根 $x = 3$

$P(x) = 2 \Rightarrow Q(x)(x - 3) + 2 = 2 \Rightarrow Q(x)(x - 3) = 0$

所以若 $Q(x) = 0$ 有實根,則都是 $P(x) = 2$ 的實根,(2) 錯。

選項 (3):$P(4) = Q(4)(4 - 3) + 2 = Q(4) + 2 > 0 \Rightarrow x - 4$ 不能整除 $P(x)$,(3) 對。

選項 (4):以實根勘根定理考慮,$P(3) = 2 > 0$,$P(x)$ 是五次式且領導係數 $a > 0$,

所以存在足夠小的 k 使得 $P(k) < 0$,故 $P(x) = 0$ 在 $k, 3$ 之間有實根,

$P(x) = 0$ 一定有小於 3 的實根,(4) 對。

選項 (5)：設 $Q(x)$ 除以 $x+3$ 餘式為 k，即 $Q(x) = (x+3) Q_1(x) + k$

$$P(x) = (x-3)Q(x) + 2 = (x-3)[(x+3) \ Q_1(x) + k] + 2$$

$$= (x-3)(x+3) Q_1(x) + k(x-3) + 2 \text{，}$$

餘式為 $k(x-3) + 2$，不一定是 2，(5) 錯。

說明：

❶ 這題答對率 38%，算是中偏難的問題。

❷ 題目出得很靈活，$P(x)$ 不固定，必須由條件式小心判斷。

❸ 若用特殊數據代入，直接用 $P(x) = (x-3)(x^4 + x^3 + x^2 + x + 1) + 2$，也能答對四個選項。

第2節
一次聯立方程組的問題

　　在第一章中，我們看了許多種方程組與解法，而一次方程組該算是最簡單的一種，只需用加減消去法即可解出。因此在這一章，我們討論的不是「解」方程組，而是那些討論方程組「解的性質」的問題，例如方程組恰一解、無解、無窮多解的條件。

　　國中就已經學過二元一次聯立方程組及其解的性質，而高中的考題以三元一次聯立方程組最多，而方程式個數與未知數個數也不一定相同，這時常用的方法有：(1) 消去未知數、(2) 行列式及克拉瑪定理、(3) 對應幾何意義。

　　在這一章，我們僅用方法 (1)：消去一個未知數，變成二元一次聯立方程組（甚至一元一次方程式），就可用二元的簡單方法解決問題。其實大多題目用方法 (1) 就可解，而且解法簡單易懂，遇到複雜的問題才需進一步的方法。

　　首先，來複習兩個國中學過的性質。

重點整理

一、一元一次方程式解的性質（其中 a, b 為任意實數）

1. 方程式 $ax = b$ 恰一解 $\Leftrightarrow$ $a \neq 0$

2. 方程式 $ax = b$ 無解 $\Leftrightarrow$ $a = 0$ 且 $b \neq 0$

3. 方程式 $ax = b$ 無窮多解 $\Leftrightarrow$ $a = 0$ 且 $b = 0$

4. 說明：

   可用簡單的例子幫助記憶：

   $2x = 4 \Leftrightarrow x = 2$ 恰一解；$0x = 3 \Leftrightarrow x$ 無解；$0x = 0 \Leftrightarrow x$ 為任意數。

二、二元一次方程組解的性質

方程組 E：$\begin{cases} a_1 x + b_1 y = c_1 \\ a_2 x + b_2 y = c_2 \end{cases}$ ，其中 $a_1{}^2 + a_2{}^2 \neq 0$ ，a_2 , b_2 , $c_2 \neq 0$

坐標平面上兩直線 $L_1 : a_1 x + b_1 y = c_1$ ，$L_2 : a_2 x + b_2 y = c_2$

1. 方程組 E 恰一解 $\Leftrightarrow$ L_1 , L_2 交於一點 $\Leftrightarrow$ $\dfrac{a_1}{a_2} \neq \dfrac{b_1}{b_2}$

2. 方程組 E 無解 $\Leftrightarrow$ L_1 , L_2 平行 $\Leftrightarrow$ $\dfrac{a_1}{a_2} = \dfrac{b_1}{b_2} \neq \dfrac{c_1}{c_2}$

3. 方程組 E 無窮多解 $\Leftrightarrow$ L_1 , L_2 重合 $\Leftrightarrow$ $\dfrac{a_1}{a_2} = \dfrac{b_1}{b_2} = \dfrac{c_1}{c_2}$

4. 說明：

(1) 建議將解的性質、幾何意義、係數條件一起記。

(2) 此性質的三種情況皆為充要條件，好用且不會出問題。

(3) $a_1^2 + b_1^2 \neq 0$ 使 L_1 確實為直線，a_2，b_2，c_2 使公式中的分母不為 0。

萬一 a_2，b_2，c_2 有的為 0，直接以幾何性質判斷解的性質更簡單。

三、消去未知數時的注意事項

1. 每次用兩個方程式消去未知數後，代替原來的一個方程式。

2. 每消去一個未知數後，才可以減少一個方程式。

3. 發現兩個方程式完全相同時，才可以刪去一個方程式。

4. 讀題目時要注意：「有解」是指「一解或無窮多解」。

解題策略：一次方程組解的性質

> (1) 若為二元方程組或一元一次方程式，可用前述性質。
>
> (2) 若有一個未知數的係數皆為已知數，則以加減消去法消去該未知數。

說明：

❶ 這是初始策略，當學到空間幾何與矩陣、行列式時，再逐漸擴充此策略。

❷ 若超過二元且每個未知數的係數皆有文字數，則該用其他方法解。

❸ 雖然以後會有其他方法，但符合此策略者，用此方法較簡明。

❹ 更一般性，有關「方程式解的性質」的問題，有兩個大方向：

　(A) 有沒有好用的公式？　(B) 先解方程式，到不好解時再考慮 (A)。

　本策略 (1)(2) 就是 (A)(B) 的特例。

 實例運用【101學測，多選11】

若實數 a, b, c, d 使得聯立方程組 $\begin{cases} ax + 8y = c \\ x - 4y = 3 \end{cases}$ 有解，且聯立方程組 $\begin{cases} -3x + by = d \\ x - 4y = 3 \end{cases}$

無解，則下列哪些選項一定正確？

(1) $a \neq -2$　(2) $c = -6$　(3) $b = 12$　(4) $d \neq -9$

(5) 聯立方程組 $\begin{cases} ax + 8y = c \\ -3x + by = d \end{cases}$ 無解

引導思考：

❶ 已知「實數 a, b, c, d」可能如何使用？

　➡ 這是輔助條件，先擱著。

❷ 已知「$\begin{cases} ax + 8y = c \\ x - 4y = 3 \end{cases}$ 有解」可能如何使用？

　➡ 注意有解包括一解與無窮多解。

❸ 已知「$\begin{cases} -3x + by = d \\ x - 4y = 3 \end{cases}$ 無解」可能如何使用？

　➡ 找出充要條件。

答案：(3)(4)

詳解：

❶ $\begin{cases} ax + 8y = c \\ x - 4y = 3 \end{cases}$ 有解 $\Leftrightarrow \dfrac{a}{1} \neq \dfrac{8}{-4}$ 或 $\dfrac{a}{1} = \dfrac{8}{-4} = \dfrac{c}{3}$ $\Leftrightarrow$ $a \neq -2$ 或 $\begin{cases} a = -2 \\ c = -6 \end{cases}$

選項 $(1)(2)$ 錯。

❷ $\begin{cases} -3x + by = d \\ x - 4y = 3 \end{cases}$ 無解 $\Leftrightarrow \dfrac{-3}{1} = \dfrac{b}{-4} \neq \dfrac{d}{3}$ $\Leftrightarrow \begin{cases} b = 12 \\ d \neq -9 \end{cases}$

選項 $(3)(4)$ 對。

❸ $\begin{cases} ax + 8y = c \\ -3x + by = d \end{cases}$ $\Rightarrow \begin{cases} ax + 8y = c \\ -3x + 12y = d \end{cases}$

當 $a \neq -2$ 時，$\dfrac{a}{-3} \neq \dfrac{8}{12}$，則 $\begin{cases} ax + 8y = c \\ -3x + 12y = d \end{cases}$ 有解，選項 (5) 錯。

說明：

❶ 這題答對率 37%。

❷ 使用標準的充要條件仔細比較就可得解。

❸ 注意邏輯的使用：「對」是指所有情形都對；只要有一種狀況錯就是「錯」。

實例運用【 99學測，選填D 】

設實數 $a > 0$。若 x、y 的方程組 $\begin{cases} 2x - y = 1 \\ x - 2y = a \\ x - ay = 122 \end{cases}$　有解，則 $a = $ _____。

引導思考：

❶ 已知「$a > 0$」可能如何使用？

　➡「$a > 0$」是輔助條件，暫時擱著。

❷ 已知「方程組有解」可能如何使用？

　➡ 兩未知數與三方程式，沒有公式可用，但 x 係數皆已知，可消去 x 處理。

❸ 求解「$a = ?$」可能如何得到？

　➡ 只要一個關係式即可，利用「方程組有解」慢慢推出一個 a 的方程式。但解出後要注意輔助條件「$a > 0$」。

❹ 對解題者而言，a 也是未知數，所以也可直接看成 x, y, a 三個未知數，有三個條件式（方程組），只要消去 x, y 即可得 a。

答案：14

詳解（解出 x, y）：

$$\begin{cases} 2x - y = 1 \\ x - 2y = a \\ x - ay = 122 \end{cases} \Rightarrow \begin{cases} 3y = 1 - 2a \\ (2a-1)y = -243 \end{cases} \Rightarrow \begin{cases} y = \dfrac{1-2a}{3} \\ y = \dfrac{-243}{2a-1} \end{cases}$$

方程組有解 $\Leftrightarrow \dfrac{1-2a}{3} = \dfrac{-243}{2a-1} \Rightarrow (2a-1)^2 = 729 \Rightarrow 2a-1 = \pm 27$

$\Rightarrow a = 14$ 或 -13，但 $a > 0$，所以 $a = 14$

另解（看成三個未知數 x, y, a，消去 x, y 就得到 a）：

$$\begin{cases} 2x - y = 1 \\ x - 2y = a \\ x - ay = 122 \end{cases} \Rightarrow \begin{cases} 3y = 1 - 2a \\ (2a-1)y = -243 \end{cases} \Rightarrow \dfrac{3}{1-2a} = \dfrac{2a-1}{-243} \Rightarrow (2a-1)^2 = 729$$

$\Rightarrow 2a-1 = \pm 27 \Rightarrow a = 14$ 或 -13

但 $a > 0$，所以 $a = 14$

說明：

❶ 這題答對率 41%。

❷ 詳解中，解方程組直到看出有解的條件。

❸ 另解中，看成 x, y, a 的方程組，消去 x, y 得到 a。

❹ 兩種方法都要把握著「消一個未知數就少一個方程式」。

實例運用【78聯考自然組，填充2】

已知方程組 $\begin{cases} x+y+2z=-2 \\ x+2y+3z=\alpha \\ x+3y+4z=\beta \\ x+4y+5z=\beta^2 \end{cases}$ 有解，其中 α、β 皆為非整數之常數，

則 $\alpha = $ _____ ，$\beta = $ _____ 。

引導思考：

❶ 已知「方程組有解」可能如何使用？

➡ 三個未知數，四個方程式，不易直接用公式。

　　x, y, z 係數都是簡單已知數，直接消去未知數，再考慮有解的條件。

❷ 已知「α、β 皆為非整數之常數」可能如何使用？

➡ 這是輔助條件，先擱著。

❸ 求解「α、β」可能如何得到？

➡ 需要兩個 α、β 的方程式。

❹ 也可看成五個未知數 x、y、z、α、β，但只有四個方程式，只能邊解邊看。

答案：$\alpha = -\dfrac{5}{4}$ ，$\beta = -\dfrac{1}{2}$

詳解：

$\begin{cases} x+y+2z=-2 \\ x+2y+3z=\alpha \\ x+3y+4z=\beta \\ x+4y+5z=\beta^2 \end{cases}$ 相鄰兩式消去 x 得 $\begin{cases} y+z=\alpha+2 \\ y+z=\beta-\alpha \\ y+z=\beta^2-\beta \end{cases}$

若要有解，則必須 $\alpha+2=\beta-\alpha=\beta^2-\beta$（任兩個不同則無解）

解 $\begin{cases} \alpha + 2 = \beta - \alpha \\ \beta - \alpha = \beta^2 - \beta \end{cases}$ $\Rightarrow$ $\begin{cases} \beta = 2\alpha + 2 \\ \beta^2 - 2\beta = -\alpha \end{cases}$ $\Rightarrow$ $(2\alpha + 2)^2 - 2(2\alpha + 2) = -\alpha$

$\Rightarrow 4\alpha^2 + 5\alpha = 0 \Rightarrow \alpha = 0, -\dfrac{5}{4}$，但 α 非整數，所以 $\alpha = -\dfrac{5}{4}$

代回得：$\beta = 2\alpha + 2 = -\dfrac{1}{2}$

說明：

❶ 這題看成五個未知數 x、y、z、α、β，

因為題目求 α、β，則先消 x，再消 y，剛好 z 自動消失：

$\begin{cases} x + y + 2z = -2 \\ x + 2y + 3z = \alpha \\ x + 3y + 4z = \beta \\ x + 4y + 5z = \beta^2 \end{cases}$ $\Rightarrow$ $\begin{cases} y + z = \alpha + 2 \\ y + z = \beta - \alpha \\ y + z = \beta^2 - \beta \end{cases}$ $\Rightarrow$ $\begin{cases} \alpha + 2 = \beta - \alpha \\ \beta - \alpha = \beta^2 - \beta \end{cases}$

繼續解出 α、β 即可。

❷ 看似少一個方程式，此方程組 α、β 有解，而 x, y, z 無窮多解。

❸ 有一個不常用到的小策略：若方程組的各個方程式是有特定規律（如本題），盡量利用
相鄰方程式消未知數，這規律可能會有較好效果。

❹ 這題用其他方式消未知數也可，計算稍麻煩但還能接受。

實例運用【98學測，多選10】

設 a，b，c 為實數，下列有關線性方程組 $\begin{cases} x + 2y + az = 1 \\ 3x + 4y + bz = -1 \\ 2x + 10y + 7z = c \end{cases}$ 的敘述哪些是正確的？

(1) 若此線性方程組有解，則必定恰有一組解

(2) 若此線性方程組有解，則 $11a - 3b \neq 7$

(3) 若此線性方程組有解，則 $c = 11$

(4) 若此線性方程組無解，則 $11a - 3b = 7$

(5) 若此線性方程組無解，則 $c \neq 14$

引導思考：

❶ 已知「$\begin{cases} x + 2y + az = 1 \\ 3x + 4y + bz = -1 \\ 2x + 10y + 7z = c \end{cases}$」可以如何用？

➡ 因為 x, y 的係數都是已知數，可以用加減消去法先消去未知數。

❷ 五個選項都與「方程組有解或無解」有關。

➡ 解方程組到不易計算或容易討論時，就可看出。

❸ 五個選項都是「若……，則……」形式，必須依邏輯小心判別。

答案：(4)(5)

詳解：

先消去 x，再消去 y：

$$\begin{cases} x + 2y + az = 1 \\ 3x + 4y + bz = -1 \\ 2x + 10y + 7z = c \end{cases} \Rightarrow \begin{cases} 2y + (3a - b)z = 4 \\ -6y + (2a - 7)z = 2 - c \end{cases}$$

$\Rightarrow (11a - 3b - 7)z = 14 - c$，可得

❶ 一解 $\Leftrightarrow 11a - 3b - 7 \neq 0 \Leftrightarrow 11a - 3b \neq 7$

❷ 無解 $\Leftrightarrow 11a - 3b - 7 = 0$ 且 $14 - c \neq 0 \Leftrightarrow 11a - 3b = 7$ 且 $c \neq 14$

❸ 無窮多解 $\Leftrightarrow 11a - 3b - 7 = 0$ 且 $14 - c = 0 \Leftrightarrow 11a - 3b = 7$ 且 $c = 14$

選項 (1) 錯：有解，則可能一解或無窮多解。

選項 (2) 錯：無窮多解時，$11a - 3b = 7$。

選項 (3) 錯：一解時，c 沒有任何限制。

選項 (4) 對：無解時，$11a - 3b = 7$。

選項 (5) 對：無解時，$c \neq 14$。

說明：

❶ 這題答對率 8% 非常低，因為它跳出傳統這類題目的格式，反而讓許多熟練題型的同學不知所措（不知如何套公式）。

❷ 這題也需要正確的邏輯判斷。

❸ 這題也可用行列式或矩陣方式解，但運用公式反而更麻煩。我覺得詳解中的方式完全不需公式，只用最簡單概念，簡單解出最好。

實例運用【85聯考自然組，填充6】

若齊次方程組：$\begin{cases} x + 2y + 4z + \quad\ \ 2t = 0 \\ 3x + 5y + 10z + \quad\ \ 4t = 0 \\ 2x - \ y + \ z + \quad\quad\ t = 0 \\ x + \ y + \ az + (a+2)t = 0 \end{cases}$ 有不為零的解，則 $a = \underline{\qquad}$。

引導思考：

❶ 已知「齊次方程組有不為零的解」可能如何使用？

   ➡ 就是有無窮多解，其中 x, y 的係數已知，用消去法即可。

❷ 求解「$a = ?$」可能如何得到？

   ➡ 一個 a 的方程式即可解出 a。

答案：5

詳解：

（先消去 x，分別以 (1) (2) 式、(1) (3) 式、(1) (4) 式消去 x）

$\begin{cases} x + 2y + 4z + \quad\ \ 2t = 0 \\ 3x + 5y + 10z + \quad\ \ 4t = 0 \\ 2x - \ y + \ z + \quad\quad\ t = 0 \\ x + \ y + \ az + (a+2)t = 0 \end{cases} \Rightarrow \begin{cases} y + \quad\quad 2z + 2t = 0 \\ 5y + \quad\quad 7z + 3t = 0 \\ y + (4-a)z - at = 0 \end{cases}$

（再消去 y，分別以 (1) (2) 式、(1) (3) 式消去 y）

$\Rightarrow \begin{cases} 3z + \quad\ 7t = 0 \\ (a-2)z + (a+2)t = 0 \end{cases}$，有無窮多解 $\Rightarrow \dfrac{3}{a-2} = \dfrac{7}{a+2}$

$\Rightarrow 3(a+2) = 7(a-2) \Rightarrow 4a = 20 \Rightarrow a = 5$

說明：

❶ 齊次方程組一定有解 $x = y = z = t = 0$，若再有不為零的解，則有無窮多解。

❷ 這題也可套用行列式的公式。

實例運用【92學測，選填A】

設 a_1，a_2，...，a_{50} 是從 -1，0，1 這三個整數中取值的數列。若 $a_1 + a_2 + \cdots + a_{50} = 9$ 且 $(a_1 + 1)^2 + (a_2 + 1)^2 + \cdots + (a_{50} + 1)^2 = 107$，則 a_1，a_2，...，a_{50} 當中有幾項是 0？
答：_____ 項。

引導思考：

❶ 已知兩個方程式，卻有 50 個未知數！

　➡ 不可能解出 a_1，a_2，...，a_{50}。

❷ 求解「多少個 0」可能如何得到？

　➡ 真正的未知數是「0 的個數」。

❸ 兩方程式有何關係？

❹「a_1，a_2，...，a_{50} 都是 -1，0，1」有何用？

　➡ a_1，a_2，...，a_{50} 有若干個 -1，若干個 0，若干個 1？

答案：11

詳解：

設 a_1，a_2，...，a_{50} 中有 x 個 -1，y 個 0，z 個 1，則 $x + y + z = 50$

$a_1 + a_2 + ... + a_{50} = 9 \implies -x + z = 9$

因為 $(-1 + 1)^2 = 0$，$(0 + 1)^2 = 1$，$(1 + 1)^2 = 4$

所以 $(a_1 + 1)^2 + (a_2 + 1)^2 + \cdots + (a_{50} + 1)^2 = 107 \ \Rightarrow \ y + 4z = 107$

解 $\begin{cases} x + y + z = 50 \\ -x + z = 9 \\ y + 4z = 107 \end{cases} \ \Rightarrow \ \begin{cases} y + 2z = 59 \\ y + 4z = 107 \end{cases} \ \Rightarrow \ y = 11$，共 11 個 0。

另解：

$(a_1 + 1)^2 + (a_2 + 1)^2 + \cdots + (a_{50} + 1)^2 = 107$

$\Rightarrow (a_1^2 + a_2^2 + \cdots + a_{50}^2) + 2(a_1 + a_2 + \cdots + a_{50}) + 50 = 107$

$\Rightarrow (a_1^2 + a_2^2 + \cdots + a_{50}^2) + 2 \times 9 + 50 = 107$

$\Rightarrow a_1^2 + a_2^2 + \cdots + a_{50}^2 = 39 \ \Rightarrow \ a_1，a_2，...，a_{50}$ 中共有 39 個 -1 或 1

故共有 $50 - 39 = 11$ 個 0。

說明：

❶ 這題答對率 37%。

❷ 兩種解法都需要深入思考、嘗試，才可能找到。

❸ 另解只能找到 0 的個數，沒有 1, -1 的個數。

第五章
指數、對數的問題

日常生活中也有很多事物呈指數變化,例如生物繁殖、
放射性物質衰變、複利下的本利和,
所以除了數學問題,這章也有最多的生活化應用題。

本章共分 3 節:

第 1 節
指數函數

重點整理

一、指數的定義

1. 當 n 為正整數時，$a^n = \underbrace{a \times a \times a \times \cdots \times a}_{n\text{-}個}$

2. 當 $a \neq 0$ 時，$a^0 = 1$

3. 當 $a \neq 0$，n 為正整數時，$a^{-n} = \dfrac{1}{a^n}$

4. 當 $a > 0$，n 為正整數，m 為整數時，$a^{\frac{m}{n}} = (a^m)^{\frac{1}{n}} = \sqrt[n]{a^m}$

二、指數律（當 $a, b > 0$ 且 n, m 為實數時）

1. $a^n \times a^m = a^{n+m}$; $\dfrac{a^n}{a^m} = a^{n-m}$ （同底相乘除可以合併）

2. $a^n \times b^n = (ab)^n$; $\dfrac{a^n}{b^n} = \left(\dfrac{a}{b}\right)^n$ （同指相乘除可以合併）

3. $(a^n)^m = a^{nm}$

三、指數函數的圖形

1. 當 $a > 0$ 且 $a \neq 1$ 時，$f(x) = a^x$ 稱為以 a 為底數的指數函數。

2. 當 $a > 1$ 時，$f(x) = a^x$ 如右圖。

   (1) 為嚴格增函數。

   (2) 通過點 $(0, 1)$。

   (3) x 軸為漸近線。

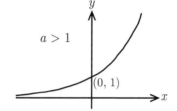

3. 當 $0 < a < 1$ 時，$f(x) = a^x$ 如右圖。

   (1) 為嚴格減函數。

   (2) 通過點 $(0, 1)$。

   (3) x 軸為漸近線。

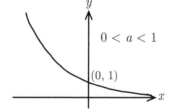

4. 不同底數的比較：

   當 $b < a < 1 < d < c$ 時，

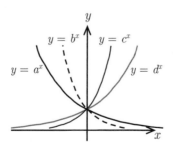

四、指數變化的意義

指數如此定義，是配合指數變化時的實際表現。

1. 細菌個數每天變為前一天的 a 倍，則

   3 天後變為 a^3 倍；$\dfrac{1}{3}$ 天後變為 $a^{\frac{1}{3}}$ 倍；$\dfrac{7}{5}$ 天後變為 $a^{\frac{7}{5}}$ 倍。

2. 人口數每 3 年增加為 b 倍，則人口數每 3 年乘以一個 b，

   經過 5 年就是經過 $\dfrac{5}{3}$ 個「3 年」，人口數乘以 $\dfrac{5}{3}$ 個 b，即乘以 $b^{\frac{5}{3}}$；

   10 年後人口數是 2 年後人口數乘以 $b^{\frac{8}{3}}$（經過 $\dfrac{8}{3}$ 個 3 年）。

3. 能這樣理解指數，則在各種應用題就比較能輕鬆應付。

充要條件：同底指數可消底

> (1) 當 $a > 0$ 且 $a \neq 1$ 時，$a^x = a^y \Leftrightarrow x = y$
>
> (2) 當 $a > 1$ 時，$a^x > a^y \Leftrightarrow x > y$
>
> (3) 當 $0 < a < 1$ 時，$a^x > a^y \Leftrightarrow x < y$

說明：

❶ (1) 式可記成「等式兩側單一指數時，同底可以消底」。

【例】$2^{2x+1} = 2^{4x+7} \ \Leftrightarrow \ 2x + 1 = 4x + 7 \ \Leftrightarrow \ x = -3$

【例】$4^{3x-2} = 8\sqrt{2} \ \Leftrightarrow \ 2^{2(3x-2)} = 2^{3+\frac{1}{2}} \ \Leftrightarrow \ 2(3x-2) = 3 + \frac{1}{2} \ \Leftrightarrow \ x = \frac{5}{4}$

❷ (2)(3) 兩式「不等式兩側單一指數時，同底可以消底，但底數小於 1 時要變號」。

【例】$3^{x^2-5} < 9^{2x} \ \Leftrightarrow \ 3^{x^2-5} < 3^{4x} \ \Leftrightarrow \ x^2 - 5 < 4x \ \Leftrightarrow \ -1 < x < 5$

【例】$(2-\sqrt{3})^x > 2+\sqrt{3} \ \Leftrightarrow \ (2-\sqrt{3})^x > (2-\sqrt{3})^{-1} \ \Leftrightarrow \ x < -1$

❸ 這三個規則都可由指數函數圖形中簡單看出，(2)(3) 兩式是增、減函數的結果。

❹ 這些規則可看成「指數同底可以消底」，可化同底就先化同底。

❺ 消底前，式子兩邊必須各只有單一指數。

【例】$2^1 + 2^5 > 2^3 + 2^4$ 但是 $1 + 5 < 3 + 4$

解題策略：指數化簡

> (1) 同底數相乘除或同指數相乘除 ➡ 指數律
>
> (2) 同底數相加減 ➡ 代換
>
> (3) 等式兩側單一指數不同底 ➡ 取對數

說明：

❶ 指數律不是萬能的，符合 (1) 的才能有效使用，使用時將等號（或不等號）兩側合併成單一指數，然後消去底數得到較簡單的式子，這是最常用的基本策略。

❷ 這裡的同底包含可以簡單化為同底，例如底數為 $2, 4, 8, \sqrt{2}$，$\dfrac{1}{2}$，0.25 的，都可化成 2 為底。若有底數為小數的，也可化為分數再觀察，例如 2.25 與 $\dfrac{2}{3}$ 可化為同底。

【例】解方程式：$4^{x+2} = 8^{2x-4}$ 。

【解】$4^{x+2} = 8^{2x-4}$ $\Rightarrow$ $2^{2(x+2)} = 2^{3(2x-4)}$ $\Rightarrow$ $2(x+2) = 3(2x-4) \Rightarrow$ $x = 4$

❸ 若相同底數相加減，指數律無法直接用上，就該考慮能否使用代換化簡？

找尋它們之間的關係，若能做合適的代換，就能馬上簡化問題。

【例】解不等式：$4^x - 3 \times 2^{x+1} + 8 < 0$

【解】令 $t = 2^x$，則 $4^x - 3 \times 2^{x+1} + 8 < 0$

$\Rightarrow$ $t^2 - 6t + 8 < 0$ $\Rightarrow$ $(t-2)(t-4) < 0$

$\Rightarrow$ $2 < t < 4$ $\Rightarrow$ $2 < 2^x < 2^2$ $\Rightarrow$ $1 < x < 2$

❹ 若無法化同底就比較麻煩了，取對數是主要方法，在對數部分（下一節）再看。

解題策略：單一指數比大小

> (1) 化相同底數。
>
> (2) 化相同指數。
>
> (3) 取對數。

說明：

❶ 前兩個方法只是比大小的一般想法，讓部分相同，再去比其他部分。

❷ 相同底數大於 1 時，指數愈大的愈大；

相同底數在 0, 1 之間時，指數愈大的愈小。

【例】$5^{\sqrt{3}} > 5^{\sqrt{2}}$、$\pi^{0.35} < \pi^{0.45}$、$0.5^{\frac{1}{2}} < 0.5^{\frac{1}{3}}$、$(2-\sqrt{3})^{\pi} < (2-\sqrt{3})^{3}$

可以這樣記：大於 1 的數愈乘愈大，小於 1 的數愈乘愈小。

❸ 相同指數大於 0 時，底數愈大的愈大；相同指數小於 0 時，底數愈大的愈小。

【例】$\sqrt{5}^{\pi} < \sqrt{6}^{\pi}$、$\left(\dfrac{1}{5}\right)^{0.1} > \left(\dfrac{1}{7}\right)^{0.1}$、$\left(\dfrac{1}{\sqrt{5}}\right)^{-\pi} < \left(\dfrac{1}{\sqrt{7}}\right)^{-\pi}$、$15^{2-\sqrt{5}} > 17^{2-\sqrt{5}}$

 實例運用【80聯考社會組，單選1】

下列哪一個數值最小？

(A) $(0.9)^{-3.5}$　(B) $(0.9)^{-2.5}$　(C) $(0.9)^{-1.5}$　(D) $(0.9)^{-\sqrt{3}}$　(E) $(0.9)^{-\sqrt{5}}$

引導思考：

❶「指數比大小」可能如何得到？

　　➡ 已經同底，因為底數 0.9 < 1，指數最大的數值最小。

❷ 指數部分有小數、根式，該如何比？

　　➡ 小數指數與根式指數的各找出最大者，再比剩下兩個。

答案：(C)

說明：這題為基本題，同底的指數比大小。

實例運用【88學測，單選2】

下列五個數中，何者為最小？

(1) $2^{\frac{1}{3}}$　(2) $\left(\dfrac{1}{8}\right)^{-2}$　(3) $2^{-\frac{1}{4}}$　(4) $\left(\dfrac{1}{2}\right)^{\frac{1}{2}}$　(5) $8^{-\frac{1}{3}}$

答案：(5)

說明：這題為標準題，化為同底的指數再比大小。

實例運用【90學測，單選1】

設 $a = \left(\dfrac{1}{2}\right)^{\frac{1}{2}}$，$b = \left(\dfrac{1}{3}\right)^{\frac{1}{3}}$，$c = \left(\dfrac{1}{4}\right)^{\frac{1}{4}}$。下列選項何者為真？

(1) $a > b > c$ (2) $a < b < c$ (3) $a = c > b$ (4) $a = c < b$ (5) $a = b = c$

引導思考：

❶ 求解「a, b, c 比大小」可能如何得到？

➡ a, c 可以化相同底數，b 與 a, c 可化相同指數。也可直接取對數。

❷ 找出大小關係再選正確選項。

答案：(3)

詳解：

$$c = \left(\dfrac{1}{4}\right)^{\frac{1}{4}} = \left(\left(\dfrac{1}{2}\right)^{2}\right)^{\frac{1}{4}} = \left(\dfrac{1}{2}\right)^{2 \times \frac{1}{4}} = \left(\dfrac{1}{2}\right)^{\frac{1}{2}} = a$$

再比較 a, b，可化為相同指數 $\dfrac{1}{6}$

$$a = \left(\dfrac{1}{2}\right)^{\frac{1}{2}} = \left(\left(\dfrac{1}{2}\right)^{3}\right)^{\frac{1}{6}} = \left(\dfrac{1}{8}\right)^{\frac{1}{6}} \text{ , } b = \left(\dfrac{1}{3}\right)^{\frac{1}{3}} = \left(\left(\dfrac{1}{3}\right)^{2}\right)^{\frac{1}{6}} = \left(\dfrac{1}{9}\right)^{\frac{1}{6}} \text{ , 所以 } a > b$$

故 $a = c > b$，選 (3)。

另解：

$$\log a = \log\left(\dfrac{1}{2}\right)^{\frac{1}{2}} = \dfrac{1}{2}(-\log 2) \approx -\dfrac{0.3010}{2} = -0.1505$$

$$\log b = \log\left(\frac{1}{3}\right)^{\frac{1}{3}} = \frac{1}{3}(-\log 3) \approx -\frac{0.4771}{3} = -0.1590$$

$$\log c = \log\left(\frac{1}{4}\right)^{\frac{1}{4}} = \frac{1}{4}(-2\log 2) \approx -\frac{0.3010}{2} = -0.1505$$

因為 $\log a = \log c > \log b \implies a = c > b$

說明：

熟悉指數比大小的策略，即可簡單解出。

實例運用【97學測，單選1】

對任意實數 x 而言，$27^{\left(x^2+\frac{2}{3}\right)}$ 的最小值為

(1) 3　　(2) $3\sqrt{3}$　　(3) 9　　(4) 27　　(5) $81\sqrt{3}$

答案：(3)

說明：這題答對率 60%，式子裡 x 只出現一次，只要讓 x^2 最小即可。

實例運用【78夜大社會組，非選擇一】

試解方程式 $4^{x+1} - 33 \times 2^{x-1} + 2 = 0$

答案：$x = 2, -3$

說明：這題為標準題，一見到格式應馬上看出需要代換 $t = 2^x$。

實例運用【83學測，填充1】

函數 $y = 4^x$ 與 $y = 2^{3x+2}$ 的圖形之交點坐標為 ＿＿＿＿＿。

答案：$(-2, \dfrac{1}{16})$

說明：這是標準題，交點就是聯立方程組的解。

實例運用【89學測，單選5】

假設世界人口自 1980 年起，50 年內每年增長率均固定。已知 1987 年世界人口達 50 億，1999 年第 60 億人誕生在賽拉耶佛。根據這些資料推測 2023 年世界人口數最接近下列哪一個數？

(1) 75 億　(2) 80 億　(3) 86 億　(4) 92 億　(5) 100 億

引導思考：

❶ 條件「每年增長率均固定」可以如何使用？

➡ 可「設每年增長率固定為 r」，則 n 年變為 $(1 + r)^n$ 倍。

也可直接看成「世界人口數呈指數變化」。

❷ 已知「1987 年世界人口達 50 億，1999 年達 60 億」可能如何使用？

➡ 可得到 $50(1 + r)^{1999 - 1987} = 60$，也可解讀成「人口數經過 12 年變成 1.2 倍」。

❸ 求解「2023 年世界人口數」可能如何得到？

➡ 與 1999 年相比，可得 $60(1 + r)^{2023 - 1999}$。

答案：(3)

詳解：

設自 1980 年起，50 年內每年人口增長率固定為 r，

1987 年 50 億，1999 年 60 億 $\Rightarrow 50(1 + r)^{1999 - 1987} = 60 \Rightarrow 50(1 + r)^{12} = 60$

$\Rightarrow (1 + r)^{12} = 1.2$

2023 年人口 $60(1 + r)^{2023 - 1999} = 60(1 + r)^{24} = 60[(1 + r)^{12}]^2 = 60(1.2)^2 = 86.4$，選 (3)。

另解：

「每年增長率均固定」 $\Leftrightarrow$ 「每 12 年增長率均固定」

1987 年到 1999 年，12 年間成長為 1.2 倍，

則 1999 年到 2023 年，$24 = 12 \times 2$ 年間成長為 $1.2 \times 1.2 = 1.44$ 倍，

所以 2023 年人口 $60(1.2)^2 = 86.4$。

說明：

❶ 詳解的解法中規中矩，將條件數學化，列式再解，當解到 $(1 + r)^{12} = 1.2$ 發現不易解時，因為題目的求解不是 r，就改以「求值」的想法，先列出求解式，再將 $(1 + r)^{12} = 1.2$ 代入簡單得到答案。

❷ 另解是直接看透「呈指數變化」的本質，所以能簡單用算術的手法解決。

實例運用【94學測，選填H】

設 x 為一正實數且滿足 $x \cdot 3^x = 3^{18}$；若 x 落在連續正整數 k 與 $k+1$ 之間，則 $k = $ _____ 。

引導思考：

❶ 已知「x 為一正實數且滿足 $x \cdot 3^x = 3^{18}$」可能如何使用？

➡ x 為 $x \cdot 3^x = 3^{18}$ 的正實根，而此方程式無法簡單解出。

❷ 求解「x 落在 k 與 $k+1$ 之間，求 k」可能如何得到？

➡ 求的是「根的範圍」，可用函數圖形或實根勘根定理。

答案：15

詳解：

令 $f(x) = x \cdot 3^x - 3^{18}$，即需找出 $f(x) = 0$ 的 x

當 $x \geq 0$ 時，$f(x)$ 是連續的嚴格增函數，$f(x) = 0$ 最多一個正根。

顯然 $f(0) = -3^{18} < 0$，$f(18) = 18 \times 3^{18} - 3^{18} = 17 \times 3^{18} > 0$，此根在 $0, 18$ 之間。

進一步測試：

$f(17) = 17 \times 3^{17} - 3^{18} = 17 \times 3^{17} - 3 \times 3^{17} = 14 \times 3^{17} > 0$

$f(16) = 16 \times 3^{16} - 3^{18} = 16 \times 3^{16} - 9 \times 3^{16} = 7 \times 3^{16} > 0$

$f(15) = 15 \times 3^{15} - 3^{18} = 15 \times 3^{15} - 27 \times 3^{15} = -12 \times 3^{15} < 0$

所以此根在 $15, 16$ 之間，$k = 15$

說明：

❶ 這題答對率 32%，算是中偏難的題目。

❷ 用函數圖形或實根勘根定理的計算都差不多。

實例運用【91學測，多選10】

觀察相關的函數圖形，判斷下列選項何者為真？

(1) $10^x = x$ 有實數解　(2) $10^x = x^2$ 有實數解

(3) x 為實數時，$10^x > x$ 恆成立　(4) $x > 0$ 時，$10^x > x^2$ 恆成立

(5) $10^x = -x$ 有實數解

引導思考：

❶ 題目已提示「觀察相關的函數圖形」，有哪些函數？

➡ $y = 10^x$、$y = x^2$、$y = x$、$y = -x$，都應該可以簡單畫出圖形。

❷ 五個選項逐個討論。

答案：(2)(3)(4)(5)

詳解：

將圖形畫在同一個坐標平面上，注意相對關係，

其中 $y = 10^x$ 通過 $(1, 10)$，

選項 (1)：$y = 10^x$ 與 $y = x$ 沒有交點

　　　　　 $\Rightarrow 10^x = x$ 沒有實數解。(1) 錯。

選項 (2)：$y = 10^x$ 與 $y = x^2$ 有一個交點

　　　　　 $\Rightarrow 10^x = x^2$ 有一個實數解。(2) 對。

選項 (3)：$y = 10^x$ 圖形完全在 $y = x$ 圖形的上方

　　　　　 $\Rightarrow 10^x > x$ 恆成立。(3) 對。

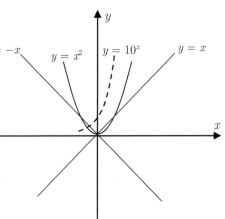

選項 (4)：在 y 軸右側部分（$x > 0$），$y = 10^x$ 圖形完全在 $y = x^2$ 圖形的上方

$\Rightarrow$ $x > 0$ 時，$10^x > x^2$ 恆成立。(4) 對。

選項 (5)：$y = 10^x$ 與 $y = -x$ 有一個交點

$\Rightarrow$ $10^x = -x$ 有一個實數解。(5) 對。

說明：

❶ 這題答對率 20%，屬於難題。

❷ 這題函數圖形很好畫，重點是由圖形解讀相應的代數意義。

❸ 以選項 (3) 為例，由定義去推，10^x 就是 $y = 10^x$ 的 y 坐標，x 就是 $y = x$ 的 y 坐標，在一個固定的 x，$y = 10^x$ 在 $y = x$ 的上方，就表示 $10^x > x$。若任意的 x 時，$y = 10^x$ 都在 $y = x$ 的上方，就表示 $10^x > x$ 恆成立。

第 2 節
對數函數

重點整理

一、對數的定義

若 $a > 0$, $a \neq 1$, $x > 0$，則 $\log_a x = y$　$\Leftrightarrow$　$a^y = x$

1. 「$a > 0$, $a \neq 1$, $x > 0$」為 $\log_a x$ 存在條件，不滿足時 $\log_a x$ 無意義。

2. 由定義可得：$\log_a a^x = x$ 、 $\log_a a = 1$ 、 $\log_a 1 = 0$

二、基本對數律（$a, b > 0$，$a, b \neq 1$，$r, s > 0$）

1. $\log_a r + \log_a s = \log_a rs$ ，$\log_a r - \log_a s = \log_a \dfrac{r}{s}$（同底相加減可合併）

2. $\log_{a^p} r^q = \dfrac{q}{p} \log_a r$ （以 a^p 為底可以化為以 a 為底）

3. $\log_a r = \dfrac{\log_b r}{\log_b a}$ 　（換底公式）

三、其他常用的對數規則（$a, b, c, x > 0$，$a, b, c \neq 1$）

1. $(\log_a b)(\log_b c)(\log_c d) = \log_a d$

2. $\log \dfrac{b}{a} + \log \dfrac{a}{b} = 0$ 　（$\log \dfrac{b}{a}$, $\log \dfrac{a}{b}$ 互為相反數）

3. $(\log_a b)(\log_b a) = 1$ 　（ $\log_a b$, $\log_b a$ **互為倒數**）

4. $a^{\log_a x} = x = \log_a a^x$

5. $a^{\log_b c} = c^{\log_b a}$

四、對數函數的圖形（其中 $a > 0$, $a \neq 1$）

1. 當 $a > 1$ 時，$f(x) = \log_a x$ 如右圖。

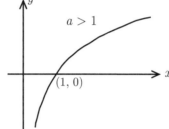

(1) 為嚴格增函數。

(2) 通過點 $(1, 0)$。

(3) y 軸為漸近線。

2. 當 $0 < a < 1$ 時，$f(x) = \log_a x$ 如右圖。

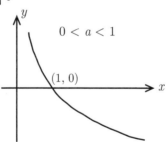

(1) 為嚴格減函數。

(2) 通過點 $(1, 0)$。

(3) y 軸為漸近線。

3. $y = a^x$ 與 $y = \log_a x$ **互為反函數**。

(1) $y = a^x$ 通過點 (p, q)

　$\Leftrightarrow$ 　$y = \log_a x$ 通過點 (q, p)

(2) $y = a^x$ 與 $y = \log_a x$ 的圖形對稱於直線 $y = x$。

五、本利和公式

先認清本金、每期利率、期數、單利或複利、單筆或多筆。

當本金 a，每期利率 r，期數 n 時，

1. 單利單筆本利和 $S = a(1 + nr)$。

2. 複利單筆本利和 $S = a(1 + r)^n$。

3. 多筆則分開計算，本利和為各單筆本利和的總和。

4. 說明：

 (1) 當年利率 r，若每月複利一次，則月利率 $\dfrac{r}{12}$，若半年一期，則半年利率 $\dfrac{r}{2}$，這是金融機構的計算方式，數學解題時也依循。

 (2) 考慮一個生活問題：若拿 10000 元存入銀行，採一年期固定利率 3%，則一年後可領回多少？（不考慮扣稅）答案不是 10300 元。金融機構的計算方式是：滿一年的定存一律用每月複利一次，所以是 $10000(1 + \dfrac{3\%}{12})^{12} = 10304$ 元。

充要條件

（其中 $a > 0$ 且 $a \neq 1$，$x, y > 0$）

(1) $\log_a x = \log_a y \Leftrightarrow x = y$

(2) 當 $a > 1$ 時，$\log_a x > \log_a y \Leftrightarrow x > y$

(3) 當 $0 < a < 1$ 時，$\log_a x > \log_a y \Leftrightarrow x < y$

說明：

❶ 所有對數問題都要記得檢查「存在條件」。

❷ (1) 式可記成「等式兩側單一對數時，同底可以消底」。

【例】$\log (x^2 - 6) = \log 5x \Rightarrow x^2 - 6 = 5x \Rightarrow (x - 6)(x + 1) = 0$

　　　　$\Rightarrow x = 6, -1$，但 $x = -1$ 不合（不滿足存在條件），故 $x = 6$。

❸ (2)(3) 兩式「不等式兩側單一對數時，同底可以消底，但底數小於 1 時要變號」。

【例】$\log (x^2 - 6) \leq \log 5x \Rightarrow x^2 - 6 \leq 5x \Rightarrow (x - 6)(x + 1) \leq 0$

　　　$\Rightarrow -1 \leq x \leq 6$

　　　但真數 $x^2 - 6 > 0$、$5x > 0$

　　　$\Rightarrow x > \sqrt{6}$ 或 $x < -\sqrt{6}$

　　　故得 $\sqrt{6} < x \leq 6$

❹ 這三個規則都可由對數函數圖形中看出，(2)(3) 兩式是增、減函數的結果。

❺ 指、對數規則可合併記成「同底可以消底，但底數小於 1 時要變號」。

解題策略：對數化簡

(1) 同底數相加減 ➡ 對數律

(2) 同底數相乘 ➡ 代換

(3) 不同底 ➡ 化同底

說明：

❶ 同底數相加減，可用對數律合併成單一對數再消底。

❷ 看到同底的對數相乘，或 $(\log x)^2$ 格式，就要取代換。

❸ 代換的格式還很多，用原始的方法：觀察含 x 的各式間的關係或重複出現的部分，請參考第一章第 5 節。

❹ 時時想起對數的存在條件。

解題策略：對數比大小

(1) 化同底數再比。

(2) 不同底數時，各自與 $0, 1, -1$ 比大小或各自求近似值。

說明：

有理數可化為任意底數的對數。

例如：1 化成 3 為底 ➡ $1 = \log_3 3$；2 化為 5 為底 ➡ $2 = \log_5 25$

實例運用【100學測，單選5】

請問下面哪一個選項是正確的？

(1) $3^7 < 7^3$ (2) $5^{10} < 10^5$ (3) $2^{100} < 10^{30}$ (4) $\log_2 3 = 1.5$ (5) $\log_2 11 < 3.5$

答案：(5)

說明：

這題答對率 67%，用標準比大小策略即可解出，因為當時是單選題，更容易判斷。

實例運用【93指考數甲，多選2】

根據對數表，$\log 2$ 的近似值是 0.3010，$\log 3$ 的近似值是 0.4771。下列選項有哪些是正確的？

(1) $10^9 > 9^{10}$ (2) $10^{12} < 12^{10}$ (3) $10^{11} > 11^{10}$ (4) 方程式 $10^x = x^{10}$ 有一負根。

引導思考：

❶ 已知「$\log 2 \approx 0.3010$，$\log 3 \approx 0.4771$」可能如何使用？

　➡ 需要取對數求近似值時使用。

❷ 選項 (1)(2)(3) 為比大小，可能如何得到？

　➡ 不易化為同底數或同指數，選項 (1)(2) 可取對數，

　　 選項 (3) 比較奇特，題目沒給 $\log 11$ 怎麼辦？

❸ 選項 (4) 是求「負根個數」，可能如何得到？

➡ 考慮函數圖形或實根勘根定理。

答案：(3)(4)

詳解：

選項 (1)：$\log 10^9 = 9$；$\log 9^{10} = 10 \log 9 = 20 \log 3 \approx 20 \times 0.4771 = 9.542 > 9$

所以 $10^9 < 9^{10}$，(1) 錯。

選項 (2)：$\log 10^{12} = 12$；$\log 12^{10} = 10 \log 12 = 10(2 \log 2 + \log 3)$

$\approx 10 \times (2 \times 0.3010 + 0.4771) = 10.791$，所以 $10^{12} > 12^{10}$，(2) 錯。

選項 (3)：由選項 (2) 中，$\log 12^{10} \approx 10.791 < 11 \Rightarrow 12^{10} < 10^{11}$

所以 $11^{10} < 12^{10} < 10^{11}$，(3) 對。

選項 (4)：當 $x = 0$ 時，$10^x > x^{10}$；當 $x = -1$ 時，$10^x < x^{10}$；

所以在 $0, -1$ 之間，$y = 10^x$ 與 $y = x^{10}$ 至少有一交點，$10^x = x^{10}$ 至少有一根，(4) 對。

說明：

❶ 這題答對率 50%，屬於中等難度。

❷ 選項 (3) 較奇特，但若觀察比較選項 (1)(2)，通常會猜它是對的。

實例運用【92指考數甲，多選4】

已知不等式 $1.253 \times 10^{845} < 7^{1000} < 1.254 \times 10^{845}$ 成立。請選出正確的選項。

(1) $\log_{10} 7 < 0.846$　　(2) $\log_{10} 7 > 0.845$　　(3) $7^{100} < 5 \times 10^{84}$　　(4) $7^{10} < 2 \times 10^8$

引導思考：

❶ 已知「$1.253 \times 10^{845} < 7^{1000} < 1.254 \times 10^{845}$」可能如何使用？

➡ 取 log 後就可得 log 7 的近似值。

❷ 求解都是比大小，可能如何得到？

➡ 有 log 7 就不難比。

❸ 四個選項逐個討論。

答案：(1)(2)(3)

詳解：

$1.253 \times 10^{845} < 7^{1000} < 1.254 \times 10^{845}$

$\Rightarrow \log (1.253 \times 10^{845}) < \log 7^{1000} < \log (1.254 \times 10^{845})$

$\Rightarrow 845 + \log 1.253 < 1000 \log 7 < 845 + \log 1.254$

$\Rightarrow 845 < 1000 \log 7 < 846$

$\Rightarrow 0.845 < \log 7 < 0.846$，選項 (1)(2) 對。

$\log 7^{100} = 100 \log 7 = 84.5...$，$\log (5 \times 10^{84}) = 84.69...$ $\Rightarrow 7^{100} < 5 \times 10^{84}$，(3) 對。

$\log 7^{10} = 10 \log 7 = 8.45...$，$\log (2 \times 10^8) = 8.30...$ $\Rightarrow 7^{10} > 2 \times 10^8$，(4) 錯。

說明：

❶ 這題答對率 44%，屬於中等難度。

❷ 許多同學有背 log 7 = 0.8451，就能直接求答案了。

🎯 實例運用【99指考數甲，多選7】

設 a 為一正實數且滿足 $a^{\sqrt{3}} = \sqrt{3}$。試問下列哪些選項是正確的？

(1) $a^3 = 3$　　(2) $\log_{\sqrt{3}} a = \sqrt{3}$　　(3) $a > 1$　　(4) $a < 3^{\frac{1}{4}}$

引導思考：

❶ 已知「a 為一正實數」可能如何使用？

　➡ 是輔助條件，使 $a^{\sqrt{3}}$ 有意義，先擱著。

❷ 由 $a^{\sqrt{3}} = \sqrt{3}$ 推論，四個選項逐個討論。

答案：(3)

詳解：

選項 (1)：$a^{\sqrt{3}} = \sqrt{3}$ $\Rightarrow$ $a^3 = (a^{\sqrt{3}})^{\sqrt{3}} = (\sqrt{3})^{\sqrt{3}} = 3^{\frac{\sqrt{3}}{2}} < 3$，**(1) 錯**。

選項 (2)：$a^{\sqrt{3}} = \sqrt{3}$ $\Rightarrow$ $(a^{\sqrt{3}})^{\frac{1}{\sqrt{3}}} = (\sqrt{3})^{\frac{1}{\sqrt{3}}}$ $\Rightarrow$ $a = (\sqrt{3})^{\frac{1}{\sqrt{3}}}$

$\Rightarrow$ $\log_{\sqrt{3}} a = \dfrac{1}{\sqrt{3}} \neq \sqrt{3}$，　(2) 錯。

選項 (3)：$a^{\sqrt{3}} = \sqrt{3}$ $\Rightarrow$ $a = (\sqrt{3})^{\frac{1}{\sqrt{3}}} > (\sqrt{3})^0 = 1$，(3) 對。

選項 (4)：$a^{\sqrt{3}} = \sqrt{3}$ $\Rightarrow$ $a = (\sqrt{3})^{\frac{1}{\sqrt{3}}} = (3^{\frac{1}{2}})^{\frac{1}{\sqrt{3}}} = 3^{\frac{1}{2\sqrt{3}}}$，又 $\dfrac{1}{2\sqrt{3}} > \dfrac{1}{2 \times 2} = \dfrac{1}{4}$

所以 $a = 3^{\frac{1}{2\sqrt{3}}} > 3^{\frac{1}{4}}$，(4) 錯。

說明：

❶ 這題答對率 47%，中等難度。

❷ 這題需要精準使用指數律、對數定義，尤其是將已知變化成各選項的格式。

實例運用【 101指考數乙，多選6 】

設 $0 < x < 1$。請選出正確的選項。

(1) $x^2 < \sqrt{x} < x$　　(2) $\log_{10}(x^2) < \log_{10} x < \log_{10} \sqrt{x}$

(3) $\log_2(x^2) < \log_{10}(x^2) < \log_2 x$　　(4) $\log_{10}(x^2) < \log_2 \sqrt{x} < \log_{10} x$

引導思考：

❶ 已知「$0 < x < 1$」可能如何使用？

　➡ 因為求解是比大小，這是主要條件。

❷ 五個選項不同，必須逐個討論。

　選項 (1) 可化同底或相減再分解；選項 (2) 是同底數的對數；

　選項 (3) 可化為 2 為底數再比較；選項 (4) 可化為 10 為底數再比較。

答案：(2)(4)

詳解：

選項 (1)：可化同底，$\sqrt{x} = x^{\frac{1}{2}}$，因為 $0 < x < 1$，$2 > 1 > \dfrac{1}{2}$

　　　　故 $x^2 < x^1 < x^{\frac{1}{2}}$　$\Rightarrow$　$x^2 < x < \sqrt{x}$，(1) 錯。

選項 (2)：同底，由選項 (1)，$x^2 < x < \sqrt{x}$　$\Rightarrow$　$\log_{10}(x^2) < \log_{10} x < \log_{10} \sqrt{x}$，

　　　　(2) 對。

選項 (3)：化同底再比較。

$$\log_2(x^2) = 2\log_2 x \text{ , } \log_{10}(x^2) = 2\log_{10} x = \frac{2}{\log_2 10}\log_2 x \text{ , }$$

其中 $\dfrac{2}{\log_2 10} = 2\log_{10} 2 = \log_{10} 4 < 1$ ；

因為 $2 > 1 > \dfrac{2}{\log_2 10}$ 且 $\log_2 x < 0$ $\Rightarrow$ $2\log_2 x < \log_2 x < \dfrac{2}{\log_2 10}\log_2 x$

$\Rightarrow$ $\log_2(x^2) < \log_2 x < \log_{10}(x^2)$ ，(3) 錯。

選項 (4)：化同底再比較。

$$\log_{10}(x^2) = 2\log_{10} x \text{ , } \log_2 \sqrt{x} = \frac{1}{2}\log_2 x = \frac{1}{2\log_{10} 2}\log_{10} x \text{ , }$$

其中 $\dfrac{1}{2\log_{10} 2} = \dfrac{1}{2}\log_2 10 = \log_4 10$ $\Rightarrow$ $2 > \dfrac{1}{2\log_{10} 2} > 1$

因為 $2 > \dfrac{1}{2\log_{10} 2} > 1$ 且 $\log_{10} x < 0$ $\Rightarrow$ $2\log_{10} x < \dfrac{1}{2\log_{10} 2}\log_{10} x < \log_{10} x$

$\Rightarrow$ $\log_{10}(x^2) < \log_2 \sqrt{x} < \log_{10} x$ ，(4) 對。

說明：

❶ 這題答對率 59%。

❷ 這題使用了各種對數比大小的方式，還必須很小心，才能正確判斷。

❸ 這題若投機的用數值代入，也能猜對答案。

　　選項 (1)(4)：以 $x = \dfrac{1}{4}$ 代入；選項 (2)：以 $x = \dfrac{1}{100}$ 代入；選項 (3)：以 $x = \dfrac{1}{2}$ 代入。

其中選項 (3)(4) 再利用 $\log_{10} 2 \approx 0.3$ 代入估計，也可得正確答案，但要知道這樣做是有風險的。

實例運用【96學測，選填A】

設實數 x 滿足 $0 < x < 1$，且 $\log_x 4 - \log_2 x = 1$，則 $x =$ _____。（化成最簡分數）

引導思考：

❶ 已知「$0 < x < 1$」可能如何使用？

➡ 應是輔助條件，先擱著，最後再考慮。

❷ 這個「對數方程式」可能如何化簡？

➡ 不同底相減，無法用對數律合併。考慮代換，$\log_x 4$ 與 $\log_2 x$ 有什麼關係？

➡ $\log_x 4 = \log_x 2^2 = 2\log_x 2 = 2 \times \dfrac{1}{\log_2 x}$

答案：$\dfrac{1}{4}$

詳解：

設 $\log_2 x = t$，則 $\log_x 4 = \log_x 2^2 = 2\log_x 2 = 2 \times \dfrac{1}{\log_2 x} = \dfrac{2}{t}$

$\log_x 4 - \log_2 x = 1 \Rightarrow \dfrac{2}{t} - t = 1 \Rightarrow t^2 + t - 2 = 0 \Rightarrow (t+2)(t-1) = 0 \Rightarrow t = 1, -2$

當 $t = 1 \Rightarrow \log_2 x = 1 \Rightarrow x = 2$；當 $t = -2 \Rightarrow \log_2 x = -2 \Rightarrow x = \dfrac{1}{4}$

但 $0 < x < 1$，所以 $x = \dfrac{1}{4}$

說明：

這題答對率 41%，屬於對數方程式的標準題。

實例運用【92(補) 學測，選填C】

解方程式 $\log_3 x^7 + \log_{\frac{1}{3}} x = 24$，得 $x = $ _____。

答案：81

說明： 這題用標準的策略：化同底後，用對數律合併消去對數即可解出。另外要記得檢查存在條件。

實例運用【93指考數甲補，多選8】

考慮如下三元一次方程組，其中 k 是一正實數。

$$\begin{cases} (\log k)y - z = -2 \\ (\log(k^2))x + y - 4z = -9 \\ -2x + y + 2z = 6 \end{cases}$$

下列選項有哪些是正確的？

(1) 若 $k = 1$ 時，則方程組恰有一解　　(2) 若 $k = \sqrt{10}$ 時，則方程組有解

(3) 若 $k = 10$ 時，則方程組有解　　　(4) 若 $k = 100$ 時，則方程組無解

引導思考：

❶ 已知「k 是一正實數」可能如何使用？

➡ 這是輔助條件，使 $\log k$、$\log (k^2)$ 有意義，可暫時擱在一邊。

❷ 求解「依不同 k 值決定解的性質」可能如何得到？

➡ 選項中的 k 值代入 $\log k$、$\log (k^2)$ 都很簡單，可各自代入決定解的性質。

　（若 k 值代入後很複雜，也可考慮直接找原方程組有解的條件。）

答案：$(1)(2)$

詳解：

選項 (1)：若 $k = 1$，則 $\log k = \log (k^2) = 0$

$$\begin{cases}(\log k)y - z = -2 \\ (\log(k^2))x + y - 4z = -9 \\ -2x + y + 2z = 6\end{cases} \Rightarrow \begin{cases}-z = -2 \\ y - 4z = -9 \\ -2x + y + 2z = 6\end{cases} \Rightarrow \begin{cases}z = 2 \\ y = -1 \\ x = -\dfrac{3}{2}\end{cases}$$

恰一解，(1) 對。

選項 (2)：若 $k = \sqrt{10}$，則 $\log k = \dfrac{1}{2}$、$\log (k^2) = 1$

$$\begin{cases}(\log k)y - z = -2 \\ (\log(k^2))x + y - 4z = -9 \\ -2x + y + 2z = 6\end{cases} \Rightarrow \begin{cases}\dfrac{1}{2}y - z = -2 \\ x + y - 4z = -9 \\ -2x + y + 2z = 6\end{cases} \Rightarrow \begin{cases}\dfrac{1}{2}y - z = -2 \\ 3y - 6z = -12\end{cases}$$

$\Rightarrow \begin{cases} y - 2z = -4 \\ y - 2z = -4 \end{cases}$ 無窮多解，方程組有解，(2) 對。

選項 (3)：若 $k = 10$，則 $\log k = 1$、$\log (k^2) = 2$

$$\begin{cases} (\log k)y - z = -2 \\ (\log(k^2))x + y - 4z = -9 \\ -2x + y + 2z = 6 \end{cases} \Rightarrow \begin{cases} y - z = -2 \\ 2x + y - 4z = -9 \\ -2x + y + 2z = 6 \end{cases} \Rightarrow \begin{cases} y - z = -2 \\ 2y - 2z = -3 \end{cases}$$

無解，(3) 錯。

選項 (4)：若 $k = 100$，則 $\log k = 2$、$\log (k^2) = 4$

$$\begin{cases} (\log k)y - z = -2 \\ (\log(k^2))x + y - 4z = -9 \\ -2x + y + 2z = 6 \end{cases} \Rightarrow \begin{cases} 2y - z = -2 \\ 4x + y - 4z = -9 \\ -2x + y + 2z = 6 \end{cases} \Rightarrow \begin{cases} 2y - z = -2 \\ 3y = 3 \end{cases}$$

恰一解，(4) 錯。

故選 (1)(2)。

說明：

❶ 這題綜合方程組與對數，有些同學會怕。

❷ 實際上，綜合題（包含兩個以上章節概念的題目）往往只用到各章最基本的性質、概念。如果綜合題包含各章最難的概念，那出題者就太殘酷了，題目也會失去鑑別的效果。

實例運用【100指考數甲，非選擇二(1)】

試求所有滿足 $\log (x^3 - 12x^2 + 41x - 20) \geq 1$ 的 x 值之範圍。

引導思考：

對數不等式「$\log (x^3 - 12x^2 + 41x - 20) \geq 1$」可能如何解？

➡ 化同底再消去 $\log$，要記得存在條件。

答案：$1 \leq x \leq 5$ 或 $x \geq 6$

詳解：

❶ $\log (x^3 - 12x^2 + 41x - 20) \geq 1$ ⇒ $\log (x^3 - 12x^2 + 41x - 20) \geq \log 10$

  ⇒ $x^3 - 12x^2 + 41x - 20 \geq 10$ ⇒ $x^3 - 12x^2 + 41x - 30 \geq 0$

  ⇒ $(x - 1)(x^2 - 11x + 30) \geq 0$ ⇒ $(x - 1)(x - 5)(x - 6) \geq 0$

  ⇒ $1 \leq x \leq 5$ 或 $x \geq 6$

❷ 存在條件 $x^3 - 12x^2 + 41x - 20 > 0$ 必成立（因為 $x^3 - 12x^2 + 41x - 20 \geq 10$）

❸ 所以 $1 \leq x \leq 5$ 或 $x \geq 6$

說明：

❶ 這題為程序性問題，認得標準程序即可求解。

❷ 這題的存在條件並不影響答案。

實例運用【76夜大自然組，非選擇二】

解不等式：$\log (6x - x^2) < 1 + \log (5 - x)$

引導思考：

❶ 求解「對數不等式 $\log (6x - x^2) < 1 + \log (5 - x)$」可能如何解？

　➡ 同底相加，可用對數律合併後消去 log。

❷ 有什麼特別要注意的？

　➡ 存在條件：真數大於 0。

答案：$0 < x < 8 - \sqrt{14}$

詳解：

❶ 真數 $\begin{cases} 6x - x^2 > 0 \\ 5 - x > 0 \end{cases}$ $\Rightarrow$ $\begin{cases} 0 < x < 6 \\ x < 5 \end{cases}$ $\Rightarrow$ $0 < x < 5$

❷ $\log (6x - x^2) < 1 + \log (5 - x)$ $\Rightarrow$ $\log (6x - x^2) < \log 10 + \log (5 - x)$

　$\Rightarrow$ $\log (6x - x^2) < \log 10(5 - x)$ $\Rightarrow$ $6x - x^2 < 10(5 - x)$

　$\Rightarrow$ $x^2 - 16x + 50 > 0$ $\Rightarrow$ $x > 8 + \sqrt{14}$ 或 $x < 8 - \sqrt{14}$

❸ 綜合 ❶❷ 得 $0 < x < 8 - \sqrt{14}$

說明：

這題為標準程序的解題，但計算稍繁複。

實例運用【84聯考社會組，單選1】

若實數 x 滿足不等式 $\log_3(3^x+8) < \dfrac{x}{2}+1+\log_3 2$，則 x 的範圍為

(A) $\log_3 2 < x < \log_3 8$ (B) $1 < x < \log_3 12$ (C) $\log_3 4 < x < \log_3 8$

(D) $\log_3 4 < x < \log_3 16$ (E) $\log_3 8 < x < \log_3 16$

引導思考：

❶ 已知「不等式 $\log_3(3^x+8) < \dfrac{x}{2}+1+\log_3 2$」可能如何使用？

➡ 若要化同底合併，$\dfrac{x}{2}$ 似乎是唯一困難的一項。

➡ 化成以 3 為底，$\dfrac{x}{2} = \log_3 3^{\frac{x}{2}}$，看起來不好，但與原式中 3^x+8 恰能配合。

❷ 看各選項就知式子有點嚇人，照標準化簡方式邊做邊看吧。

答案：(D)

詳解：

存在條件：真數 3^x+8 與 2 都恆為正。

$$\log_3(3^x+8) < \frac{x}{2}+1+\log_3 2 \quad\Rightarrow\quad \log_3(3^x+8) < \log_3 3^{\frac{x}{2}}+\log_3 3+\log_3 2$$

$$\Rightarrow\ \log_3(3^x+8) < \log_3(3^{\frac{x}{2}}\times 3\times 2) \quad\Rightarrow\quad 3^x+8 < 6\times 3^{\frac{x}{2}}$$

令 $t=3^{\frac{x}{2}}$，則 $3^x=t^2$，原不等式 $\Rightarrow t^2+8<6t \Rightarrow (t-2)(t-4)<0$

$$\Rightarrow\ 2<t<4 \Rightarrow 2<3^{\frac{x}{2}}<4 \Rightarrow 4<3^x<16 \Rightarrow \log_3 4 < x < \log_3 16，選 (D)。$$

說明：

這題同時使用了對數與指數方程式的技巧，雖然都是標準想法，結合起來算是難題。

🎯 實例運用【98指考數乙，多選3】

若 (a, b) 是對數函數 $y = \log x$ 圖形上一點，則下列哪些選項中的點，也在該對數函數的圖形上？

(1) $(1, 0)$　(2) $(10a, b + 1)$　(3) $(2a, 2b)$　(4) $(\dfrac{1}{a}, 1 - b)$　(5) $(a^2, 2b)$

引導思考：

❶ 已知「(a, b) 是對數函數 $y = \log x$ 圖形上一點」可以如何用？

➡ 代入會滿足：$b = \log a$。

❷ 求解「點是否在圖形上？」可能如何得到？

➡ 檢查代入是否會滿足。

❸ 五個選項逐個討論。

答案：$(1)(2)(5)$

詳解：

(a, b) 在 $y = \log x$ 上　$\Rightarrow$　$\log a = b$

選項 (1)：$\log 1 = 0$　$\Rightarrow$　$(1, 0)$ 在 $y = \log x$ 上，(1) 對。

選項 (2)：$\log 10a = \log 10 + \log a = 1 + b$　$\Rightarrow$　$(10a, b + 1)$ 在 $y = \log x$ 上，(2) 對。

選項 (3)：$\log 2a = \log 2 + \log a = \log 2 + b \neq 2b$　$\Rightarrow$　$(2a, 2b)$ 不在 $y = \log x$ 上，(3) 錯。

選項 (4)：$\log \dfrac{1}{a} = -\log a = -b \neq 1 - b$　$\Rightarrow$　$(\dfrac{1}{a}, 1 - b)$ 不在 $y = \log x$ 上，(4) 錯。

選項 (5)：$\log a^2 = 2\log a = 2b \Rightarrow (a^2, 2b)$ 在 $y = \log x$ 上，(5) 對。

說明：

❶ 這題答對率 59%。

❷ 結合點在圖形上與基本對數律而成一個題目。

❸ 使用 (a, b)：$(10, 1)$ 代入猜測也會得正確答案。

實例運用【95指考數甲，單選2】

在坐標平面上，設 P 為 $y = 2 + x - x^2$ 圖形上的一點。若 P 的 x 坐標為 $\log_3 10$，則 P 點的位置在

(1) 第一象限　(2) 第二象限　(3) 第三象限　(4) 第四象限　(5) 坐標軸上

引導思考：

❶ 已知「P 為 $y = 2 + x - x^2$ 圖形上的一點」可能如何使用？

　➡ 點在圖形上　⇔　代進去滿足。

❷ 已知「P 的 x 坐標為 $\log_3 10$」可能如何使用？

　➡ P 的 y 坐標為 $2 + (\log_3 10) - (\log_3 10)^2$，但此式難以化簡，怎麼辦？

❸ 求解「P 點的位置在第幾象限」可能如何得到？

　➡ 要判斷 P 點 x 坐標、y 坐標的正負。

　➡ x 坐標 $\log_3 10 = 2. \dots > 0$，但 y 坐標的正負如何判定呢？

答案：(4)

詳解：

P 點 x 坐標 $\log_3 10 = 2. \ldots > 2$

P 點 y 坐標 $y = 2 + x - x^2 = -(x-2)(x+1)$，當 $x = \log_3 10 > 2$，相應的 $y < 0$

故 P 點在第四象限，選 (4)。

說明：

❶ 這題答對率 69%。

❷ 不能只想著「如何化簡 $2 + (\log_3 10) - (\log_3 10)^2$」，注意到只需判別正負就好。

⦿— 實例運用【92指考數乙，多選7】

陳老師證明了 $x^2 = 2^x$ 有兩個正實數解及一個負實數解後，進一步說，此方程式兩邊各取 $\log_2$，得 $2 \log_2 x = x$；陳老師要同學討論此新的方程式有多少實數解？

小英說：恰有三個實數解；

小明說：恰有兩個正實數解；

小華說：最多只有兩個實數解；

小毛說：仍然有兩個正實數解及一個負實數解；

小芬說：沒有實數解。

請問哪些人說的話，可以成立？

(1) 小英　　(2) 小明　　(3) 小華　　(4) 小毛　　(5) 小芬

引導思考：

❶ 先從「說故事」的題目找出真正的「數學問題」吧。

➡ 已知「$x^2 = 2^x$ 有兩個正實數解及一個負實數解」，

又知道「$x^2 = 2^x$ 兩邊各取 $\log_2$，得 $2\log_2 x = x$」，

求解為「$2\log_2 x = x$ 有多少實數解？」。

❷ 精確的看，就是判斷「$x^2 = 2^x \Leftrightarrow 2\log_2 x = x$」是否正確？

➡ 看到 log 就要想到存在條件。

答案：(2)(3)

詳解：

當 $x > 0$ 時，$x^2 = 2^x \Leftrightarrow 2\log_2 x = x$，

所以當 $x^2 = 2^x$ 兩正根時，$2\log_2 x = x$ 也有兩正根。

當 $x \leq 0$ 時，$\log_2 x$ 無意義，所以 $2\log_2 x = x$ 無解。

故 $2\log_2 x = x$ 恰有兩個正根，選 (2)(3)。

說明：

❶ 這題答對率 41%。

❷ 多半學生簡單分正根、負根考慮也能得到答案，尤其發現 $x^2 = 2^x$ 兩個正根為 $x = 2, 4$，

再代入 $2\log_2 x = x$ 均符合。

◎ 實例運用【100指考數甲，單選1】

考慮坐標平面上滿足 $2^x = 5^y$ 的點 $P(x, y)$，試問下列哪一個選項是錯誤的？

(1) $(0, 0)$ 是一個可能的 P 點　　(2) $(\log 5, \log 2)$ 是一個可能的 P 點

(3) 點 $P(x, y)$ 滿足 $xy \geq 0$　　(4) 所有可能的點 $P(x, y)$ 構成的圖形為一直線

(5) 點 P 的 x, y 坐標可以同時為正整數

答案：(5)

說明：這題答對率 69%，題目牽扯很多不同單元的觀念，原本有些複雜，但因為是單選題，而且選項 (5) 容易判定，所以答對率很高。

◎ 實例運用【100指考數乙，多選5】

設 (π, r) 為函數 $y = \log_2 x$ 圖形上之一點，其中 π 為圓周率，r 為一實數。請問下列哪些選項是正確的？

(1) (r, π) 為函數 $y = 2^x$ 圖形上之一點

(2) $(-r, \pi)$ 為函數 $y = \left(\dfrac{1}{2}\right)^x$ 圖形上之一點

(3) $\left(\dfrac{1}{\pi}, r\right)$ 為函數 $y = \log_{\frac{1}{2}} x$ 圖形上之一點

(4) $(r, 2\pi)$ 為函數 $y = 4^x$ 圖形上之一點

引導思考：

❶ 已知「(π, r) 為函數 $y = \log_2 x$ 圖形上之一點」可能如何使用？
　➡ 點代入函數會滿足：$r = \log_2 \pi$。

❷ 求解「判斷點是否在圖形上」可能如何得到？
　➡ 判斷點代入函數是否會滿足。

❸ 五個選項逐個討論。

答案：(1)(2)(3)

詳解：

(π, r) 為函數 $y = \log_2 x$ 圖形上之一點 $\Rightarrow$ $r = \log_2 \pi$

選項 (1)：是否滿足「$\pi = 2^r$」？

$$r = \log_2 \pi \Rightarrow 2^r = \pi，(1) 對。$$

選項 (2)：是否滿足「$\left(\dfrac{1}{2}\right)^{-r} = \pi$」？

$$由 (1)，2^r = \pi \Rightarrow (2^{-1})^{-r} = \pi \Rightarrow \left(\dfrac{1}{2}\right)^{-r} = \pi，(2) 對。$$

選項 (3)：是否滿足「$r = \log_{\frac{1}{2}} \dfrac{1}{\pi}$」？

$$\log_{\frac{1}{2}} \dfrac{1}{\pi} = \log_{2^{-1}} \pi^{-1} = \dfrac{-1}{-1} \log_2 \pi = \log_2 \pi = r，(3) 對。$$

選項 (4)：是否滿足「$2\pi = 4^r$」？

$$由 (1)，2^r = \pi \Rightarrow (2^r)^2 = \pi^2 \Rightarrow 4^r = \pi^2，而 2\pi \neq \pi^2，(4) 錯。$$

說明：

❶ 這題答對率 58%，中等難度。

❷ 只有運用點在圖形上的條件與基本指數律、對數律。

227

◎ 實例運用【94學測，單選4】

設 a, b 為正實數，已知 $\log_7 a = 11$，$\log_7 b = 13$；試問 $\log_7(a+b)$ 之值最接近下列哪個選項？ (1) 12 (2) 13 (3) 14 (4) 23 (5) 24

引導思考：

❶ $\log_7 a = 11$、$\log_7 b = 13$ 與 $\log_7(a+b)$ 有什麼關係？

➡ 沒有合適的對數律可用，怎麼辦？

❷ 求解是「$\log_7(a+b)$ 的近似值」可能如何得到？

➡ 只要能估計就好，回到原始定義吧。

答案：(2)

詳解：

$\log_7 a = 11 \Rightarrow a = 7^{11}$，而 $\log_7 b = 13 \Rightarrow b = 7^{13}$，

所以 $\log_7(a+b) = \log_7(7^{11}+7^{13}) = \log_7 7^{13}(\frac{1}{49}+1) = 13 + \log_7 \frac{50}{49}$

而 $\log_7 \frac{50}{49} < \log_7 \sqrt{7} = 0.5$，故 $13 < \log_7(a+b) < 13.5$，選 (2)。

說明：

❶ 這題答對率 32%。

❷ 針對沒見過的題目（沒有適切方法），回到定義去看是重要方向。

實例運用【101學測，單選5】

若正實數 x, y 滿足 $\log_{10} x = 2.8$，$\log_{10} y = 5.6$，則 $\log_{10}(x^2 + y)$ 最接近下列哪一個選項的值？（$\log 2 \approx 0.3010$、$\log 3 \approx 0.4771$、$\log 7 \approx 0.8451$）

(1) 2.8　(2) 5.6　(3) 5.9　(4) 8.4　(5) 11.2

引導思考：

❶ 已知「正實數 x, y」可能如何使用？

　➡ 這是輔助條件，使 $\log x$、$\log y$ 有意義，可先擱著。

❷ 已知「$\log_{10} x = 2.8$，$\log_{10} y = 5.6$」可能如何使用？

　➡ 沒有相應的對數表可查，怎麼辦？

　➡ $\log_{10} x = 2.8 \iff x = 10^{2.8}$；$\log_{10} y = 5.6 \iff y = 10^{5.6}$

❸ 求解「$\log_{10}(x^2 + y)$」可能如何得到？

　➡ 真數裡有加號，無適切對數律，只能先求 $x^2 + y$。

答案：(3)

詳解：

$\log_{10} x = 2.8 \Rightarrow x = 10^{2.8}$，$\log_{10} y = 5.6 \Rightarrow y = 10^{5.6}$

$\log(x^2 + y) = \log[(10^{2.8})^2 + 10^{5.6}] = \log[10^{5.6} + 10^{5.6}] = \log(2 \times 10^{5.6})$

$\qquad\qquad = 5.6 + \log 2 = 5.9010$，選 (3)。

說明：

❶ 這題答對率 51%，屬於中等難度。

❷ 沒有合適公式，則回到定義去試。

第 3 節
對數表應用

重點整理

一、科學記號

任意正實數 A 可表示為科學記號 $A = a \times 10^n$，其中 $1 \leq a < 10$，n 為整數。

二、常用對數

以 10 為底數的對數稱為常用對數，$\log_{10} A$ 可簡寫成 $\log A$。

三、常用對數表

1. 常用對數表本身可直接查 $y = \log x$ 中，x 查 y 或 y 查 x，

   但限制 $1 \leq x < 10$，相應的 $0 \leq y < 1$。

2. 這是常用對數表的一部分：

x	0	1	2	3	4	5	6	7	8	9
10	0000	0043	0086	0128	0170	0212	0253	0294	0334	0374
11	0414	0453	0492	0531	0569	0607	0645	0682	0719	0755
12	0792	0828	0864	0899	0934	0969	1004	1038	1072	1106
13	1139	1173	1206	1239	1271	1303	1335	1367	1399	1430
14	1461	1492	1523	1553	1584	1614	1644	1673	1703	1732

最左行代表 x 前二位，最上列代表 x 第三位，中間是 y 的小數部分。

【例】x 的前二位 12，第三位 3，交叉處是 0889，

就得到 $\log 1.23 = 0.0889$，要記得 $1 \leq x < 10$ 且 $0 \leq y < 1$。

3. 一般數字查表時，先化成科學記號：$\log x = \log(a \times 10^n) = n + \log a$

【例】試求 $\log 1380 = ?$

【解】$\log 1380 = \log(1.38 \times 10^3) = 3 + \log 1.38 = 3 + 0.1399 = 3.1399$

（其中查表得 $\log 1.38 = 0.1399$）

【例】若 $\log x = 2.1173$，則 $x = ?$

【解】$2.1173 = 2 + 0.1173 = \log(1.31 \times 10^2) = \log 131$，所以 $x = 131$

（其中查表得 $0.1173 = \log 1.31$）

4. 當 $\log x = \log(a \times 10^n) = n + \log a$ 時，n 為 $\log x$ 的首數，$\log a$ 為

$\log x$ 的尾數。

四、利用對數簡化乘、除、次方、開根號的運算

1. 將複雜算式取對數算出後，再倒查表一次即得。

【例】試估計 $2^{30} \times 3^{20}$ 之值。

【解】$\log(2^{30} \times 3^{20}) = 30 \log 2 + 20 \log 3 \approx 30 \times 0.3010 + 20 \times 0.4771$

$= 18.572 \approx \log(3.73 \times 10^{18})$，所以 $2^{30} \times 3^{20} \approx 3.73 \times 10^{18}$

（其中查表得 $\log 2 \approx 0.3010$，$\log 3 \approx 0.4771$，$0.572 \approx \log 3.73$）

2. 對數簡化的算式只能有乘、除、次方、開根號，不可有加、減。

3. 利用對數算出的都是近似值。

五、內插法

1. 課本裡的對數表只能查出三位數的對數，若我們想求四位的對數，
   例如 $\log 2.083 = ?$ 查表可得 $\log 2.08 = 0.3181$、$\log 2.09 = 0.3201$，
   所以我們知道 $0.3181 < \log 2.083 < 0.3201$，但怎樣求得較好的近似
   值？

2. 原理：在很小的範圍裡，對數函數的圖形近似直線，可將它視為直線。
   已知 $x_1 < a < x_2$，$\log x_1 = y_1$，$\log x_2 = y_2$，
   視為三點 (x_1, y_1)、$(a, \log a)$、(x_2, y_2) 共線。

   得公式：$\log a = y_1 + \dfrac{a - x_1}{x_2 - x_1}(y_2 - y_1)$

六、 實際考卷中，有時題目會將需要的數據給在題目後，有時會附在考卷末尾，
   也曾經附在該大題前，所以需要對數值時，記得要在整張考卷裡找。

七、 強烈建議背下：$\log 2 = 0.3010$、$\log 3 = 0.4771$、$\log 7 = 0.8451$。
   原本題目需要用到這些數據時題目會給，但也有一些題目本來不需用到，
   而我們可能可以利用這些數據代入得到答案。

實例運用【101指考數乙，選填C】

觀察 2 的次方所形成的等比數列：$2, 2^2, 2^3, 2^4, \cdots$，設其中出現的第一個 13 位數為 2^n，則

$n = $ _____ 。（註：$\log_{10} 2 \approx 0.3010$）

答案：40

說明：這題答對率 59%，為標準題，2^n 為 13 位數，則 $\log 2^n = 12.\cdots$。

實例運用【101學測，單選3】

下表為常用對數表 $\log_{10} N$ 的一部分：

N	0	1	2	3	4	5	6	7	8	9
10	0000	0043	0086	0128	0170	0212	0253	0294	0334	0374
11	0414	0453	0492	0531	0569	0607	0645	0682	0719	0755
$\vdots$	$\vdots$	$\vdots$	$\vdots$	$\vdots$	$\vdots$	$\vdots$	$\vdots$	$\vdots$	$\vdots$	$\vdots$
20	3010	3032	3054	3075	3096	3118	3139	3160	3181	3201
$\vdots$	$\vdots$	$\vdots$	$\vdots$	$\vdots$	$\vdots$	$\vdots$	$\vdots$	$\vdots$	$\vdots$	$\vdots$
30	4771	4786	4800	4814	4829	4843	4857	4871	4886	4900

請問 $10^{3.032}$ 最接近下列哪一個選項？

(1) 101　(2) 201　(3) 1007　(4) 1076　(5) 2012

引導思考：

❶ 求解「$10^{3.032}$」可能如何得到？

　➡ 利用對數表，以標準的方法即可。

❷ 對數表 $y = \log_{10} N \quad \Leftrightarrow \quad 10^y = N$，對數表反過來看就是指數表。

答案：(4)

詳解：

$\log 10^{3.032} = 3.032 = \log (1.07... \times 10^3) \Rightarrow 10^{3.032} = 1.07... \times 10^3$，選 (4)。

說明：

❶ 這題答對率只有 36%，表示許多學生無法活用對數表。

❷ 可以用內插法求到第四位，不過只到第三位就可選出正確的選項。

實例運用【98指考數甲，單選1】

數學教科書所附的對數表中，$\log 4.34 = 0.6375$、$\log 4.35 = 0.6385$。根據 $\log 4.34$ 和 $\log 4.35$ 的查表值，以內插法求 $\log 4.342$，設求得的值為 p，則下列哪一個選項是正確的？

(1) $p = \dfrac{1}{2}(0.6375 + 0.6385)$ 　　(2) $p = 0.2 \times 0.6375 + 0.8 \times 0.6385$

(3) $p = 0.8 \times 0.6375 + 0.2 \times 0.6385$ 　(4) $p = 0.6375 + 0.002$

(5) $p = 0.6385 - 0.002$

答案：(3)

說明：這題答對率 64%，可直接根據選項格式切入再判斷，也可直接算出來再判斷，麻煩有限可接受。

實例運用【99學測，單選5】

在密閉的實驗室中，開始時有某種細菌 1 千隻，並且以每小時增加 8% 的速率繁殖。如果依此速率持續繁殖，則 100 小時後細菌的數量最接近下列哪一個選項？

(1) 9 千隻　　(2) 108 千隻　　(3) 2200 千隻　　(4) 3200 千隻　　(5) 32000 千隻

（學測後附 $\log_{10} 2 \approx 0.3010$，$\log_{10} 3 \approx 0.4771$，$\log_{10} 5 \approx 0.6990$，$\log_{10} 7 \approx 0.8451$）

引導思考：

❶ 已知「開始時 1 千隻」、「每小時增加 8%」可能如何使用？

　➡ 呈指數變化。

❷ 求解「100 小時後細菌的數量」可能如何得到？

　➡ $1 \times (1 + 8\%)^{100} = 1.08^{100}$ 千隻，如何求近似值？

　➡ 實數高次方用對數。

答案：(3)

詳解：

100 小時後細菌的數量 $1 \times (1 + 8\%)^{100} = 1.08^{100}$ 千隻。

$$\log 1.08^{100} = 100 \log 1.08 = 100 \log \frac{2^2 \times 3^3}{100} = 100(2\log 2 + 3\log 3 - 2)$$

$$\approx 100(2 \times 0.3010 + 3 \times 0.4771 - 2) = 3.33 \approx \log (2.\ldots \times 10^3)$$

$\Rightarrow 1.08^{100} \approx 2.\ldots \times 10^3$，選 (3)。

說明：

❶ 這題答對率 26% 很低。

❷ $\log_{10} 2 \approx 0.3010$，$\log_{10} 3 \approx 0.4771$，$\log_{10} 5 \approx 0.6990$，$\log_{10} 7 \approx 0.8451$附在試卷最後，有不少學生欲求 1.08^{100} 時，找不到 $\log 1.08$ 的數值，而無法變通。

實例運用【91指考數乙，選填A】

前行政院長提出知識經濟，喊出 10 年內要讓台灣 double（加倍），一般小市民希望第 11 年開始的薪水加倍。如果每年調薪 $a\%$，其中 a 為整數，欲達成小市民的希望，那麼 a 的最小值為 _____。（參考數值：$\log 2 \approx 0.3010$）

$x =$	1	2	3	4	5	6	7	8	9
$\log(1+0.01x) \approx$	0.0043	0.0086	0.0128	0.0170	0.0212	0.0253	0.0294	0.0334	0.0374

引導思考：

❶ 已知「每年調薪 $a\%$，第 11 年薪水加倍」可能如何使用？

➡ $(1 + a\%)^{10} > 2$

❷ 已知的表格可能如何使用？

➡ 例如 $x = 3$ 時，$\log(1+0.01x) \approx 0.0128$，就是 $\log 1.03 = 0.0128$，其餘類推。

❸ 一個式子求 $a = $？

答案：8

詳解：

$(1 + a\%)^{10} \geq 2 \Rightarrow \log(1 + a\%)^{10} \geq \log 2 \Rightarrow 10 \log(1 + a\%) \geq 0.3010$

$\Rightarrow \log(1 + a\%) \geq 0.0301 = \log 1.07... \Rightarrow 1 + a\% \geq 1.07... \Rightarrow a \geq 8$

說明：

❶ 這題答對率 23% 偏低。

❷ 選填題的答案是一位數，a 之值是 $7.\cdots$，而且比較接近 7，但題目是「欲達成小市民的希望」，$a = 7$ 不能達成，故 a 的最小值為 8。遇到生活化的題目時，這些部分要仔細斟酌。

實例運用【98學測，選填F】

某公司為了響應節能減碳政策，決定在五年後，將公司該年二氧化碳排放量降為目前排放量的 75%。公司希望每年依固定的比率（當年和前一年排放量的比），逐年減少二氧化碳的排放量。若要達到這項目標，則該公司每年至少要比前一年減少 _____ % 的二氧化碳的排放量。（計算到小數點後第一位，以下四捨五入。 $\log 9.44 = 0.975$）

引導思考：

❶ 已知「依固定的比率逐年減少排放量」、「五年後排放量降為目前的 75%」

　可能如何使用？

　➡ 可列出一個方程式或不等式。

❷ 需先假設未知數。該設哪一個？

　➡ 直接設減少的比率為 r，五年後變為 $(1 - r)^5$。

❸ 列出方程式或不等式後，再專心去解 r。

答案：5.6

詳解：

設每年排放量比前一年減少的比率為 r，成為前一年的 $1 - r$ 倍。

則五年後成為 $(1 - r)^5 < 75\%$ $\Rightarrow$ $\log(1 - r)^5 < \log\dfrac{3}{4}$

$\Rightarrow$ $5\log(1 - r) < \log 3 - 2\log 2$

$\Rightarrow$ $\log(1 - r) < \dfrac{1}{5}(0.4771 - 2 \times 0.3010) = -0.025 = -1 + 0.975 = \log(9.44 \times 10^{-1})$

$\Rightarrow$ $1 - r < 0.944$ $\Rightarrow$ $r > 0.056 = 5.6\%$

說明：

❶ 這題答對率僅 6%，是該年考題答對率最低的題目。

❷ $\log(1 - r)$ 無法拆開，只能直接求 $1 - r$，再去求 r。

❸ 計算有轉折，加上稍嫌繁複，使得答對率超低。

第六章
數列、級數的問題

數列、級數在課本中，屬於第二冊離散數學，可是解題時通常用
標準的代數想法，例如等比數列就與指數函數類似，
解題時也會運用到對數，所以本書依舊併入代數範圍來討論。

本章共分 4 節：

第 1 節
等差數列與級數

 重點整理

一、數列與級數的符號

1. 數列符號 $<a_n>$：a_1，a_2，...，a_k，...

   a_k 表示一般項，第 k 項就是將 $<\ >$ 中式子裡的 n 用 k 代入。

   【例】$<n^2>$：1^2，2^2，3^2，4^2，...，第 100 項為 100^2，第 $3k$ 項為 $(3k)^2$

   $<a_{2n+1}>$：a_3，a_5，a_7，...，第 10 項為 a_{21}，第 $3k$ 項為 a_{6k+1}

   注意：$<a_n>$ 第 5 項為 a_5，$<a_{2n+1}>$ 第 5 項為 a_{11}，$<\dfrac{1}{n+1}>$ 第 5 項為 $\dfrac{1}{6}$。

2. 級數符號：$\displaystyle\sum_{k=1}^{n} a_k = a_1 + a_2 + \cdots + a_n$

   Σ 表示「加」，a_k 表示一般項，Σ 下方的「$k=1$」與上方的「n」表示 k 從 1 到 n。

   所以 $\displaystyle\sum_{k=1}^{n} a_k$ 表示「將 $k = 1,\ 2,\ ...,\ n$ 代入 a_k 所得的 n 個值的和」。

   【例】$\displaystyle\sum_{k=1}^{20} k^3 = 1^3 + 2^3 + \cdots + 20^3$，$\displaystyle\sum_{k=1}^{n} a_{2k-1} = a_1 + a_3 + \cdots + a_{2n-1}$

   $\displaystyle\sum_{i=1}^{n} ki = k + 2k + \cdots + nk$，$\displaystyle\sum_{i=1}^{n} k = k + k + \cdots + k = nk$

注意：後兩式若有疑問，請由定義一步一步精確的再看一次。

3. 不少學生患有「Σ恐慌症」，看到它就想跳過這題。的確有不少難題裡
   有Σ，但難的是怪異級數和，不是Σ，題目中有Σ時，按照定義展開，
   也許就沒大家想像中那麼難。

二、等差數列與級數

1. 定義：$<a_n>$ 為等差數列 $\Leftrightarrow$ 任意正整數 n 都滿足 $a_{n+1} = a_n + d$，
   其中 d 為一定值。

   說明：數列中，後項減去前項稱「差」，若所有「差」都相等，就稱為
   等差數列。這相等的「差」就稱為公差，設公差為 d，則後項都是前項
   加 d，若首項為 a，則數列為 $a, a+d, a+2d, a+3d, \ldots$。所以雖然
   等差數列是一串數字，但只要確定 a, d，這等差數列就是固定的，也可
   說「兩條件決定一個等差數列」。

2. 公式：設 $<a_n>$ 為等差數列，首項為 a，公差為 d

   (1) 第 n 項 $a_n = a + (n-1)d$

   (2) 前 n 項和 $S_n = \dfrac{n}{2}[2a + (n-1)d]$

   (3) 推廣：第 n 項 $a_n = a_m + (n-m)d$

   (4) 連續若干項的和
   $$a_m + \cdots + a_n = (n-m+1) \cdot \frac{a_m + a_n}{2} = (n-m+1) \cdot a_{\frac{m+n}{2}}$$

3. 說明：

   (1) 由前兩個公式可看出，等差數列的關鍵變數為 a, d，只用前兩個公式就可以解出各種題目，靈活使用後兩個公式，常會有更簡潔的做法。強烈建議：先熟練前兩個，而後再學後兩個。

   (2) 公式 (3)：後一項就多 d，a_n 比 a_m 後 $n - m$ 項，故多 $(n - m)d$。

   (3) 公式 (4) 的第 1 個：「（上底加下底）×（高）÷2」或「（首項加末項）×（高）÷2」。

   公式 (4) 的第 2 個：「（項數）×（中間項）」，

   中間項 $\dfrac{a_m + a_n}{2} = a_{\frac{m+n}{2}}$ 也是 $a_m, ..., a_n$ 的算術平均數。

4. 如果熟悉公式 (4)，看到等差級數和，優先考慮以此公式化簡。

   【例】前九項和為 $54 \Rightarrow 9a_5 = 54 \Rightarrow a + 4d = 6$

解題策略：等差數列

> (1) 找首項、公差，若未知，則設首項 a、公差 d，然後列方程式，解 a、d
>
> (2) 若三項成等差，也可設 $a - d, a, a + d$
>
> (3) 若三項 a, b, c 成等差，則 $2b = a + c$

說明：

❶ 策略 (1) 幾乎可以解決所有等差數列的問題，其他方法是在特定情況下，可以比較簡單
解出答案。

❷ 策略 (2) 是在三項成等差、且有關三項和的情況下可選用的方式。

❸ 策略 (3) 是在三項成等差、且不方便再假設太多變數時可選用的方式。

【例】$12, x^2, 5x$ 成等差 $\Leftrightarrow 2x^2 = 12 + 5x$

實例運用【96 學測，選填 D】

某巨蛋球場 E 區共有 25 排座位，此區每一排都比其前一排多 2 個座位。小明坐在正中間
那一排（即第 13 排），發現此排共有 64 個座位，則此球場 E 區共有＿＿＿＿個座位。

答案：1600

說明：這題答對率為 75%，屬於簡單題，直接用 $S_n = n \times$（中間項）即可。

實例運用【98 學測，單選 1】

數列 $a_1 + 2, ..., a_k + 2k, ..., a_{10} + 20$ 共有十項，且其和為 240，則 $a_1 + \cdots + a_k + \cdots + a_{10}$ 之值為 (1) 31 (2) 120 (3) 130 (4) 185 (5) 218

答案：(3)

說明：

這題答對率為 85%，屬於簡單題，只有一個已知、一個求解，找出它們之間的關係即可。

實例運用【93 學測，單選 1】

已知一等差數列共有十項，且知其奇數項之和為 15，偶數項之和為 30，則下列哪一選項為此數列之公差？

(1) 1 (2) 2 (3) 3 (4) 4 (5) 5

答案：(3)

說明： 這題答對率為 71%，屬於簡單題，標準的策略是設 a、d 即可；也可直接發現偶數項和比奇數項和多公差的 5 倍。

實例運用【85 學測，多選 14】

有一個 101 項的等差數列 a_1，a_2，a_3，...，a_{101}，其和為 0，且 $a_{71} = 71$。問下列選項

哪些正確？

(A) $a_1 + a_{101} > 0$ (B) $a_2 + a_{100} < 0$ (C) $a_3 + a_{99} = 0$ (D) $a_{51} = 51$ (E) $a_1 < 0$

引導思考：

❶ 條件「等差數列 $a_1 + a_2 + \cdots + a_{101} = 0$」、「$a_{71} = 71$」可以如何用？

➡ 設首項 a、公差 d，兩條件應可解出 a、d。

❷ 五個選項可能如何得到？

➡ 有 a、d 應可判斷各選項，但實際計算有點麻煩。

❸ 可以直接化簡「等差數列 $a_1 + a_2 + \cdots + a_{101} = 0$」嗎？

➡ 化簡成 $101 a_{51} = 0 \Rightarrow a_{51} = 0$

答案：(C)(E)

詳解：

設首項 a、公差 d，則

$$\begin{cases} \dfrac{101}{2}[2a + (101-1)d] = 0 \\ a + (71-1)d = 71 \end{cases} \Rightarrow \begin{cases} a + 50d = 0 \\ a + 70d = 71 \end{cases} \Rightarrow d = \frac{71}{20}, \ a = -\frac{355}{2}$$

選項 (A)：$a_1 + a_{101} = a + (a + 100d) = 2(a + 50d) = 0$，(A) 錯。

選項 (B)：$a_2 + a_{100} = (a + d) + (a + 99d) = 2(a + 50d) = 0$，(B) 錯。

選項 (C)：$a_3 + a_{99} = (a + 2d) + (a + 98d) = 2(a + 50d) = 0$，(C) 對。

選項 (D)：$a_{51} = a + 50d = 0$，(D) 錯。

選項 (E)：$a_1 = -\dfrac{355}{2} < 0$，(E) 對。

另解：

❶ 等差數列 a_1 , a_2 , a_3 , ... , a_{101} 中間項為 a_{51} ，

　　$a_1 + a_2 + \cdots + a_{101} = 101a_{51} = 0 \Rightarrow a_{51} = 0$ ，(D) 錯。

❷ $a_{51} = 0$ 且 $a_{71} = 71 \Rightarrow d > 0$ ， $a_1 < 0$ ，(E) 對。

❸ $a_1 + a_{101} = a_2 + a_{100} = a_3 + a_{99} = 2a_{51} = 0$ ，(A)(B) 錯，(C) 對。

說明：

❶ 詳解中是標準的策略，可以算出來，但數字複雜，容易出錯。

❷ 另解中是先簡化 $a_1 + a_2 + \cdots + a_{101} = 0$ ，再巧妙去判斷而不硬算。

第 2 節
等比數列與級數

重點整理

一、等比數列與級數

1. 定義：$<a_n>$ 為等比數列 $\Leftrightarrow$ 任意正整數 n 都滿足 $a_{n+1} = a_n r$，
   其中 r 為一定值。

   說明：數列中，後項除以前項稱「比」，若所有「比」都相等，就稱為等比數列。這相等的「比」就稱為公比，設公比為 r，則後項都是前項乘以 r；若首項為 a，則數列為 $a, ar, ar^2, ar^3, \dots$。所以雖然等比數列是一串數字，但只要確定 a, r，這等比數列就是固定的，也可說「兩條件決定一個等比數列」。

2. 公式：設 $<a_n>$ 為等比數列，首項為 a，公比為 r

   (1) 第 n 項 $a_n = ar^{n-1}$

   (2) 當 $r \neq 1$ 時，前 n 項和

   $$S_n = a + ar + ar^2 + \cdots + ar^{n-1} = \frac{a(r^n - 1)}{r - 1} = \frac{a(1 - r^n)}{1 - r}$$

   當 $r = 1$ 時，$S_n = a + a + a + \cdots + a = na$

   (3) 等比數列的關鍵變數為 a, r

二、等差與等比數列的關係

　　1. 設 $a > 0$，$<a_n>$ 為等差數列，則 $<a^{a_n}>$ 為等比數列。

　　2. 若 $<a_n>$ 為等比正數列，則 $<\log a_n>$ 為等差數列。

三、無窮等比級數和（此部分屬於高三選修甲的範圍，初學者可略過）

　　1. 當 $|r| < 1$ 時，無窮等比級數和 $a + ar + ar^2 + ar^3 + \cdots = \dfrac{a}{1-r}$。

　　2. 當 $|r| \geq 1$ 時，無窮等比級數和 $a + ar + ar^2 + ar^3 + \cdots$ 不存在。

　　3. 說明：當 $|r| < 1$ 時，$S_n = a + ar + ar^2 + \cdots + ar^{n-1} = \dfrac{a(1-r^n)}{1-r}$；

　　　當 n 愈來愈大時，S_n 愈來愈接近 $\dfrac{a}{1-r}$，我們就規定加到無窮多項時，

$$S = a + ar + ar^2 + ar^3 + \cdots = \dfrac{a}{1-r}$$

　　4. 使用無窮等比和公式時，一定要注意 $|r| < 1$。

 解題策略：等比數列

> (1) 找首項、公比，若未知，則設首項 a、公比 r，然後列方程式，解 a、r。
>
> (2) 若三項成等比，也可設 $\dfrac{a}{r}$, a, ar。
>
> (3) 若三項 a, b, c 成等比，則 $b^2 = ac$。

說明：

❶ 策略 (1) 幾乎可以解決所有等比數列的問題，其他方法是在特定情況下，可以比較簡單解出答案。

❷ 策略 (2) 是在三項成等比、且有關三項乘積的情況下可選用的方式。

❸ 策略 (3) 是在三項成等比、且不方便再假設太多變數時可選用的方式。

【例】x, $x+2$, $x+6$ 成等比 $\Leftrightarrow$ $(x+2)^2 = x(x+6)$

❹ 等比數列問題的方程組通常較複雜，但往往有一個方式：將含 a 的項移到等號一側並提出 a，再用相除消去 a。

實例運用【91 學測，選填 E】

某次網球比賽共有 128 位選手參加，採單淘汰制，每輪淘汰一半的選手，剩下一半的選手進入下一輪。在第 1 輪被淘汰的選手可獲得 1 萬元，在第 2 輪被淘汰的選手可獲得 2 萬元，在第 k 輪被淘汰的選手可獲得 2^{k-1} 萬元，而冠軍則可獲得 128 萬元。試問全部比賽獎金共多少萬元？答：_____ 萬元。

引導思考：

❶ 已知「共有 128 位選手，每輪淘汰一半，剩下一半進入下一輪」可能如何使用？

➡ 第 1 輪淘汰 64 位，64 位進入第 2 輪；第 2 輪淘汰 32 位，32 位進入第 3 輪；

第 3 輪淘汰 16 位，16 位進入第 4 輪；……；第 7 輪淘汰 1 位，1 位得冠軍。

❷ 已知「第 k 輪被淘汰的選手可獲得 2^{k-1} 萬元」可能如何使用？

➡ 第 1 輪被淘汰可獲得 1 萬元；第 2 輪被淘汰可獲得 2 萬元；第 3 輪被淘汰可獲得

$2^{3-1} = 4$ 萬元；第 4 輪被淘汰可獲得 $2^{4-1} = 8$ 萬元；……；第 7 輪被淘汰可獲得

$2^{7-1} = 64$ 萬元。

❸ 求解「全部比賽獎金」可能如何得到？

➡ 每輪被淘汰者總獎金再加上冠軍獎金。

答案：576

詳解：

第 1 輪被淘汰 64 人各得 1 萬，共 $64 \times 1 = 64$ 萬；

第 2 輪被淘汰 32 人各得 2 萬，共 $32 \times 2 = 64$ 萬；

第 3 輪被淘汰 16 人各得 $2^{3-1} = 4$ 萬，共 $16 \times 4 = 64$ 萬；

⋮

第 6 輪被淘汰 2 人各得 $2^{6-1} = 32$ 萬，共 $2 \times 32 = 64$ 萬；

第 7 輪被淘汰 1 人各得 $2^{7-1} = 64$ 萬，共 $1 \times 64 = 64$ 萬；

冠軍則可獲得 128 萬。

全部比賽獎金共 $64 \times 7 + 128 = 576$ 萬。

說明：

❶ 這題答對率 41%，算中等難度。

❷ 只要按照題意分析再計算，即可得解。切忌沒看清楚題目，就只急著隨意找個公式

　　代入。

 實例運用【84 學測，填充 G】

假設某鎮每年的人口數逐年成長，且成一等比數列。已知此鎮十年前有 25 萬人，現在有

30 萬人，那麼二十年後，此鎮人口應有 ＿＿＿＿ 萬人。（求到小數點後一位）

引導思考：

❶ 已知「等比數列」可能如何使用？

　　➡ 想到首項、公比。

❷ 已知「十年前 25 萬人，現在 30 萬人」可能如何使用？

　　➡ 兩條件解首項、公比。

❸ 求解「二十年後人口」可能如何得到？

　　➡ 有首項、公比就能解。

答案：43.2

詳解：

設人口數每年成長為 r 倍，

十年前有 25 萬人，現在有 $30 = 25r^{10}$ 萬人，二十年後人口應有 $25r^{30}$ 萬人。

$$30 = 25r^{10} \ \Rightarrow \ r^{10} = \frac{6}{5} \ \Rightarrow \ 25r^{30} = 25(r^{10})^3 = 25(\frac{6}{5})^3 = \frac{216}{5} = 43.2$$

另解：

也可用指數函數直觀考慮：

十年前到現在 10 年間，人口數由 25 萬人變成 30 萬人 ⇒ 10 年間變 $\frac{30}{25} = \frac{6}{5}$ 倍；二十年

後，經過 2 個 10 年，人口數再變 $(\frac{6}{5})^2$ 倍，成為 $30(\frac{6}{5})^2 = 43.2$ 萬人。

說明：

指數變化本就是等比數列的延伸。

實例運用【87 學測，選填 F】

在等比數列 $<a_n>$ 中，$a_1 = 1$，$a_4 = 2 - \sqrt{5}$，$a_{n+2} = a_{n+1} + a_n$（$n \geq 1$）
則 $<a_n>$ 的公比 = ＿＿＿＿＿＿。

引導思考：

❶ 已知「等比數列」可能如何使用？

　➡ 已知首項 $a = 1$，設公比為 r，再一個條件就可解 r。

❷ 已知「$a_4 = 2 - \sqrt{5}$」與「$a_{n+2} = a_{n+1} + a_n$」可能如何使用？

　➡ $a_4 = 2 - \sqrt{5} \Leftrightarrow ar^3 = 2 - \sqrt{5}$；$a_{n+2} = a_{n+1} + a_n \Leftrightarrow ar^{n+1} = ar^n + ar^{n-1}$

❸ 哪一個條件好用？另一個條件完全沒用嗎？

　➡ 後者化成 $r^2 - r - 1 = 0$ 較好解，解出後仍須檢查滿足前者。

答案：$\dfrac{1 - \sqrt{5}}{2}$

詳解：

設 $<a_n>$ 的公比 r

$a_{n+2} = a_{n+1} + a_n \Rightarrow ar^{n+1} = ar^n + ar^{n-1} \Rightarrow r^2 - r - 1 = 0 \Rightarrow r = \dfrac{1 \pm \sqrt{5}}{2}$

又 $a_4 = 2 - \sqrt{5} \quad \Rightarrow \quad r^3 = 2 - \sqrt{5}$

當 $r = \dfrac{1 - \sqrt{5}}{2} \quad \Rightarrow \quad r^3 = \dfrac{(1-\sqrt{5})^3}{8} = \dfrac{1 - 3\sqrt{5} + 15 - 5\sqrt{5}}{8} = 2 - \sqrt{5}$ ，符合

當 $r = \dfrac{1 + \sqrt{5}}{2} \quad \Rightarrow \quad r^3 = \dfrac{(1+\sqrt{5})^3}{8} = \dfrac{1 + 3\sqrt{5} + 15 + 5\sqrt{5}}{8} = 2 + \sqrt{5}$ ，不合

所以 $r = \dfrac{1 - \sqrt{5}}{2}$

說明：

❶ 這題有兩個條件，但只要一個條件就可以解 r，可以用一個條件解 r，再用另一個條件
驗算。

❷ 也可：$r^3 = 2 - \sqrt{5} \Rightarrow r^3 < 0 \Rightarrow r < 0$

　　而 $r = \dfrac{1 + \sqrt{5}}{2} > 0$ ，不合，所以 $r = \dfrac{1 - \sqrt{5}}{2}$ 。

　　原本數學題應該如詳解中檢查是否符合，若皆不符合，則這題無解，但此處選填題必有

　　一解，$r = \dfrac{1 + \sqrt{5}}{2}$ 不合，則必定 $r = \dfrac{1 - \sqrt{5}}{2}$ 。

實例運用【91 學測補，選填 C】

某人存入銀行 10000 元，言明年利率 4%，以半年複利計息，滿一年本利和為 Q 元。則 Q = ＿＿＿＿＿。

答案：10404

說明：單筆複利的問題，看清題目、找出本金、每期利率、期數，然後代公式就好。

實例運用【91 學測，多選 11】

某甲自 89 年 7 月起，每月 1 日均存入銀行 1000 元，言明以月利率 0.5% 按月複利計息，到 90 年 7 月 1 日提出。某乙則於 89 年 7 月起，每單月（一月、三月、五月、……）1 日均存入銀行 2000 元，亦以月利率 0.5% 按月複利計息，到 90 年 7 月 1 日提出。一整年中，兩人都存入本金 12000 元。提出時，甲得本利和 A 元，乙得本利和 B 元。問下列選項何者為真？

(1) $B > A$　(2) $A = 1000\left[\displaystyle\sum_{k=1}^{12}(\frac{1005}{1000})^k\right]$　(3) $B = 2000\left[\displaystyle\sum_{k=1}^{6}(\frac{1005}{1000})^{2k}\right]$

(4) $A < 12000(\frac{1005}{1000})^{12}$　(5) $B < 12000(\frac{1005}{1000})^{12}$

引導思考：

❶ 求解「兩種情況的本利和」可能如何使用？

　➡ 找到本金、每期利率、期數、單利或複利、單筆或多筆，然後代公式。

　➡ 某甲每期本金 1000、利率 0.5% 複利、12 期、存入 12 筆。

　　　　某乙奇數期本金 2000、利率 0.5% 複利、12 期、存入 6 筆。

❷ 有哪些定理、公式可能用到？

　　➡ 當然是本利和公式。

❸ 選項要求算出本利和的式子，不需算出來，但需要比大小，該如何比？

　　➡ 可以由利息的意義去考慮，也可以由 A、B 的算式去比較。

　　由選項順序觀察，出題者是傾向由利息的意義去考慮。

答案：$(1)(2)(3)(4)(5)$

詳解：

❶ 比較甲、乙存款的相同與相異處：利率相同，計算方式（按月複利）相同，存入本金

　總數相同，提出時間相同，唯一不同處是「存入時間」，存得愈早，則錢在銀行的時間

　愈長，利息也會愈多。

　扣去甲、乙都在奇數月 1 日存入 1000 元，共 6000 元。

　另外甲在 8、10、12、2、4、6 月 1 日各存入 1000 元，

　而乙在 7、9、11、1、3、5 月 1 日各存入 1000 元，

　同樣的錢乙比甲早存 1 個月，利息也會較多，所以 $B > A$，故 (1) 對。

❷ 某甲每期本金 1000、利率 0.5% 複利、12 期、存入 12 筆

　第 1 筆（89 年 7 月 1 日存入）本利和 $1000(1 + 0.5\%)^{12} = 1000 \times 1.005^{12}$

　第 2 筆（89 年 8 月 1 日存入）本利和 $1000(1 + 0.5\%)^{11} = 1000 \times 1.005^{11}$

　第 3 筆（89 年 9 月 1 日存入）本利和 $1000(1 + 0.5\%)^{10} = 1000 \times 1.005^{10}$

　　　　$\vdots$

　第 11 筆（90 年 5 月 1 日存入）本利和 $1000(1 + 0.5\%)^{2} = 1000 \times 1.005^{2}$

　第 12 筆（90 年 6 月 1 日存入）本利和 $1000(1 + 0.5\%)^{1} = 1000 \times 1.005^{1}$

總和 $A = 1000[1.005 + 1.005^2 + 1.005^3 + \cdots + 1.005^{12}] = 1000\left[\sum_{k=1}^{12}(\frac{1005}{1000})^k\right]$，

(2) 對。

❸ 某乙奇數期本金 2000、利率 0.5% 複利、12 期、存入 6 筆

第 1 筆（89 年 7 月 1 日存入）本利和 $2000(1 + 0.5\%)^{12} = 2000 \times 1.005^{12}$

第 2 筆（89 年 9 月 1 日存入）本利和 $2000(1 + 0.5\%)^{10} = 2000 \times 1.005^{10}$

第 3 筆（89 年 11 月 1 日存入）本利和 $2000(1 + 0.5\%)^{8} = 2000 \times 1.005^{8}$

  ⋮

第 5 筆（90 年 3 月 1 日存入）本利和 $2000(1 + 0.5\%)^{4} = 1000 \times 1.005^{4}$

第 6 筆（90 年 5 月 1 日存入）本利和 $2000(1 + 0.5\%)^{2} = 1000 \times 1.005^{2}$

總和 $B = 2000[1.005^2 + 1.005^4 + 1.005^6 + \cdots + 1.005^{12}] = 2000\left[\sum_{k=1}^{6}(\frac{1005}{1000})^{2k}\right]$，

(3) 對。

❹ $12000(\frac{1005}{1000})^{12}$ 是在 89 年 7 月 1 日存入 12000 元後的本利和，在利率相同的條件下，

比甲、乙存得更早，本利和也更多。

故 $A < 12000(\frac{1005}{1000})^{12}$、$B < 12000(\frac{1005}{1000})^{12}$ 皆對，(4)(5) 皆對。

說明：

❶ 這題答對率 16%，相當低。

❷ 求「多筆複利本利和」本身就是利率問題中較困難的，又加入比大小的判斷。

實例運用【97 學測，多選 8】

已知 a_1，a_2，a_3 為一等差數列，而 b_1，b_2，b_3 為一等比數列，且此六數皆為實數。試問下列哪些選項是正確的？

(1) $a_1 < a_2$ 與 $a_2 > a_3$ 可能同時成立　　(2) $b_1 < b_2$ 與 $b_2 > b_3$ 可能同時成立

(3) 若 $a_1 + a_2 < 0$，則 $a_2 + a_3 < 0$　　(4) 若 $b_1 b_2 < 0$，則 $b_2 b_3 < 0$

(5) 若 b_1，b_2，b_3 皆為正整數且 $b_1 < b_2$，則 b_1 整除 b_2

引導思考：

❶ 條件「a_1，a_2，a_3 為等差」、「b_1，b_2，b_3 為等比」可以如何用？

➡ 可設 a_1，a_2，a_3 公差為 d，b_1，b_2，b_3 公比為 r，可將各式變得簡明。

❷「六數皆為實數」可以如何用？

➡ 這是輔助條件，表示直接用實數的性質，不考慮虛數。

❸ 五個選項各自考慮。

答案：(2)(4)

詳解：

設 $a_1 = a$，$a_2 = a + d$，$a_3 = a + 2d$，$b_1 = b$，$b_2 = br$，$b_3 = br^2$

選項 (1)：$a_1 < a_2 \Leftrightarrow a < a + d \Leftrightarrow 0 < d$

$\qquad\quad a_2 > a_3 \Leftrightarrow a + d > a + 2d \Leftrightarrow 0 > d$

$\qquad\quad 0 < d$ 與 $0 > d$ 不可能同時成立，(1) 錯。

選項 (2)：$b_1 < b_2 \Leftrightarrow b < br$；$b_2 > b_3 \Leftrightarrow br < br^2$

$\qquad\quad br < br^2$ 的兩側是 $b < br$ 的兩側同乘以 r

$\qquad\quad$ 所以當 $r < 0$ 時，$b_1 < b_2$ 與 $b_2 > b_3$ 可能同時成立，(2) 對。

選項 (3)：當 $a_1 + a_2 < 0 \iff 2a + d < 0$

　　　　而 $a_2 + a_3 = 2a + 3d = (2a + d) + 2d$ 不一定小於 0，(3) 錯。

　　　　（$a = -2$，$d = 3$ 為反例）

選項 (4)：$b_1 b_2 < 0 \iff b^2 r < 0$

　　　　則 $b_2 b_3 = b^2 r^3 = b^2 r \times r^2 < 0$，$(4)$ 對。（其中 $r^2 > 0$）

選項 (5)：b，br，br^2 皆為正整數且 $b_1 < b_2 \iff r > 1$，不能推出 r 為整數；

　　　　$r = \dfrac{3}{2}$，$b_1 = 4$，$b_2 = 6$，$b_3 = 9$ 為反例，(5) 錯。

說明：

❶ 這題答對率為 36%。

❷ 代數式的推演不算太難，有些學生不習慣，採用舉例猜測時可能有疏漏，尤其選項 (5)
不容易直接找到反例。

實例運用【95 學測，多選 8】

假設實數 a_1，a_2，a_3，a_4 是一個等差數列，且滿足 $0 < a_1 < 2$ 及 $a_3 = 4$。若定義 $b_n = 2^{a_n}$，
則以下哪些選項是對的？

(1) b_1，b_2，b_3，b_4 是一個等比數列　(2) $b_1 < b_2$　(3) $b_2 > 4$

(4) $b_4 > 32$　(5) $b_2 \times b_4 = 256$

引導思考：

❶ 已知「a_1，a_2，a_3，a_4 是等差數列」可以如何用？

　➡ 設 a_1，a_2，a_3，a_4 首項為 a，公差為 d，四個文字數變成兩個。

❷ 已知「$a_3 = 4$」可以如何用？

➡ 以 a, d 代入可得什麼？

❸ 已知「$0 < a_1 < 2$」可以如何用？

➡ 選項 (2)(3)(4) 都是不等關係，所以不是輔助條件，也以 a, d 代入。

❹ 條件「$b_n = 2^{a_n}$」可以如何用？

➡ $b_n = 2^{a_n} = 2^{a_1 + (n-1)d}$

❺ 五個選項都關於 b_1，b_2，b_3，b_4，將 a_1，a_2，a_3，a_4 的條件轉為

b_1，b_2，b_3，b_4 的條件，再各自考慮。

答案：(1)(2)(3)(4)(5)

詳解：

設 a_1，a_2，a_3，a_4 首項為 a，公差為 d，則 a_1，a_2，a_3，a_4 為 $a, a + d, a + 2d, a + 3d$

又 $a_3 = 4 \Rightarrow a + 2d = 4$，四數為 $4 - 2d, 4 - d, 4, 4 + d$

且 $0 < a_1 < 2 \Rightarrow 0 < 4 - 2d < 2 \Rightarrow 1 < d < 2$

另外 $b_n = 2^{a_n} \Rightarrow b_1$，$b_2$，$b_3$，$b_4$ 為 $2^{4-2d}, 2^{4-d}, 2^4, 2^{4+d}$

選項 (1)：$2^{4-2d}, 2^{4-d}, 2^4, 2^{4+d}$ 為等比數列，公比 $r = 2^d$，(1) 對。

選項 (2)：因為 $1 < d < 2 \Rightarrow 2 < r = 2^d < 4$，又 $b_n > 0$

故 $b_1 < b_2 < b_3 < b_4$，(2) 對。

選項 (3)：$b_3 = 2^4 = 16$，$r < 4 \Rightarrow b_2 = \dfrac{b_3}{r} = \dfrac{16}{r} > \dfrac{16}{4} = 4$，(3) 對。

選項 (4)：$b_3 = 16$，$r > 2 \Rightarrow b_4 = b_3 r = 16r > 32$，(4) 對。

選項 (5)：$b_2 \times b_4 = (b_3)^2 = 16^2 = 256$，(5) 對。

說明：

❶ 這題答對率為 38%。

❷ 這題等差數列 a_1，a_2，a_3，a_4 只有一個含等式條件 $a_3 = 4$，無法求出首項、公差，而 $0 < a_1 < 2$ 必須正確的應用。

❸ 若以特殊數據代入猜答案，取 $a_1 = 1$ 代入，也可以得到答案。

實例運用【100 學測，單選 3】

設 $(a_{n+1})^2 = \dfrac{1}{\sqrt{10}} (a_n)^2$，$n$ 為正整數，且知 a_n 皆為正。令 $b_n = \log a_n$，則數列 b_1，b_2，b_3，... 為

(1) 公差為正的等差數列　(2) 公差為負的等差數列　(3) 公比為正的等比數列

(4) 公比為負的等比數列　(5) 既非等差亦非等比數列

引導思考：

❶ 已知「$(a_{n+1})^2 = \dfrac{1}{\sqrt{10}} (a_n)^2$」、「$b_n = \log a_n$」可能如何使用？

➡ $(a_{n+1})^2 = \dfrac{1}{\sqrt{10}} (a_n)^2$ 是 a_n 與 a_{n+1} 的關係；$b_n = \log a_n$ 是 a_n 與 b_n 的關係；

都要視為恆等式：

$$(a_2)^2 = \dfrac{1}{\sqrt{10}} (a_1)^2 \text{、} (a_3)^2 = \dfrac{1}{\sqrt{10}} (a_2)^2 \text{、} (a_4)^2 = \dfrac{1}{\sqrt{10}} (a_3)^2 \text{、} \cdots\cdots$$

與 $b_1 = \log a_1$、$b_2 = \log a_2$、$b_3 = \log a_3$、$\cdots\cdots$

❷ 已知「n 為正整數」、「$a_n > 0$」可能如何使用？

➡ 都是輔助條件,「n 為正整數」是 $<a_n>$ 為數列的必要條件。

「$a_n > 0$」使得 $b_n = \log a_n$ 有意義,使得由 a_n 求 a_{n+1} 時,a_{n+1} 會唯一確定。

❸ 求解是「判斷 $<b_n>$ 為等差或等比?公差或公比的正負」可能如何求?

➡ 最可能是找出 b_n 一般項、前後項關係或求出前若干項猜測。

➡ 利用「$(a_{n+1})^2 = \dfrac{1}{\sqrt{10}}(a_n)^2$」、「$b_n = \log a_n$」消去 a_n,得到 b_n 的式子,

消去 a_n 之前需要先做點準備。

答案:(2)

詳解:

$(a_{n+1})^2 = \dfrac{1}{\sqrt{10}}(a_n)^2$ 兩邊取對數,得:$\log(a_{n+1})^2 = \log\left[\dfrac{1}{\sqrt{10}}(a_n)^2\right]$

$\Rightarrow 2\log a_{n+1} = \log\dfrac{1}{\sqrt{10}} + 2\log a_n \quad \Rightarrow 2b_{n+1} = -\dfrac{1}{2} + 2b_n \quad \Rightarrow b_{n+1} = b_n - \dfrac{1}{4}$

故 $<b_n>$ 為等差數列,且公差為 $-\dfrac{1}{4} < 0$,選 (2)。

說明:

❶ 這題答對率 36%。

❷ 這題解法的結構是:已知 a_{n+1} 與 a_n 的關係式,求的是 b_{n+1} 與 b_n 的關係式。

利用 $b_n = \log a_n$ 代入即可,由於格式不同,所以先將 $(a_{n+1})^2 = \dfrac{1}{\sqrt{10}}(a_n)^2$ 兩邊取對數

再代入。

❸ 這題也可用代入求幾項猜答案:

設 $a_1 = 1$,$b_1 = \log a_1 = \log 1 = 0$

$$(a_2)^2 = \frac{1}{\sqrt{10}}(a_1)^2 = \frac{1}{\sqrt{10}} \quad \Rightarrow \quad a_2 = \frac{1}{\sqrt[4]{10}} \quad \Rightarrow \quad b_2 = \log\frac{1}{\sqrt[4]{10}} = -\frac{1}{4}$$

$$(a_3)^2 = \frac{1}{\sqrt{10}}(a_2)^2 = \frac{1}{\sqrt{10}} \times \frac{1}{\sqrt{10}} = \frac{1}{10} \quad \Rightarrow \quad a_3 = \frac{1}{\sqrt{10}} \quad \Rightarrow \quad b_3 = \log\frac{1}{\sqrt{10}} = -\frac{1}{2}$$

$<b_n>$：$0, -\frac{1}{4}, -\frac{1}{2}, \dots$，所以猜 (2) 公差為負的等差數列。

※

　　以下有關無窮等比級數和的各題目，依現行教材屬於指考範圍，初學者或準備學測的學生可以先跳過。

 實例運用【83 學測，填充 B】(※ 指考範圍)

一皮球自離地面 10 公尺高處落下。首次反彈高度為 $\frac{10}{3}$ 公尺，此後每次反彈高度為其前次反彈高度的 $\frac{1}{3}$，則此球到完全靜止前，所經過路徑的總長度為 _____ 公尺。

引導思考：

❶ 已知「自離地 10 公尺處落下」、「首次反彈高度 $\frac{10}{3}$ 公尺」、「反彈高度為其前次反彈高度的 $\frac{1}{3}$」可能如何使用？

　　➡ 想像一下，到底是如何反彈再反彈，直到完全靜止。

　　10 公尺、$\frac{10}{3}$ 公尺、$\frac{1}{3}$ 有什麼關係？

❷ 求解「所經過路徑的總長度」可能如何得到？

➡ 像是一次一次彈跳長度總和，是級數和的問題。

➡ 哪一種級數？該如何求總和？

答案：20

詳解：

落下、反彈、再落下、再反彈、……，

長度分別為 10、$\dfrac{10}{3}$、$\dfrac{10}{3}$、$\dfrac{10}{9}$、$\dfrac{10}{9}$、……

總長度為：$10 + \dfrac{10}{3} + \dfrac{10}{3} + \dfrac{10}{9} + \dfrac{10}{9} + \dfrac{10}{27} + \cdots = 10 + 2(\dfrac{10}{3} + \dfrac{10}{9} + \dfrac{10}{27} + \cdots)$

$$= 10 + 2 \times \dfrac{\dfrac{10}{3}}{1 - \dfrac{1}{3}} = 10 + 2 \times 5 = 20$$

說明：

❶ 看就像是等比級數，但仍要小心判斷，實際上與等比有一點差別。

❷ 也可：$10 + \dfrac{10}{3} + \dfrac{10}{3} + \dfrac{10}{9} + \dfrac{10}{9} + \dfrac{10}{27} + \cdots$

$$= (10 + \dfrac{10}{3}) + \dfrac{1}{3}(10 + \dfrac{10}{3}) + \dfrac{1}{9}(10 + \dfrac{10}{3}) + \cdots = \dfrac{(10 + \dfrac{10}{3})}{1 - \dfrac{1}{3}} = \dfrac{\dfrac{40}{3}}{\dfrac{2}{3}} = 20$$

計算簡單但不易想到。

實例運用【86 學測，單選 4】(※ 指考範圍)

有一個無窮等比級數，其和為 $\dfrac{8}{9}$，第四項為 $\dfrac{3}{32}$。已知公比為一有理數，則當公比以最簡分數表示時，其分母為

(1) 2　(2) 3　(3) 4　(4) 6　(5) 8

引導思考：

❶ 已知「無窮等比級數，其和為 $\dfrac{8}{9}$，第四項為 $\dfrac{3}{32}$」可能如何使用？

　➡ 設首項 a，公比 r，兩已知能否化為條件式？應可解出 a、r。

❷ 已知「公比為一有理數」可能如何使用？

　➡ 標準的「輔助條件」，可以先放在一邊不處理。

❸ 求解「公比的分母」可能如何得到？

　➡ 想著「求公比」就好。

❹ 有哪些定理、公式可能用到？

　➡ 有關「等比」的公式。

答案：(3)

詳解：

設此無窮等比級數首項 a，公比 r，和為 $\dfrac{8}{9}$，第四項為 $\dfrac{3}{32}$

$$\Rightarrow \begin{cases} \dfrac{a}{1-r} = \dfrac{8}{9} \\ ar^3 = \dfrac{3}{32} \end{cases} \Rightarrow r^3(1-r) = \dfrac{27}{256} \quad （四次方程式不好解？）$$

r 為有理數且 $r^3(1-r) = \dfrac{27}{256} = \dfrac{27}{4^4}$，可看出 r 的分母為 4

設 $r = \dfrac{n}{4}$，n 為整數，則 $\dfrac{n^3}{64}\left(1 - \dfrac{n}{4}\right) = \dfrac{27}{256}$　$\Rightarrow$　$n^3(4-n) = 27$　$\Rightarrow$　$n = 3$

故公比 $\dfrac{3}{4}$，選 (3)。

說明：

❶ 這題照標準程序做，會得一四次方程式，若用有理根勘根定理去做很花時間，巧妙的利用輔助條件「公比為一有理數」，就可快速得答案。

❷ 謹記著，輔助條件不是沒用，在遇到困境時也要重新想到它。

實例運用【100 學測，選填 A】(※ 指考範圍)

已知首項為 a、公比為 r 的無窮等比級數和等於 5，首項為 a、公比為 $3r$ 的無窮等比級數和等於 7；則首項為 a、公比為 $2r$ 的無窮等比級數和等於 _____。

引導思考：

❶ 已知「首項為 a、公比為 r 的無窮等比級數和等於 5」可能如何使用？

　已知「首項為 a、公比為 $3r$ 的無窮等比級數和等於 7」可能如何使用？

　➡ 化為等式，剛好兩個條件、兩個未知數 a、r。

❷ 求解「首項為 a、公比為 $2r$ 的無窮等比級數和」可能如何得到？

　➡ 化為數學式，有 a、r 即可求出。

❸ 有哪些定理、公式可能用到？

　➡ 無窮等比級數和公式。

答案：$\dfrac{35}{6}$

詳解：

首項為 a、公比為 r 的無窮等比級數和等於 5 $\Rightarrow$ $\dfrac{a}{1-r}=5$；$|\,r\,|<1$

首項為 a、公比為 $3r$ 的無窮等比級數和等於 7 $\Rightarrow$ $\dfrac{a}{1-3r}=7$；$|\,3r\,|<1$

$$\begin{cases} \dfrac{a}{1-r}=5 \\ \dfrac{a}{1-3r}=7 \end{cases} \Rightarrow \quad \dfrac{1-3r}{1-r}=\dfrac{5}{7} \Rightarrow 5-5r=7-21r$$

$$\Rightarrow r=\dfrac{2}{16}=\dfrac{1}{8}\ (\text{符合}\ |\,3r\,|<1)$$

代回得 $\dfrac{a}{1-\left(\frac{1}{8}\right)}=5$ $\Rightarrow$ $a=\dfrac{35}{8}$

所以首項為 a、公比為 $2r$ 的無窮等比級數和為 $\dfrac{a}{1-2r}=\dfrac{\frac{35}{8}}{1-2\left(\frac{1}{8}\right)}=\dfrac{35}{6}$

說明：

❶ 這題答對率 49%，中等難度。

❷ 題目連合適的變數都幫我們假設好了（出題教授很善良），只要照著列方程式、求解就好了。

實例運用【101 學測，選填 A】(※ 指考範圍)

若首項為 a，公比為 0.01 的無窮等比級數和等於循環小數 $1.\overline{2}$，則 $a = $ _____。

引導思考：

❶ 已知「無窮等比級數和 $1.\overline{2}$」可能如何使用？

　➡ 無窮等比級數和公式：$S = \dfrac{a}{1-r}$

❷ 求解「$a = ?$」可能如何得到？

　➡ 找一個 a 的方程式即可。

答案：1.21

詳解：

循環小數 $1.\overline{2} = 1 + \dfrac{2}{9} = \dfrac{11}{9}$

無窮等比級數和 $\dfrac{a}{1-0.01} = \dfrac{11}{9}$　$\Rightarrow$　$a = \dfrac{11}{9} \times 0.99 = 11 \times 0.11 = 1.21$

說明：

❶ 這題答對率 44%。

❷ 一個條件式，求一個未知數 a，結構很簡單。

❸ 循環小數不方便運算，通常化為分數再算。

第 3 節
一般數列、級數問題

重點整理

一、Σ 的運算規則

1. $\displaystyle\sum_{k=1}^{n}(a_k + b_k) = \sum_{k=1}^{n}a_k + \sum_{k=1}^{n}b_k$

2. $\displaystyle\sum_{k=1}^{n}(ka_k) = k\sum_{k=1}^{n}a_k$

3. $\displaystyle\sum_{k=m}^{n}a_k = \sum_{k=1}^{n}a_k - \sum_{k=1}^{m-1}a_k$（其中 $m < n$）

二、求級數和公式

1. $\displaystyle\sum_{k=1}^{n}c = c + c + \cdots + c = nc$，其中 c 為常數

2. $\displaystyle\sum_{k=1}^{n}k = 1 + 2 + \cdots + n = \frac{n(n+1)}{2}$

3. $\displaystyle\sum_{k=1}^{n}k^2 = 1^2 + 2^2 + \cdots + n^2 = \frac{n(n+1)(2n+1)}{6}$

4. $\displaystyle\sum_{k=1}^{n}k^3 = 1^3 + 2^3 + \cdots + n^3 = \left[\frac{n(n+1)}{2}\right]^2$

5. $\displaystyle\sum_{k=1}^{n}\frac{1}{k(k+1)} = \sum_{k=1}^{n}(\frac{1}{k} - \frac{1}{k+1})$

$\qquad\qquad\quad = (\frac{1}{1} - \frac{1}{2}) + (\frac{1}{2} - \frac{1}{3}) + \cdots + (\frac{1}{n} - \frac{1}{n+1}) = 1 - \frac{1}{n+1}$

三、由 S_n 求 a_n

$$a_n = \begin{cases} S_n - S_{n-1} & \text{；當 } n \geq 2 \\ S_1 & \text{；當 } n = 1 \end{cases}$$

四、遞迴關係

1. 數列 $<a_n>$ 也可這樣定義：$\begin{cases} a_1 = a \\ a_{n+1} = f(a_n) & \text{；當 } n \text{ 為正整數} \end{cases}$

   也就是有第 1 項之值，以及如何由前一項求 c 一項的方法。

   例：$<a_n>$ 滿足 $\begin{cases} a_1 = 1 \\ a_{n+1} = 2a_n + 1 & \text{；當 } n \text{ 為正整數} \end{cases} \Rightarrow <a_n> : 1, 3, 7, 15, \ldots$

2. 這是分析數列的一種方法，有些數列不易直接找出一般項 a_n，但可簡
   單找出遞迴式。通常我們找出遞迴式就相當於解出數列了。

3. 即使有遞迴式，也不一定能簡單寫出一般項 a_n。

五、將數列分組

1. 有些數列規則雖很清楚，可是不容易直接寫出一般項 a_n，但適當分組
   後可寫出第 p 組的第 q 項的一般式，這時就該分組處理。

2. 「第 p 組的第 q 項」就是原數列的第（前 $p-1$ 組項數和 $+ q$）項。

解題策略：求級數和

> (1) 是不是等差、等比？
>
> (2) 一般項是不是多項式？
>
> (3) 一般項是不是分式？
>
> (4) 求出 S_1, S_2, S_3, S_4，能不能找到規律？

說明：

❶ 求級數和在數學裡本就是一個複雜的問題，必須自行整理，會算哪些種類的級數？遇見題目時，就去檢查是不是認識的型？能不能化成認識的型？

❷ 高中也有可能遇見這以外的型，不過絕大多數題目都可用上述方法解出。

實例運用【95 學測，選填 G】

用黑、白兩種顏色的正方形地磚，依照如下的規律拼成若干圖形：

  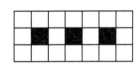

第 1 個　　　　第 2 個　　　　　第 3 個

拼第 95 個圖需用到 _____ 塊白色地磚。

答案：478

說明： 這題答對率為 71%，是簡單題，細心觀察並找尋規律就能解出。

實例運用【101 學測，單選 2】

將邊長為 1 公分的正立方體堆疊成一階梯形立體，
如圖所示，其中第 1 層（最下層）有 10 塊，第
2 層有 9 塊，……，依此類推。當堆疊完 10 層時，
該階梯形立體的表面積（即該立體的前、後、上、
下、左、右各表面的面積總和）為多少？

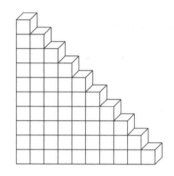

(1) 75 平方公分　　(2) 90 平方公分

(3) 110 平方公分　　(4) 130 平方公分　　(5) 150 平方公分

答案：(5)

說明： 這題答對率 87%，很簡單的題目，細心觀察並找尋規律就能解出。

實例運用【94 學測，單選 2】

利用公式 $1^3 + 2^3 + \cdots + n^3 = (\dfrac{n(n+1)}{2})^2$，可計算出 $(11)^3 + (12)^3 + \cdots + (20)^3$ 之值為

(1) 41075　　(2) 41095　　(3) 41115　　(4) 41135　　(5) 41155

答案：(1)

說明： 這題答對率為 78%；一般有這樣的公式：

$$當\ m < n\ ,\ \sum_{k=m}^{n} a_k = a_m + a_{m+1} + \cdots + a_n = \sum_{k=1}^{n} a_k - \sum_{k=1}^{m-1} a_k$$

看懂就會記得，不用硬背。

實例運用【92 學測，單選 1】

試問有多少個正整數 n 使得 $\dfrac{1}{n}+\dfrac{2}{n}+\cdots+\dfrac{10}{n}$ 為整數？

(1) 1 個　　(2) 2 個　　(3) 3 個　　(4) 4 個　　(5) 5 個

引導思考：

❶ 已知「$\dfrac{1}{n}+\dfrac{2}{n}+\cdots+\dfrac{10}{n}$」能不能化簡？

➡ 通分 $\dfrac{1}{n}+\dfrac{2}{n}+\cdots+\dfrac{10}{n}=\dfrac{1+2+\cdots+10}{n}=\dfrac{10\times11}{2n}=\dfrac{55}{n}$。

❷ 「$\dfrac{1}{n}+\dfrac{2}{n}+\cdots+\dfrac{10}{n}$ 為整數」可以如何使用？還有條件「正整數 n」？

➡ n 是 55 的因數。

答案：(4)

詳解：

$\dfrac{1}{n}+\dfrac{2}{n}+\cdots+\dfrac{10}{n}=\dfrac{1+2+\cdots+10}{n}=\dfrac{10\times11}{2n}=\dfrac{55}{n}$ 為整數 $\Rightarrow$ n 是 55 的正因數

$55=5\times11$ 的正因數共四個：$1,5,11,55$，故選 (4)。

說明：

❶ 這題答對率 46%。

❷ 綜合數列、整數兩單元，都是最基本概念。

實例運用【94 指考數乙，選填 B】

下圖是從事網路工作者經常用來解釋網路運作的蛇形模型：

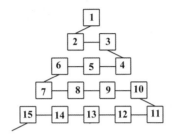

數字 1 出現在第 1 列；數字 2, 3 出現在第 2 列；數字 6, 5, 4（從左至右）出現在第 3 列；數字 7, 8, 9, 10 出現在第 4 列；依此類推。試問第 99 列，從左至右算，第 67 個數字為 ＿＿＿＿＿。

引導思考：

❶ 條件是附圖，從圖中可以觀察到什麼規律？如何用？

　➡ 分組處理，第 n 列共有 n 個連續整數。奇數列由右而左排列；偶數列由左而右排列。

❷ 求解「第 99 列，從左至右算，第 67 個數字」不可能全排出，那要如何得知？

　➡ 需要找到第 1 個，並分辨是由小而大或由大而小。

答案：4884

詳解：

❶ 可分組處理：

　第 1 列一項：1；

　第 2 列二項：3, 2；

第 3 列三項：6, 5, 4；

第 4 列四項：10, 9, 8, 7；

$\quad\vdots$

❷ 前面 98 列共有 $1 + 2 + 3 + \cdots + 98 = \dfrac{99 \times 98}{2} = 4851$ 項。

第 99 列共有 99 項，由 4852 到 4950，由大而小排列：4950, 4949, 4948, ..., 4852

則第 67 個數字為 $4950 - 67 + 1 = 4884$

說明：

❶ 這題答對率為 31%。

❷ 能用分組處理，並小心找規律。

實例運用【91 指考數乙，選填 E】

用單位長的不鏽鋼條焊接如下圖系列的四面體鐵架，圖中的小圈圈「。」表示焊接點，圖 E_1 有兩層共 4 個焊接點，圖 E_2 有三層共 10 個焊接點，圖 E_3 有四層共 20 個焊接點。試問依此規律，推算圖 E_5 有六層共多少焊接點？

答：_____ 個。

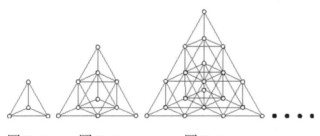

圖 E_1　　　圖 E_2　　　　圖 E_3

引導思考：

❶ 已知圖 E_1、圖 E_2、圖 E_3 有什麼規律？可能如何使用？

➡ 分層計算：圖 E_1 二層共 1 + 3 個焊接點；

圖 E_2 三層共 1 + 3 + 6 個焊接點；

圖 E_3 四層共 1 + 3 + 6 + 10 個焊接點。

➡ 1, 3, 6, 10 有何規律？第一層 1 個；第二層 3 = 1 + 2 個；

第三層 6 = 1 + 2 + 3 個；第四層 10 = 1 + 2 + 3 + 4 個。

❷ 求解「圖 E_5 有六層共多少焊接點」可能如何得到？

➡ 由前述規律推出算法。

答案：56

詳解：

圖 E_5 有六層共 $(1) + (1 + 2) + (1 + 2 + 3) + (1 + 2 + 3 + 4) + (1 + 2 + 3 + 4 + 5)$
$+ (1 + 2 + 3 + 4 + 5 + 6) = 1 + 3 + 6 + 10 + 15 + 21 = 56$ 個

說明：

❶ 這題答對率 37%。

❷ 共有 6 層，6 並不大，不需找一般通式，找出規律直接加，較簡單而且不易出錯。

實例運用【92 指考數乙，選填 B】

若數列 $<a_n>$ 滿足 $a_1 = \dfrac{1}{7}$，$a_2 = \dfrac{3}{7}$ 及 $a_{n+1} = \dfrac{7}{2} a_n (1 - a_n)$（$n \geq 1$），則 $a_{101} - a_{100} = $ _____。

引導思考：

❶ 已知「$<a_n>$ 滿足 $a_{n+1} = \dfrac{7}{2}a_n(1-a_n)$」可能如何使用？

　➡ n 可用任意正整數代入；遞迴式可由 a_n 求出 a_{n+1}。

❷ 求解「$a_{101} - a_{100}$」可能如何得到？

　➡ 找出 a_n 或 $a_n - a_{n-1}$ 的一般式，但好像都不容易，還有什麼辦法？

　➡ 求出若干項，再觀察看看有無規律？

答案：$\dfrac{3}{7}$

詳解：

$a_1 = \dfrac{1}{7}$，$a_2 = \dfrac{3}{7}$，$a_3 = \dfrac{7}{2} \cdot \dfrac{3}{7}(1-\dfrac{3}{7}) = \dfrac{6}{7}$，$a_4 = \dfrac{7}{2} \cdot \dfrac{6}{7}(1-\dfrac{6}{7}) = \dfrac{3}{7} = a_2$，出現循環。

所以 $<a_n>$：$\dfrac{1}{7}, \dfrac{3}{7}, \dfrac{6}{7}, \dfrac{3}{7}, \dfrac{6}{7}, ..., \dfrac{3}{7}, \dfrac{6}{7}, ...$

當 $n > 1$ 時，$a_{2n} = \dfrac{3}{7}$，$a_{2n+1} = \dfrac{6}{7}$，故 $a_{101} - a_{100} = \dfrac{6}{7} - \dfrac{3}{7} = \dfrac{3}{7}$。

說明：

❶ 這題答對率 51%。

❷ 要記住：計算若干項後再嘗試尋找規律，是一個有效方式。

第 4 節
數學歸納法

 重點整理

一、數學歸納法

對於一個有關整數的性質，數學歸納法包含兩個步驟：

1. 先例舉出 $n = 1, 2, 3$ 若干個例子，並猜測可能的結果 P_n。

2. 再設法證明出猜測的 P_n。

二、數學歸納法的證明

包含兩個步驟：

1. 當 $n = 1$ 時，驗證 P_1 成立。

2. 假設 $n = k$ 時，P_k 成立，並由此推論出當 $n = k + 1$ 時，P_{k+1} 也成立；
   即可證明出，對於任意正整數 n，P_n 都成立。

三、使用數學歸納法的要點

1. 第 1 步只是代入驗證。

2. 第 2 步要先找出 P_k 與 P_{k+1} 的關係，並利用 P_k 代入以化簡 P_{k+1}，
   然後再去設法證明 P_{k+1} 成立。

實例運用【99 學測，多選 10】

設 a_1, a_2, ..., a_n, ... 為一實數數列，且對所有的正整數 n，滿足 $a_{n+1} = \dfrac{n(n+1)}{2} - a_n$。
請問下列哪些選項是正確的？

(1) 如果 $a_1 = 1$，則 $a_2 = 1$

(2) 如果 a_1 是整數，則此數列的每一項都是整數

(3) 如果 a_1 是無理數，則此數列的每一項都是無理數

(4) $a_2 \le a_4 \le \cdots \le a_{2n} \le \cdots$（$n$ 為正整數）

(5) 如果 a_k 是奇數，則 a_{k+2}, a_{k+4}, ..., a_{k+2n}, ... 都是奇數（n 為正整數）

引導思考：

❶ 已知「實數數列」、「所有正整數 n 滿足 $a_{n+1} = \dfrac{n(n+1)}{2} - a_n$」可能如何使用？

　➡「實數數列」是輔助條件，暫且擱著。

　「所有正整數 n 滿足 $a_{n+1} = \dfrac{n(n+1)}{2} - a_n$」

　$\Rightarrow\ a_2 = \dfrac{1 \times 2}{2} - a_1$、$a_3 = \dfrac{2 \times 3}{2} - a_2$、$a_4 = \dfrac{3 \times 4}{2} - a_3$、……

❷ 數列 $<a_n>$ 是否固定？

　➡ 似是遞迴式，但沒有 a_1，$<a_n>$ 不固定，缺一個條件。

❸ 選項 (2)：「如果 a_1 是整數，則每一項都是整數」如何判斷對錯？

　➡ 如果再加上「如果 a_k 是整數，則 a_{k+1} 也是整數」，則每一項都是整數。

❹ 選項 (3)：「a_1 是無理數，則每一項都是無理數」如何判斷對錯？

　➡ 如果再加上「如果 a_k 是無理數，則 a_{k+1} 也是無理數」，則每一項都是整數。

答案：(2)(3)(4)

詳解：

(1) 如果 $a_1 = 1$，代入 $a_2 = \dfrac{1 \times 2}{2} - a_1$ $\Rightarrow$ $a_2 = 1 - 1 = 0$，(1) 錯。

(2) 因為 k, $k+1$ 必定一奇一偶 $\Rightarrow$ $k(k+1)$ 為偶數 $\Rightarrow$ $\dfrac{k(k+1)}{2}$ 是整數

　　所以「a_k 是整數 $\Rightarrow$ $a_{k+1} = \dfrac{k(k+1)}{2} - a_k$ 也是整數」

　　因為「a_1 是整數」且「a_k 是整數 $\Rightarrow$ a_{k+1} 也是整數」，

　　由數學歸納法可推得「所有 a_n 都是整數」。(2) 對。

(3) 如果 a_k 是無理數 $\Rightarrow$ $a_{k+1} = \dfrac{k(k+1)}{2} - a_k$ 也是無理數。

　　如果 a_1 是無理數，由數學歸納法可推得「所有 a_n 都是無理數」。(3) 對。

(4) $a_{k+2} = \dfrac{(k+1)(k+2)}{2} - a_{k+1} = \dfrac{(k+1)(k+2)}{2} - \left[\dfrac{k(k+1)}{2} - a_k\right] = (k+1) + a_k$

　　任意自然數 k，$a_{k+2} = a_k + (k+1) > a_k$，故 $a_2 \le a_4 \le \cdots \le a_{2n} \le \cdots$，(4) 對。

(5) 當 a_k 是奇數且 k 是奇數，則 $a_{k+2} = a_k + (k+1)$ 也是奇數。

　　當 a_k 是奇數且 k 是偶數，則 $a_{k+2} = a_k + (k+1)$ 是偶數。

　　例如：若 $a_2 = 1$，則 $a_4 = a_2 + (2+1) = 4$ 不是奇數，(5) 錯。

說明：

❶ 這題答對率 34%。

❷ 這題是在用選擇題考數學歸納法的內涵。

實例運用【83 夜大社會組，非選擇二】

試證 $1^3 + 2^3 + 3^3 + \cdots + n^3 = \dfrac{n^2(n+1)^2}{4}$ 對於所有自然數 n 皆成立。

引導思考：

求證「等式對於所有自然數 n 皆成立」可能如何證明？

➡ 優先考慮數學歸納法。

詳解：

❶ 當 $n = 1$ 時，左式 $= 1^3 = 1$，右式 $= \dfrac{1^2(1+1)^2}{4} = 1$，原式成立。

❷ 假設當 $n = k$ 時原式成立，即 $1^3 + 2^3 + 3^3 + \cdots + k^3 = \dfrac{k^2(k+1)^2}{4}$

則當 $n = k + 1$ 時，

$$左式 = 1^3 + 2^3 + 3^3 + \cdots + k^3 + (k+1)^3$$

$$= [1^3 + 2^3 + 3^3 + \cdots + k^3] + (k+1)^3 = \frac{k^2(k+1)^2}{4} + (k+1)^3$$

$$= \frac{(k+1)^2}{4}[k^2 + 4(k+1)] = \frac{(k+1)^2}{4}[k^2 + 4k + 4] = \frac{(k+1)^2(k+2)^2}{4} = 右式$$

原式也成立。

所以由數學歸納法可知，對於所有自然數 n，

$$1^3 + 2^3 + 3^3 + \cdots + n^3 = \frac{n^2(n+1)^2}{4} \text{ 皆成立。}$$

說明：

熟悉數學歸納法的結構，就可簡單證出。

第七章
根據給定的定義解題

實際的學測、指考試題中，有一類題目是生活中或其他學科中的問題，
會提到高中數學完全沒有學過的內容，有時題目還要做一些解釋，
題目敘述平均比較長，卻在數學考卷上出現。這一類就是本章所討論的。

本章共分 3 節：

很多人會覺得記題型、套公式是最快速的學習法，但是學測、指考中很多很多沒看過的題目怎麼辦？甚至連有一點類似的題目都沒看過。

其中有許多只是一、兩個步驟就能解決的問題，卻考倒很多學生，而事後檢討才發現題目其實很簡單。這是現在考試的方向，也是正確的方向：**學生要學會運用思考與解決問題的能力**。從原始定義著手，是最根本又精確的做法，正確學習數學的學生，都很熟悉也常運用這種策略。

這類題目有個共同的特性，大家都沒見過，會做的只覺得「照著題目敘述，自然而然就得到答案」，不會做的就覺得「看完題目，不知它在說什麼，也不知如何下手」。對於這類題目，不能只學會怎麼做，而是要學會去觀察、分析，進而自行解決問題。

實際的試題中，這一類題目像是生活中或其他學科中的問題，會提到一些高中數學完全沒有學過的內容，有時題目還要做一些解釋，題目敘述平均比較長，卻在數學考卷上出現。這一類就是本章所討論的。

本章共分三節。這三節也可以說是依序的分類：一、題目給了公式就照著做；二、題目只給意義，就設法自己寫出公式；三、過程太長不易寫出公式，就只認清計算的程序。

用一個簡單的例子：速度。

如果題目這樣寫：「速度 $v = \dfrac{\Delta s}{\Delta t}$，……」，在第 1 節討論。

如果題目這樣寫：「速度就是單位時間內的位移，……」，在第 2 節討論。

如果題目這樣寫：「如果將時間 t_2 時的位置減去時間 t_1 時的位置，再以 t_2 減去 t_1 的差除之，得到的就稱為速度，……」，則在第 3 節討論。

這三類問題本質相同，只是題目敘述方式稍有不同、相應解題時著重的觀點稍有差異而已。

第 1 節
給定數學化定義或公式

　　大部分的定義除了直觀的看法外，也可能包含數學化的定義，還可能有包含數學式的等價條件，這種情況下的定義也就是一個公式，以公式寫出的定義會更嚴謹而且精確。如果題目另外給我們一個數學化的定義，那個定義就是一個已知的公式。

解題策略：已知數學化定義

> (1) 數學化定義就當成公式，先深入了解定義：
>
> 　　看清楚共有幾個文字數？以及每一個文字數代表的意義。
>
> 　　分清楚這些文字數中，哪些是變數？哪些是常數？
>
> 　　不同的文字數之間有沒有什麼關係？
>
> (2) 將其他「已知」代入定義可得條件式。
>
> (3)「求解」是什麼？一個未知數或一個式子？能否由條件式解出。

說明：

❶ 若定義給成函數形式：

　【例】$y = f(x) = ax^2 + k$，則 a, k 為常數，x 為變數，這時 y 隨 x 而確定，也可以說 y 是由 x 定義出來的。題目中 a, k 是固定的，x 會變，不同的 x 會有相應不同的 y，而相應的 x, y 代入 $y = ax^2 + k$ 可得方程式。

❷ 若定義給成一般關係式，也要分清楚變數與常數。

【例】等加速度運動公式：

　　初速度 v_0，加速度為 a，經過時間 t 之後，速度為 $v = v_0 + at$。在一次運動中，v_0 與 a 是定值，但可以有不同的 t 相應不同的 v。所以公式裡 v_0 與 a 是常數，t 是變數。

❸ 生活化的題目有些常會自然生出文字數之間的關係，題目不一定會明講，但沒注意到就會解不出來。特別在感覺條件不夠時，尤其要注意。

【例】一個人的年平均收入是月平均收入的 12 倍。

　　利潤是售價減去成本。

　　總價是單價乘以數量。

　　哥哥的年齡一定比弟弟的年齡大。

❹ 如果還解不出，試著再深入想想定義，從文字上去體會它的意義，也可以代幾個不同例子試試看，能不能發現變數間變化的關係？

【例】「聲音的強度」用「分貝數」衡量，所以分貝數愈大，聲音愈大。

　　「地震規模大小」用「芮氏規模」衡量，所以地震愈強，芮氏規模愈大。

❖

 實例運用【96學測，單選3】

設某沙漠地區某一段時間的溫度函數為 $f(t) = -t^2 + 10t + 11$，其中 $1 \leq t \leq 10$，則這段時間內該地區的最大溫差為 (1) 9　(2) 16　(3) 20　(4) 25　(5) 36

引導思考：

❶ 已知「一段時間的溫度函數為 $f(t) = -t^2 + 10t + 11$，其中 $1 \leq t \leq 10$」，
　先深入了解定義。

　➡ 時間 t 是變數，$f(t)$ 是溫度，溫度隨時間改變。

❷ 求解「最大溫差」是什麼？

　➡ 「最大溫差」是「溫度差的最大值」或「最高溫度與最低溫度的差」，
　　該怎樣求？

　➡ 即求「$f(t)$ 的最大值減最小值」。

❸ $f(t)$ 的最大值、最小值如何求？

　➡ $f(t)$ 是二次式，當然用配方法求極值。

答案：(4)

詳解：

$f(t) = -t^2 + 10t + 11 = -(t - 5)^2 + 36$，$1 \leq t \leq 10$

當 $t = 5$ 時最大值 36；當 $t = 10$ 時最小值 $f(10) = 11$

最大溫差為 $36 - 11 = 25$，選 (4)

說明：

❶ 這題不難，但答對率只有 58%。

❷ 雖然「最大溫差」不是數學名詞，但字面解釋不難。

❸ 做出答案後可以再考慮「某沙漠地區最高溫 36°、最低溫 11°」，算合理。

實例運用【97學測，單選2】

在職棒比賽中，ERA 值是了解一個投手表現的重要統計數值。其計算方式如下：若此投手共主投 n 局，其總責任失分為 E，則其 ERA 值為 $\dfrac{E}{n} \times 9$。有一位投手在之前的比賽中共主投了 90 局，且這 90 局中他的 ERA 值為 3.2。在最新的一場比賽中此投手主投 6 局無責任失分，則打完這一場比賽後，此投手的 ERA 值成為

(1) 2.9　(2) 3.0　(3) 3.1　(4) 3.2　(5) 3.3

答案：(2)

說明：這題答對率 75%，只要看懂題意也正確解讀即可做對。也許由於王建民的關係，很多同學了解 ERA 值就是防禦率，也知道它的算法。因為了解，所以輕鬆做出。

實例運用【93指考數乙補，單選2】

標準身材的定義是 $\dfrac{\text{肚臍高度}}{\text{身高}} = \dfrac{\text{肚臍與頭頂距離}}{\text{肚臍高度}}$。

有一身高 150 公分，肚臍高度 90 公分的女孩，欲借穿高跟鞋來提高身高與肚臍高度，滿足標準身材的定義。試問該女孩穿多少公分的高跟鞋較恰當。（取最接近的整數）

(1) 1　(2) 3　(3) 5　(4) 7　(5) 9

引導思考：

❶「標準身材」的定義是「$\dfrac{\text{肚臍高度}}{\text{身高}} = \dfrac{\text{肚臍與頭頂距離}}{\text{肚臍高度}}$」，先深入了解定義。

➡ 三個變數「肚臍高度」、「身高」、「肚臍與頭頂距離」，它們有關係嗎？

➡「身高」＝「肚臍高度」＋「肚臍與頭頂的距離」

❷「身高 150 公分，肚臍高度 90 公分」滿足標準身材嗎？

➡「肚臍與頭頂距離」為 $150 - 90 = 60$，而 $\dfrac{90}{150} \neq \dfrac{60}{90}$ $\Rightarrow$ 不滿足。

❸「穿 x 公分的高跟鞋」會有什麼改變？

➡「肚臍高度」、「身高」增加 x，「肚臍與頭頂的距離」不變。

答案：(4)

詳解：

設高跟鞋高 x 公分，穿上後「身高」$150 + x$ 公分，「肚臍高度」$90 + x$ 公分，

「肚臍與頭頂的距離」仍為 $150 - 90 = 60$ 公分。

希望「標準身材」必須滿足：$\dfrac{90 + x}{150 + x} = \dfrac{60}{90 + x}$ $\Rightarrow$ $(x + 90)^2 = 60(150 + x)$

$\Rightarrow$ $x^2 + 120x - 900 = 0$ $\Rightarrow$ $x = -60 + 30\sqrt{5} = -60 + 30 \times 2.236 \approx 7.08$

選 (4)。

說明：

因為是選擇題，並且取最接近的整數，所以算出 $x^2 + 120x - 900 = 0$ 後，也可用各選項
$1, 3, 5, 7, 9$ 代入 $x^2 + 120x - 900$，取最接近 0 者。

實例運用【**95學測，多選11**】

將正整數 18 分解成兩個正整數的乘積，有 1×18、2×9、3×6 三種，又 3×6 是這三
種分解中，兩數的差最小的，我們稱 3×6 為 18 的最佳分解。當 $p \times q$（$p \leq q$）是正整數

n 的最佳分解時，我們規定函數 $F(n) = \dfrac{p}{q}$，例如 $F(18) = \dfrac{3}{6} = \dfrac{1}{2}$。

下列有關函數 $F(n)$ 的敘述，何者正確？

(1) $F(4) = 1$　　(2) $F(24) = \dfrac{3}{8}$　　(3) $F(27) = \dfrac{1}{3}$

(4) 若 n 是質數，則 $F(n) = \dfrac{1}{n}$　　(5) 若 n 是一個完全平方數，則 $F(n) = 1$

答案：(1)(3)(4)(5)

說明：這題答對率 76%，定義明確又有例子幫助學生了解，而計算又簡單。

 實例運用【94指考數乙，非選擇二】

根據過去長期統計資料顯示：某公司推銷員的年資 x（年），與每次推銷成功的機率 $y(x)$，

滿足下列關係式：$y(x) = \dfrac{2^{-3+x}}{1 + 2^{-3+x}}$。

(1) 化簡 $r(x) = \dfrac{y(x)}{1 - y(x)}$，並說明 $r(x)$ 的值隨 x 增大而增大（即 $r(x)$ 為遞增函數）。

(2) 說明年資 8 年（含）以上的推銷員，每次推銷不成功的機率小於 4%。

引導思考：

❶ 已知定義「$y(x) = \dfrac{2^{-3+x}}{1 + 2^{-3+x}}$」是什麼？先深入了解定義。

　➡ x 是推銷員的年資，$y(x)$ 是每次推銷成功的機率。

❷ (1) 小題中定義「$r(x) = \dfrac{y(x)}{1 - y(x)}$」是什麼？請去了解定義。

　➡ $r(x)$ 隨 $y(x)$ 而確定，$y(x)$ 隨 x 而確定，所以 $r(x)$ 隨 x 而確定。

❸ (1) 小題的求解「$r(x)$ 的值隨 x 增大而增大」或「遞增函數」，能否化成數學式？

　➡ 說明「$x_2 > x_1 \Rightarrow r(x_2) \geq r(x_1)$」。

❹ (2) 小題的求解，能否化成數學式？

　➡「當 $x \geq 8$，則 $1 - y(x) < 4\%$」。

❺ 有哪些定理、公式可能用到？

　➡ 看了題目後，自然想到指數律。

答案及詳解：

(1) 化簡 $r(x) = \dfrac{y(x)}{1 - y(x)} = \dfrac{\dfrac{2^{-3+x}}{1 + 2^{-3+x}}}{1 - \dfrac{2^{-3+x}}{1 + 2^{-3+x}}} = \dfrac{2^{-3+x}}{1 + 2^{-3+x} - 2^{-3+x}} = 2^{-3+x}$

　　當 $x_2 > x_1$ 時，則 $-3 + x_2 > -3 + x_1 \Rightarrow 2^{-3+x_2} > 2^{-3+x_1} \Rightarrow r(x_2) > r(x_1)$

(2) 不成功的機率為 $1 - y(x) = 1 - \dfrac{2^{-3+x}}{1 + 2^{-3+x}} = \dfrac{1 + 2^{-3+x} - 2^{-3+x}}{1 + 2^{-3+x}} = \dfrac{1}{1 + 2^{-3+x}}$

　　當 $x \geq 8$ 時，則 $-3 + x \geq -3 + 8 = 5 \Rightarrow 2^{-3+x} > 2^5 = 32$

　　$\Rightarrow 1 + 2^{-3+x} \geq 32 + 1 = 33 \Rightarrow \dfrac{1}{1 + 2^{-3+x}} \leq \dfrac{1}{33} \approx 0.0303 < 4\%$

　　所以每次推銷不成功的機率小於 4%。

說明：

❶ (1) 小題的關鍵，在於能否將「$r(x)$ 的值隨 x 增大而增大」這句話，轉化成數學式：

　　「$x_2 > x_1 \Rightarrow r(x_2) \geq r(x_1)$」，這也是「遞增函數」的數學化定義。

❷ (2) 小題的關鍵，在於能否將「年資 8 年（含）以上的推銷員，每次推銷不成功的機率

小於 4%」轉化成數學式:「當 $x \geq 8$,則 $1 - y(x) < 4\%$」。

❸ 「將白話文翻譯成數學式」通常不難,平時要多親近數學,不要視數學為毒蛇猛獸,我覺得它比英翻中還容易。

❹ 題目裡的 $y(x)$ 是推銷成功的機率,而 $r(x)$ 是推銷成功與失敗機率的比值,由常理來看,年資愈高(愈有經驗)的推銷員 $y(x), r(x)$ 都愈大。

實例運用【93指考數乙,非選擇二】

聲音的強度是用每平方公尺多少瓦特(W/m^2)來衡量,一般人能感覺出聲音的最小強度為 $I_0 = 10^{-12}$ (W/m^2);當測得的聲音強度為 I (W/m^2) 時,所產生的噪音分貝數 d 為

$$d(I) = 10 \cdot \log \frac{I}{I_0} \ 。$$

(1) 一隻蚊子振動翅膀測得的聲音強度為 $10^{-12}(W/m^2)$,求其產生的噪音分貝數。

(2) 汽車製造廠測試發現,某新車以每小時 60 公里速度行駛時,測得的聲音強度為 $10^{-4}(W/m^2)$,試問此聲音強度產生的噪音為多少分貝?

(3) 棒球比賽場中,若一支瓦斯汽笛獨鳴,測得的噪音為 70 分貝,則百支瓦斯汽笛同時同地合鳴,被測得的噪音大約為多少分貝?

引導思考:

❶ 已知定義「 $d(I) = 10 \cdot \log \dfrac{I}{I_0}$ 」是什麼?先深入了解定義。

➡ $d(I)$ 為噪音分貝數, I 為聲音強度, $I_0 = 10^{-12}$ 為常數, d 隨 I 確定。

❷ 三個小題都是求「噪音分貝數 d」,可能如何得到?

➡ 找到相應的 I 代入定義。

❸ 有哪些定理、公式可能用到？

　➡ 當然是對數的計算。

❹ 第 (3) 小題中，「百支瓦斯汽笛」與「一支瓦斯汽笛」有何關係？

　➡ I 變為 100 倍。

答案：(1) 0 分貝；(2) 80 分貝；(3) 90 分貝

詳解：

(1) 蚊子振動翅膀 $I = 10^{-12}$ 時，$d = 10 \cdot \log \dfrac{I}{I_0} = 10 \cdot \log \dfrac{10^{-12}}{10^{-12}} = 10 \cdot \log 1 = 0$

(2) 新車聲音強度 $I = 10^{-4}$ 時，$d = 10 \cdot \log \dfrac{I}{I_0} = 10 \cdot \log \dfrac{10^{-4}}{10^{-12}} = 10 \cdot \log 10^8 = 80$

(3) 設 1 支汽笛聲音強度 I_1，則 100 支汽笛聲音強度 $100 \cdot I_1$

　　一支汽笛 70 分貝，$70 = 10 \cdot \log \dfrac{I_1}{10^{-12}}$　$\Rightarrow$　$\log \dfrac{I_1}{10^{-12}} = 7$　$\Rightarrow$　$\dfrac{I_1}{10^{-12}} = 10^7$

　　$\Rightarrow$ $I_1 = 10^7 \cdot 10^{-12} = 10^{-5}$

　　則 100 支汽笛噪音分貝數為

　　$d = 10 \cdot \log \dfrac{100 I_1}{I_0} = 10 \cdot \log \dfrac{100 \times 10^{-5}}{10^{-12}} = 10 \cdot \log 10^9 = 90$

說明：

❶ 也可先化簡定義 $d(I) = 10 \cdot \log \dfrac{I}{I_0} = 10 \cdot \log \dfrac{I}{10^{-12}} = 10(12 + \log I) = 120 + 10 \log I$

　則可看出：當 I 增加為 10 倍，d 相應增加 10 分貝。

　第 (3) 小題中，當 I 增加為 $100 = 10^2$ 倍，d 相應增加 $10 \times 2 = 20$ 分貝，成為 90 分貝。

❷ 這題帶有一點物理知識。瓦特是功率單位，定義是 1 焦耳 / 秒，所以 100 支汽笛產生的能量是 1 支汽笛的 100 倍，轉換為 I 也為 100 倍。如果不是很清楚，就想成「聲音強度」變為 100 倍也可以。

實例運用【93指考數乙補，非選擇二】

在 1766 年，天文學家波德提出有名的「波德法則」：行星與太陽的平均距離 d（天文單位）可以用數學式子 $d = \alpha + \beta \cdot 2^n$ 表示。行星所對應的 n 值如下表所示：

行星	對應的n值
金星	0
地球	1
火星	2
木星	4
土星	5
天王星	6

(1) 設金星與太陽的平均距離為 $d_金$，請以 α 及 β 表示 $d_金$。

(2) 若 $d_金$ 為 0.7 天文單位，且火星與太陽的平均距離比金星與太陽的平均距離多 0.9 天文單位，請求出 α 及 β。

(3) 承上題，請求出地球與太陽的平均距離。

引導思考：

❶ 已知表格是什麼？先深入了解表格。

➡ 表格中是「行星與對應的 n 值」，每個行星有已知固定的 n。

❷ 已知波德法則「$d = \alpha + \beta \cdot 2^n$」是什麼？先深入了解此法則。

　　➡ d 為行星與太陽的平均距離，d 隨 n、α、β 確定。

　　　固定的行星有固定的 n，又由第 (2) 小題確定 α、β 為常數。

❸ (1) 小題的求解「$d_{金}$」如何求？

　　➡ 以 α 及 β 表示，只需將 n 代入波德法則。

❹ (2) 小題的求解「α、β」如何求？

　　➡ 由 (2) 中找出兩條件，即可解兩未知數 α、β。

❺ (3) 小題的求解「地球與太陽的平均距離」如何求？

　　➡ 即求 $d_{金}$，以 α、β、n 代入波德法則。

答案：(1) $\alpha + \beta$；(2) $\alpha = 0.4$、$\beta = 0.3$；(3) 1 天文單位

詳解：

(1) 金星的 $n = 0$，$d_{金} = \alpha + \beta \cdot 2^0 = \alpha + \beta$

(2) 火星的 $n = 2$，$d_{火} = \alpha + \beta \cdot 2^2 = \alpha + 4\beta$

　　又 $d_{金} = \alpha + \beta = 0.7$，$d_{火} = d_{金} + 0.9 = 1.6$ $\Rightarrow$ $\alpha + 4\beta = 1.6$

$$\begin{cases} \alpha + \beta = 0.7 \\ \alpha + 4\beta = 1.6 \end{cases} \Rightarrow \begin{cases} \alpha = 0.4 \\ \beta = 0.3 \end{cases}$$

(3) 地球的 $n = 1$，$d_{地} = \alpha + \beta \cdot 2^1 = \alpha + 2\beta = 0.4 + 2 \times 0.3 = 1$（天文單位）

說明：

❶ 本題完整來看，波德法則 $d = \alpha + \beta \cdot 2^n$ 中，n 算是可查表的已知數，利用兩個已知的 d 求出 α、β，再用已知的 α、β、n 來求其他 d，三個小題採引導方式。

❷ 補充一個天文知識：「1 天文單位」的定義就是地球與太陽的平均距離。即使知道這定義，還是要規規矩矩做出來才會有分數。

實例運用【92指考數乙，選填A】

根據調查，在華人社會，身高 H 公尺，體重 W 公斤的人中，其平均體表面積 S 平方公尺，可以用數學模型 $S = aH + bW - 0.01$ 來表示，這裡的 a, b 是常數。又知體重一樣，身高多 5 公分，平均體表面積會增加 0.03 平方公尺；而身高一樣，體重多 4 公斤，平均體表面積會增加 0.05 平方公尺。根據模型，身高 170 公分，體重 64 公斤，應該有 ＿＿＿＿＿ 平方公尺的平均體表面積。

引導思考：

❶ 已知數學模型「$S = aH + bW - 0.01$」是什麼？先深入了解此數學模型。

　➡ 體表面積 S 由 H、W 確定，H 為身高，W 為體重，a, b 是未知常數。

❷ 求解「身高 170 公分，體重 64 公斤的體表面積」可能如何得到？

　➡ 由 H、W 求 S，若要代入模型，還須找到 a、b。

❸ 兩個已知「H 多 0.05 $\Rightarrow$ S 多 0.03」、「W 多 4 $\Rightarrow$ S 多 0.05」有什麼用？
與「a、b」有什麼關係？

　➡ $a = \dfrac{0.03}{0.05} = \dfrac{3}{5}$ ；$b = \dfrac{0.05}{4} = \dfrac{1}{80}$ 。

❹ 注意身高單位有公尺，也有公分。

答案：1.81

詳解：

身高多 0.05 公尺，平均體表面積會增加 0.03 平方公尺 $\Rightarrow$ $a = \dfrac{0.03}{0.05} = 0.6$

體重多 4 公斤，平均體表面積會增加 0.05 平方公尺 $\Rightarrow$ $b = \dfrac{0.05}{4} = 0.0125$

身高 1.7 公尺，體重 64 公斤者，

$$S = aH + bW - 0.01 = 0.6 \times 1.7 + 0.0125 \times 64 - 0.01 = 1.81$$

說明：

❶ 這題答對率 32%。

❷ 在一次函數 $y = mx + k$ 的關係中，m 就是 $\dfrac{y_2 - y_1}{x_2 - x_1}$ 或 $\dfrac{y \text{ 的變化量}}{x \text{ 的變化量}}$。這題 S 是 H, W 的

一次式，由「H 多 $0.05 \Rightarrow S$ 多 0.03」可得 $a = \dfrac{0.03}{0.05} = \dfrac{3}{5}$，其餘就容易了。

實例運用【92學測，單選5】

根據統計資料，在 A 小鎮當某件訊息發布後，t 小時之內聽到該訊息的人口是全鎮人口的 $100(1 - 2^{-kt})\%$，其中 k 是某個大於 0 的常數。今有某訊息，假設在發布後 3 小時之內已經有 70% 的人口聽到該訊息。又設最快要 T 小時後，有 99% 的人口已聽到該訊息，則 T 最接近下列哪一個選項？

(1) 5 小時　(2) $7\dfrac{1}{2}$ 小時　(3) 9 小時　(4) $11\dfrac{1}{2}$ 小時　(5) 13 小時

可參考：$\log 2 \approx 0.3010$，$\log 3 \approx 0.4771$，$\log 7 \approx 0.8451$

引導思考：

❶ 已知公式「聽到訊息的比例 $= 100(1 - 2^{-kt})\%$」是什麼？先深入了解公式。

➡ 比例由時間 t 與 k 確定，t 為變數，k 為常數。

❷ 已知「$t = 3$ 時，比例為 70%」有什麼用？

　➡ 代入公式可得一等式，即可求得 k 之值。

❸ 求解「$t = T$ 時，比例為 99%」可能如何得到 T？

　➡ 可代入公式求 T，但先要求出 k。

❹ 有哪些定理、公式可能用到？

　➡ 應該會用到指對數。

答案：(4)

詳解：

$t = 3$ 時，比例為 $100(1 - 2^{-3k})\% = 70\% \ \Rightarrow \ 1 - 2^{-3k} = 0.7 \ \Rightarrow \ 2^{-3k} = 0.3$

（若要繼續求 k 會變得繁瑣，但題目的求解不是 k，而是 T，先找 T。）

$t = T$ 時，比例為 $100(1 - 2^{-kT})\% = 99\% \ \Rightarrow \ 1 - 2^{-kT} = 0.99 \ \Rightarrow \ 2^{-kT} = 0.01$

（不一定要求出 k，利用 $2^{-3k} = 0.3$、$2^{-kT} = 0.01$ 求出 T 就好。）

$$\begin{cases} 2^{-kT} = 0.01 \\ 2^{-3k} = 0.3 \end{cases} \Rightarrow \begin{cases} -kT \log 2 = \log 0.01 \\ -3k \log 2 = \log 0.3 \end{cases} \Rightarrow \ \frac{T}{3} = \frac{\log 0.01}{\log 0.3}$$

$$\Rightarrow \ T = \frac{-6}{-1 + 0.4771} = \frac{6}{0.5229} \approx 11.47 \text{ ，選 (4)}$$

另解：

$t = 3$ 時，比例為 $100(1 - 2^{-3k})\% = 70\% \ \Rightarrow \ 1 - 2^{-3k} = 0.7 \ \Rightarrow \ 2^{-3k} = 0.3$

$$\Rightarrow \ -3k = \log_2 0.3 \ \Rightarrow \ k = -\frac{\log_2 0.3}{3}$$

當 $100(1-2^{-kt})\% = 99\% \Rightarrow 100(1-2^{\frac{\log_2 0.3}{3} \cdot T})\% = 99\%$

$\Rightarrow 100(2^{\log_2 0.3})^{\frac{T}{3}} = 1 \Rightarrow 100(0.3)^{\frac{T}{3}} = 1 \Rightarrow (0.3)^{\frac{T}{3}} = 0.01 \Rightarrow \frac{T}{3}\log 0.3 = -2$

$\Rightarrow T = \dfrac{-6}{\log 0.3} = \dfrac{-6}{(\log 3) - 1} = \dfrac{-6}{0.4771 - 1} \approx 11.47$ ，選 (4)

說明：

❶ 這題答對率 22% 非常低，因為是單選，如果隨意猜也會有 20% 答對率。

❷ 真正難的是解 T 的技巧，如果硬算也可，就像另解中的方式。

實例運用【97學測，多選9】

已知在一容器中有 A, B 兩種菌，且在任何時刻 A, B 兩種菌的個數乘積為定值 10^{10}。為了簡單起見，科學家用 $P_A = \log(n_A)$ 來記錄 A 菌個數的資料，其中 n_A 為 A 菌的個數。試問下列哪些選項是正確的？

(1) $1 \le P_A \le 10$　(2) 當 $P_A = 5$ 時，B 菌的個數與 A 菌的個數相同。

(3) 如果上週一測得 P_A 值為 4 而上週五測得 P_A 值為 8，表示上週五 A 菌的個數是上週一 A 菌個數的 2 倍。

(4) 若今天的 P_A 值比昨天增加 1，則今天的 A 菌比昨天多了 10 個。

(5) 假設科學家將 B 菌的個數控制為 5 萬個，則此時 $5 < P_A < 5.5$。

引導思考：

❶ 已知「A, B 兩種菌的個數乘積為定值 10^{10}」可能如何使用？

　➡ 題目有 n_A 為 A 菌的個數，為了將條件表為數學式，可設 n_B 為 B 菌的個數，

　　則可得 $n_A n_B = 10^{10}$。

❷ 已知「$P_A = \log(n_A)$」可能如何使用？

　➡ $P_A = \log(n_A) \iff n_A = 10^{P_A}$

❸ 能分析一下變數與條件式嗎？

　➡ 有 n_A、n_B、P_A 共三個變數，有 $n_A n_B = 10^{10}$、$P_A = \log(n_A)$ 共兩個條件式。

　　三個變數皆不固定，若一個已知即可求出另兩個。

❹ 五個選項逐個討論。

答案：$(2)(5)$

詳解：

選項 (1)：n_A 為 A 菌的個數，且 $n_A n_B = 10^{10}$ $\Rightarrow$ $1 \leq n_A \leq 10^{10}$

　　　　　 $\Rightarrow$ $\log 1 \leq P_A = \log(n_A) \leq \log 10^{10}$ $\Rightarrow$ $0 \leq P_A \leq 10$，(1) 錯。

選項 (2)：$P_A = 5$ $\Rightarrow$ $n_A = 10^5$，又 $n_A n_B = 10^{10}$，所以 $n_B = 10^5$，(2) 對。

選項 (3)：上週一測得 $P_A = 4$ $\Rightarrow$ $n_A = 10^4$；上週五測得 $P_A = 8$ $\Rightarrow$ $n_A = 10^8$；

　　　　　 上週五 A 菌的個數是上週一 A 菌個數的 $\dfrac{10^8}{10^4} = 10^4 = 1000$ 倍，(3) 錯。

選項 (4)：設昨天 P_A 值為 k，今天 P_A 值為 $k+1$，

則昨天 A 菌 10^k 個，今天 A 菌 10^{k+1} 個是昨天的 10 倍，(4) 錯。

選項 (5)：當 $n_B = 50000 \Rightarrow n_A = \dfrac{10^{10}}{50000} = 200000$

$\Rightarrow P_A = \log 200000 = 5 + \log 2 \approx 5.3010$，(5) 對。

說明：

❶ 這題答對率 33%，算是中偏難題目。

❷ 有點複雜，但與酸鹼平衡的結構相同，並不會太陌生。

第 2 節
依題意找出數學化定義或公式

　　看過前一節就了解，若題目給了一個定義或公式，我們可以如何去做。但如果題目用語言去敘述，而沒有直接給數學式，我們就照著敘述來寫出數學式。有時出題者擔心學生誤解題目敘述，還會用例子來補充說明。

解題策略：依照題意寫出數學式

> (1) 題目用文字敘述形容一個定義或公式，試著用數學式寫出它。
>
> (2) 先認清問題中該有哪些變數或常數，再將文字敘述翻譯成數學式。
>
> (3) 如題目有給例子，寫出的定義再利用題目的例子檢驗一次。

說明：

❶ 題意若不很確定，再讀一次題目，有時少看一字，就會不懂或誤會了。

❷ 有時題目要對照上下文去推敲。

　【例】「面積因而增加 20%」就必須由上下文去判斷「因為什麼而增加」、「增加 20% 應是比原來增加 20%」，原來是指什麼？

❸ 題目中用文字數的敘述較難懂，可先以數字代入試試，能理解後再去想成一般文字數的情況。或是有關正整數 n 的性質，先考慮 $n = 1, 2, 3$ 的情況，看清楚後再考慮一般正整數 n 的情況。

❹ 有時題意感覺好像前後矛盾了，重新看一次，是不是某部分可以另外解釋？

❺ 若一種解釋會造成「題目無解」或「某條件無用」，就該換個方式試試看。

❻ 這是許多科目老師心中共同的痛：學生有時會看不懂（或誤解）題目。

實例運用【89學測，單選6】

在 1999 年 6 月 1 日數學家利用超級電腦驗證出 $2^{6972593} - 1$ 是一個質數。若想要列印出此質數，至少需要多少張 A4 紙？假定每張 A4 紙，可列印出 3000 個數字。在下列選項中，選出最接近的張數。〔$\log_{10} 2 \approx 0.3010$〕

(1) 50　　(2) 100　　(3) 200　　(4) 500　　(5) 700

引導思考：

❶ 題目意思應是：將 $2^{6972593} - 1$ 乘開為整數後，再列印在 A4 紙上。那到底要算什麼？

　➡ 要算 $2^{6972593} - 1$ 是幾位數，列印時每張可印 3000 位。

❷ 用 $\log (2^{6972593} - 1)$ 無法算，怎麼辦？

　➡ $2^{6972593} - 1$ 的位數與 $2^{6972593}$ 的位數相同。

答案：(5)

詳解：

$\log 2^{6972593} = 6972593 \times \log 2 \approx 6972593 \times 0.3010 \approx 2098750$

　⇒ $2^{6972593}$ 約為 2098750 位數　⇒ $2^{6972593} - 1$ 也約為 2098750 位數

需要 A4 紙約 $\dfrac{2098750}{3000} = 699.\cdots$ 張

說明：

只要能正確解讀題意，這題就不難了。

實例運用【91指考數乙，單選2】

下圖顯示民國 88、89 及 90 年三個年度所調查之台灣北、中、南、東部地區國民對自己生活的滿意程度（資料來源：內政部統計處「國民生活狀況調查報告」）。

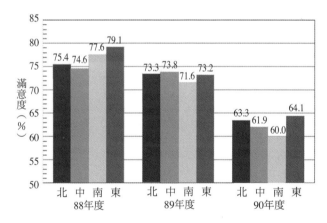

為比較各地區國民對自己生活滿意程度的差異，以東部地區國民之滿意度為基準，計算各年度中其他三地相對於當年度東部地區國民的「相對生活滿意度」。例如 88 年度中部地區的相對生活滿意度為 $\dfrac{74.6}{79.1} \fallingdotseq 94.31\%$；89 年度北部地區的相對生活滿意度為 $\dfrac{73.3}{73.2} \fallingdotseq 100.14\%$。下列關於各地區國民生活滿意度的敘述，何者正確？

(1) 北部地區國民的「相對生活滿意度」在 88 ～ 90 年三年中，以 90 年度為最低。

(2) 中部地區國民的「相對生活滿意度」在 88 ～ 90 年三年中逐年降低。

(3) 南部地區國民的「相對生活滿意度」在 88 ～ 90 年三年中，以 90 年度為最低。

(4) 在 88 ～ 90 年三年中，四地區國民間生活滿意度的差異在 90 年度達到最低。

(5) 在 88 ～ 90 年三年中，四地區國民間生活滿意度的差異逐年增加。

答案：(3)

說明：這題答對率 84%，算是超高的，認清題意就能做對，加上是單選題，所以不易失誤。

實例運用【94指考數甲，單選1】

地震規模的大小通常用芮氏等級來表示。已知芮氏等級每增加 1 級，地震震幅強度約增加為原來的 10 倍，能量釋放強度則約增加為原來的 32 倍。現假設有兩次地震，所釋放的能量約相差 100,000 倍，依上述性質則地震震幅強度約相差幾倍？請選出最接近的答案。

(1) 10 倍　(2) 100 倍　(3) 1000 倍　(4) 10000 倍

可參考：$\log 2 \approx 0.3010$，$\log 3 \approx 0.4771$，$\log 7 \approx 0.8451$

引導思考：

❶ 什麼是「芮氏等級」、「地震震幅強度」、「能量釋放強度」？它們有何關係？

➡「芮氏等級」增加 1 級，則地震震幅強度增加為 10 倍， 能量釋放強度則約增加為原來的 32 倍。

❷ 它們的關係能否寫成數學式？

➡ 設芮氏等級為 r，則地震震幅強度 $x = a \times 10^r$，能量釋放強度 $y = b \times 32^r$，其中 a, b 為常數。

❸ 求解「y 為 100000 倍時，x 大約會變為多少倍？」可能如何得到？

　　➡ 已知有「x, r 的關係」、「y, r 的關係」，r 才是關鍵變數。

❹ 四個選項各相差 10 倍，只需簡單的近似值。

答案：(3)

詳解：

設芮氏等級相差 k 級，則地震震幅強度變為 10^k 倍，能量釋放強度變為 32^k 倍。

當能量釋放為 $32^k = 100000$ 倍時，

$$k = \log_{32} 100000 = \frac{\log 100000}{\log 32} = \frac{5}{5\log 2} \approx \frac{1}{0.3010} \approx 3.3$$

此時，地震震幅強度變為 10^k 倍，$10^k \approx 10^{3.3} \approx 2000$，故選 (3)。

說明：

❶ 這題答對率 58%。

❷ y 為 100000 倍時，也可設為 $\frac{y_2}{y_1} = 100000$，然後推得 $\frac{r_2}{r_1}$，再算出 $\frac{x_2}{x_1}$。

❸ 因為只有變化情形而沒有實際 x, y, r 之值，無法算出 a, b，所以避開 a, b 較好。

實例運用【95學測，單選5】

在養分充足的情況下，細菌的數量會以指數函數的方式成長，假設細菌 A 的數量每兩個小時可以成長為兩倍，細菌 B 的數量每三個小時可以成長為三倍。若養分充足且一開始兩種細菌的數量相等，則大約幾小時後細菌 B 的數量除以細菌 A 的數量最接近 10？

(1) 24 小時　　(2) 48 小時　　(3) 69 小時　　(4) 96 小時　　(5) 117 小時

（試卷後有參考數值：$\log 2 \approx 0.3010$，$\log 3 \approx 0.4771$）

引導思考：

❶ 已知「細菌 A 的數量每兩個小時可以成長為兩倍」可能如何使用？

　　➡ 設細菌 A 原有 k 個，則 t 小時後，細菌 A 數量 $k \times 2^{\frac{t}{2}}$ 個。

❷ 已知「細菌 B 的數量每三個小時可以成長為三倍」可能如何使用？

　　➡ 設細菌 B 原有 k 個，則 t 小時後，細菌 B 數量 $k \times 3^{\frac{t}{3}}$ 個。

答案：(5)

詳解：

設細菌 A, B 原有 k 個，t 小時後，細菌 B 數量是細菌 A 數量的 10 倍。

則 $k \times 3^{\frac{t}{3}} = 10 \times k \times 2^{\frac{t}{2}}$　$\Rightarrow$　$3^{\frac{t}{3}} = 10 \times 2^{\frac{t}{2}}$　$\Rightarrow$　$\log 3^{\frac{t}{3}} = \log(10 \times 2^{\frac{t}{2}})$

$\Rightarrow$　$\dfrac{t}{3}\log 3 = 1 + \dfrac{t}{2}\log 2$　$\Rightarrow$　$2t\log 3 = 6 + 3t\log 2$

$\Rightarrow$　$t = \dfrac{6}{2\log 3 - 3\log 2} = \dfrac{6}{2 \times 0.4771 - 3 \times 0.3010} = \dfrac{6}{0.0512} = 117.\cdots$，選 (5)。

說明：

❶ 這題答對率 24%，屬於難題。

❷ 能將「每兩個小時可以成長為兩倍」解讀成：經過幾個「2 小時」就要乘以幾個 2，其餘就不難了。其實這就是指數變化的意義。

實例運用【93指考數乙，單選3】

統計學家克利夫蘭對人的眼睛詳細研究後發現：我們的眼睛看到圖形面積的大小，與此圖形實際面積的 0.7 次方成正比。例如：大圖形是小圖形的 3 倍，眼睛感覺到的只有 $3^{0.7}$（約 2.16）倍。觀察某個國家地圖，感覺全國面積約為某縣面積的 10 倍，試問這國家的實際面積大約是該縣面積的幾倍？〔已知 $\log 2 \doteqdot 0.3010$, $\log 3 \doteqdot 0.4771$, $\log 7 \doteqdot 0.8451$〕

(1) 18 倍　(2) 21 倍　(3) 24 倍　(4) 27 倍　(5) 36 倍

引導思考：

❶ 已知「看到面積的大小與實際面積的 0.7 次方成正比」可能如何使用？

➡ 若看到面積 x，實際面積 y，則 $x = ky^{0.7}$，k 為常數。

❷ 與題目的例子符合嗎？

➡ 設大圖形 y_1，小圖形 y_2，$y_1 = 3y_2$，眼睛感覺到的大圖形 x_1，小圖形 x_2，

則 $\begin{cases} x_1 = ky_1^{0.7} \\ x_2 = ky_2^{0.7} \end{cases} \Rightarrow \dfrac{x_1}{x_2} = \dfrac{ky_1^{0.7}}{ky_2^{0.7}} \Rightarrow \dfrac{x_1}{x_2} = (\dfrac{y_1}{y_2})^{0.7} = 3^{0.7}$，符合題意。

❸ 已知「感覺全國面積約為某縣面積的 10 倍」可能如何使用？

➡ 重設為 $x_1 = 10x_2$。

❹ 求解「國家的實際面積大約是該縣面積的幾倍」可能如何得到？

➡ 就是 $\dfrac{y_1}{y_2} = ?$

答案：(4)

詳解：

設看到面積 x，實際面積 y，則 $x = ky^{0.7}$，其中 k 為常數。

感覺全國面積 x_1，某縣面積 x_2，則 $x_1 = 10x_2$。

實際全國面積 y_1，某縣面積 y_2，

則 $\begin{cases} x_1 = ky_1^{0.7} \\ x_2 = ky_2^{0.7} \end{cases}$ $\Rightarrow$ $\dfrac{x_1}{x_2} = \dfrac{ky_1^{0.7}}{ky_2^{0.7}}$ $\Rightarrow$ $10 = (\dfrac{y_1}{y_2})^{0.7}$ $\Rightarrow$ $\dfrac{y_1}{y_2} = 10^{\frac{1}{0.7}}$

取對數得 $\log 10^{\frac{1}{0.7}} = \dfrac{1}{0.7} \approx 1.43$

比較各選項：$\log 18 = \log 2 + 2\log 3 = 0.3010 + 2 \times 0.4771 = 1.2552$；

$\log 21 = \log 3 + \log 7 = 0.4771 + 0.8451 = 1.3222$；

$\log 24 = 3\log 2 + \log 3 = 3 \times 0.3010 + 0.4771 = 1.3801$；

$\log 27 = 3\log 3 = 3 \times 0.4771 = 1.4313$；

$\log 36 = 2\log 2 + 2\log 3 = 2 \times 0.3010 + 2 \times 0.4771 = 1.5562$

所以 $10^{\frac{1}{0.7}} \approx 27$，選 (4)。

另解：（利用題目給的例子，當成公式推廣）

由「大圖形是小圖形的 3 倍，眼睛感覺到的只有 $3^{0.7}$（約 2.16）倍」，

可推廣成「大圖形是小圖形的 a 倍，眼睛感覺到的只有 $a^{0.7}$ 倍」；

當眼睛感覺到 $a^{0.7} = 10$ 倍 $\Rightarrow$ $a = 10^{\frac{1}{0.7}}$，然後與詳解中相同，判斷 $a = 10^{\frac{1}{0.7}} \approx 24$ 。

說明：

❶ 這題答對率 29%，屬於難題。

❷ 另解中的推論不如詳解中嚴謹。

❸ 這是單選題，求出答案是 $10^{\frac{1}{0.7}}$ 但無完整對數表，所以反過來由各選項倒推。

 實例運用【93指考數乙補，多選5】

經濟學上有所謂「72 規則」：意指當經濟年成長率維持在 $r\,\%$ 時，經濟規模實際達到兩倍所需要的最少時間約為 $\dfrac{72}{r}$ 年。試利用下表的數據，從選項中選出符合此規則的年成長率。

x	1.03	1.04	1.06	1.08	1.09	2
$\log x$	0.0128	0.0170	0.0253	0.0334	0.0374	0.3010

(1) 9%　(2) 8%　(3) 6%　(4) 4%　(5) 3%

引導思考：

❶ 什麼是「72 規則」？

　➡ 年成長率在 $r\,\%$ 時，最少需要 $\dfrac{72}{r}$ 年才能達到兩倍。

❷ 能不能寫成數學式？寫不出來就先用 $r = 6$ 試試。

　➡ 當 $r = 6$：年成長率在 6% 時，最少需要 $\dfrac{72}{6} = 12$ 年才能達到兩倍。

　　$\Leftrightarrow (1 + 6\%)^{12} \geq 2 \Leftrightarrow 1.06^{12} \geq 2$

寫成公式也就是 $(1+r\%)^{\frac{72}{r}} \geq 2$，這公式一定對嗎？

❸ 求解「選出符合此規則的年成長率」是在問什麼？

➡ 不是每個 r 都符合「72 規則」！

一般科學、商學、管理的規律、規則、定則，有時是

「大多時候都適用」、「正常情形下適用」或「在某些條件下適用」。

❹ $(1+r\%)^{\frac{72}{r}} \geq 2$ 能否化簡？

➡ $(1+r\%)^{\frac{72}{r}} \geq 2 \quad \Leftrightarrow \quad \dfrac{72}{r} \log(1+r\%) \geq 0.3010$

❺ 五個選項逐個討論。

➡ 檢查哪些 r 會滿足 $(1+r\%)^{\frac{72}{r}} \geq 2$？

答案：(3)(4)(5)

詳解：

$(1+r\%)^{\frac{72}{r}} \geq 2 \quad \Leftrightarrow \quad \log(1+r\%)^{\frac{72}{r}} \geq \log 2 \quad \Leftrightarrow \quad \dfrac{72}{r} \log(1+r\%) \geq 0.3010$

檢查各選項的 r 是否滿足 $\dfrac{72}{r} \log(1+r\%) \geq 0.3010$ ：

(1) 9%，$\dfrac{72}{r} \log(1+r\%) = 8 \times \log 1.09 = 8 \times 0.0374 = 0.2992$，(1) 錯。

(2) 8%，$\dfrac{72}{r} \log(1+r\%) = 9 \times \log 1.08 = 9 \times 0.0334 = 0.3006$，(2) 錯。

(3) 6%，$\dfrac{72}{r} \log(1+r\%) = 12 \times \log 1.06 = 12 \times 0.0253 = 0.3036$，(3) 對。

(4) 4%，$\dfrac{72}{r} \log(1+r\%) = 18 \times \log 1.04 = 18 \times 0.0170 = 0.3060$，(4) 對。

(5) 3%，$\dfrac{72}{r} \log(1+r\%) = 24 \times \log 1.03 = 24 \times 0.0128 = 0.3072$，(5) 對。

說明：

這題不易直接算出滿足「72 規則」之 r 的範圍，只好用代入的方式檢驗。

實例運用【92指考數乙，選填F】

沈醫師認為身高 H（公尺）的人，其理想體重 W（公斤），應符合公式 $W = 22H^2$（公斤）。一般而言，體重在理想體重 $\pm 10\%$ 範圍內，稱為標準體重；超過 10% 但不超過 20% 者，稱為微胖；超過 20% 者，稱為肥胖。微胖及肥胖都是過重的現象。

對身高 H，體重 W 的人，體重過重的充要條件為 $W > cH^2 + dH + e$，則 $(c, d, e) = $ _____ 。

引導思考：

❶「理想體重」、「標準體重」、「微胖」、「肥胖」、「體重過重」的定義分清楚。

➡「理想體重」 $W = 22H^2$，其中身高為 H；

「標準體重」滿足「體重在理想體重 $\pm 10\%$ 範圍內」，也就是

「$W(1 - 10\%) < $ 體重 $ < W(1 + 10\%)$」；

「微胖」滿足「體重超過理想體重 10% 但不超過 20%」，也就是

「$W(1 + 10\%) < $ 體重 $ < W(1 + 20\%)$」；

「肥胖」滿足「體重超過理想體重 20%」，也就是

「體重 $ > W(1 + 20\%)$」；

「體重過重」滿足「微胖及肥胖」。

❷ 求解「體重過重的充要條件」可能如何得到？

➡「體重過重」 $\Leftrightarrow$ 「微胖及肥胖」

$$\Leftrightarrow \text{「} W(1+10\%) < \text{體重} < W(1+20\%) \text{」或「體重} > W(1+20\%) \text{」}$$

$$\Leftrightarrow \text{「體重} > W(1+10\%) \text{」}$$

答案：$(24.2 , 0 , 0)$

詳解：

理想體重為 $W = 22H^2$

體重過重的充要條件為 $W > (22H^2) \times (1+10\%) = 22H^2 \times 1.1 = 24.2H^2$

故 $(c, d, e) = (24.2 , 0 , 0)$

說明：

❶ 這題答對率 11% 很低，其實不難。我猜，敘述長使有些學生害怕，「充要條件」聽起來也使有些學生恐懼。

❷ 「理想體重」公式中的 22，其實就是 BMI 值，做題目不需要了解，不過看通這點，可能會感覺題目比較親切而不害怕了。

第 3 節
依題意找出特定的程序

題目敘述了一個程序，然後要求我們依照此程序計算出結果。有時候敘述很簡潔，我們照著敘述就可以寫出公式，就像第 2 節的題目。有時候敘述較長，過程也長，也可能增加判斷，如果公式難寫就不一定要寫出，只要照著敘述去做即可。有時候題目還會有些例子，避免文字敘述有疑義。不管題目如何給定，這一類題目多半生活化，簡單而直觀。有時也會有自然產生題目沒講明的條件，只要心態上將題目看成實際的問題，這些條件不難想到。

實例運用【93學測，選填A】

某數學老師計算學期成績的公式如下：五次平時考中取較好的三次之平均值占 30%，兩次期中考各占 20%，期末考占 30%。某生平時考成績分別為 68、82、70、73、85，期中考成績分別為 86、79，期末考成績為 90，則該生學期成績為 _____。（計算到整數為止，小數點以後四捨五入）

答案：84

說明：

這題答對率 70%，看懂題意，照做即可。如果曾經算過平均成績，就知道該怎麼做了。

實例運用【96學測，選填C】

在某項才藝競賽中，為了避免評審個人主觀影響參賽者成績太大，主辦單位規定：先將 15 位評審給同一位參賽者的成績求得算術平均數，再將與平均數相差超過 15 分的評審成績剔除後重新計算平均值做為此參賽者的比賽成績。現在有一位參賽者所獲 15 位評審的平均成績為 76 分，其中有三位評審給的成績 92、45、55 應剔除，則這個參賽者的比賽成績為 _____ 分。

答案：79

說明： 這題答對率為 66%，屬於簡單題，只要看懂題意也正確解讀，即可做對。

實例運用【95指考數乙，單選2】

某大學數學系甄選入學的篩選方式如下：

先就學科能力測驗國文、英文和社會這三科成績（級分）加總做第一次篩選。然後從通過篩選的學生當中，以自然科的成績做第二次篩選。最後再從通過的學生當中，以數學科的成績做第三次篩選，選出一些學生參加面試。

現在有五位報名該系的學生的學科能力測驗成績如下表：

學生	國文級分	英文級分	數學級分	社會級分	自然級分
甲	13	8	14	15	11
乙	12	12	12	12	12
丙	9	13	15	8	15
丁	11	12	13	10	13
戊	13	15	11	7	12

已知這五位學生當中，通過第一次篩選的有四位，通過第二次篩選的有三位，通過第三次篩選可以參加面試的只剩下一位。請問哪一位學生參加面試？

(1) 甲　　(2) 乙　　(3) 丙　　(4) 丁　　(5) 戊

答案：(4)

說明：這題答對率 78%，相當高，看懂題意照做即可。

實例運用【96指考數乙，選填B】

平面上坐標皆為整數的點稱為格子點。我們將原點以外的格子點分層，方法如下：

若 (a, b) 是原點 $(0, 0)$ 以外的格子點，且 $|a|$ 和 $|b|$ 中最大值為 n，則稱 (a, b) 是在第 n 層的格子點（例如 $(3, -4)$ 是在第 4 層；$(8, -8)$ 是在第 8 層）。

則在第 15 層的格子點個數為 _____ 。

引導思考：

❶ 什麼是「第 n 層的格子點」？可能如何使用？

➡ $|a|$ 和 $|b|$ 中最大值為 n 的格子點，能給它數學化的定義嗎？

➡ 點 (a, b) 滿足 $\begin{cases} |a| = n \\ |b| \leq n \end{cases}$ 或 $\begin{cases} |b| = n \\ |a| \leq n \end{cases}$ 且 a、b 為整數，n 為正整數。

❷ 求解「第 15 層的格子點個數」可能如何得到？

➡ $\begin{cases} |a| = 15 \\ |b| \leq 15 \end{cases}$ 或 $\begin{cases} |b| = 15 \\ |a| \leq 15 \end{cases}$ 的整數解個數。

❸ 格子點就是右圖中的這些點（直橫間隔距離 1）。

第 15 層的是哪些點？

❹ 先找出第 1 層、第 2 層、第 3 層的格子點，

數數看各有多少點？再推廣成第 15 層數數看。

答案：120

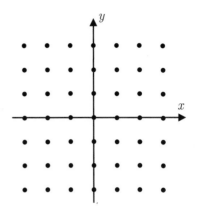

詳解：

(a, b) 在第 15 層，即 $|a|$ 與 $|b|$ 最大值 15，即一個為

15，另一個不大於 15，

也就是滿足兩類 $\begin{cases} |a| = 15 \\ |b| \leq 15 \end{cases}$ 或 $\begin{cases} |b| = 15 \\ |a| \leq 15 \end{cases}$ 的整數解。

第 1 類：$|a| = 15 \Leftrightarrow a = 15, -15$，$|b| \leq 15 \Leftrightarrow b = -15, -14, ..., 14, 15$

共有 $2 \times 31 = 62$ 個。

第 2 類：$|b| = 15$ 且 $|a| \leq 15$，同理，也是 62 個。

但 1、2 類有重複：$|a| = 15$ 且 $|b| = 15 \Leftrightarrow a = 15, -15$ 且 $b = 15, -15$

共有 $2 \times 2 = 4$ 個。

故共有 $62 + 62 - 4 = 120$ 個。

另解：

先考慮第 2 層的格子點：

如右圖，就是以 $x = 2$、$x = -2$、$y = 2$、$y = -2$

這四條直線所圍的正方形四邊上的格子點，

邊長為 4，周長 16，相鄰兩點距離皆為 1，共 16 點。

再考慮第 15 層的格子點：

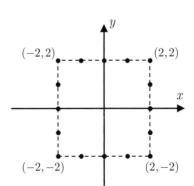

就是以 $x = 15$、$x = -15$、$y = 15$、$y = -15$ 這四條直線所圍的正方形四邊上的格子點，邊長為 $15 \times 2 = 30$，周長 $30 \times 4 = 120$，相鄰兩點距離皆為 1，共 120 個點。

說明：

❶ 這題答對率 30% 偏低，我猜有些同學看完題目就跳過這題了。

❷ 這題兩種解法分別是以代數觀點與幾何觀點切入：

詳解中，直接利用定義將「第 15 層的格子點個數」轉換成方程式的解，然後用基本計數的方法分類去數。

另解中，直接在坐標平面上畫出，先畫出第 1 層、第 2 層、第 3 層，大概就能知道第 15 層的形狀與算法了。這個解法夾著一些「數列找一般項」的想法。

❸ 這題也可整理出公式：第 n 層共有 $8n$ 個格子點。

代數解題策略總整理

代數解題策略

(1) 將「已知」轉化成數學式並化簡。(2) 將「求解」轉化成數學式並化簡。

(3) 找尋「已知」與「求解」的關係。

(4) 假設合適的未知數。(5) 有什麼相關的公式、定理可能用到？

二次方程式

解二次方程式可用 (1) 十字交乘法分解、(2) 公式解。

分式方程式

(1) 利用約分、通分、交叉相乘消去分母，整理成多項式方程式。

(2) 解出的根必須驗算，不可使分母等於 0。

含根號的方程式

(1) 利用等式兩側同時平方減少根號，直到根號完全消失。

(2) 解出的解必須代回檢查是否滿足原方程式。

利用代換解方程式

(1) 找尋方程式中共同的部分，假設為 t，先解 t，再代回求 x。

(2) 代換時要將方程式中所有 x 都代換成 t 表示。

未知數只出現一次的方程式

如果 x 只在方程式內出現一次，只要將 x 以外的運算直接一個一個拿掉（移到等號另一側），最後等號一側只剩 x 時就得到答案。

加減乘除消去法

將兩個方程式做加減乘除，看能否消去一個未知數。

代入消去法

先解出一個未知數以其他未知數表示，再將此式代入其他方程式。

先化簡再消未知數

將兩個方程式加減乘除後，得到一個較簡單的方程式。

更多未知數

(1) 三個未知數通常要有三個方程式，先用方程式兩兩消去一個未知數，然後變成二個未知數與二個方程式，再繼續解出。

(2) 更多未知數時，通常要有相同數目的方程式，每當消去一個未知數後，才能相應減少一個方程式。

解聯立方程組

(1) 解方程組就是要「消去未知數」。(2) 先考慮哪一個未知數比較容易消去？

(3) 過程中必須遵守「**每消去一個未知數，才能減少一個方程式**」。

化簡的方向

(1) 算式中的變數（或未知數）愈少愈好。

(2) 一次條件式可以代入消去一個變數。

(3) 算式的型態以多項式最簡單，而且次數愈低愈好。

(4) 若有多個條件式、求解式，則希望它們的格式一致。

(5) 有些物件有標準式，化為標準式就容易看出某些性質或代入公式。

分式的化簡

分式（或分數）的化簡方向是**約分、通分**。

含有根號的式子，先考慮消去根號

(1) 將根號內的式子配成平方式。(2) 等式中有根號，可利用平方消去根號。

(3) 乘以有理化因子，變成另一型態試試看。

數字比大小

(1) 將兩數化成只有一處不同，即可直接比較。

(2) 將兩數化成同一種格式再比較。(3) 直接相減，再判斷正負。

求餘式問題

若無法以直式的除法計算，則將所有已知與求解利用餘式定理或除法原理，表示成數學式，再利用已知式與求解式找出答案。

已知因式

(1) 已知一次因式 ➡ 用因式定理。

(2) 已知高次可分解因式 ➡ 分解後重複用因式定理。

(3) 已知高次不能分解因式 ➡ 用長除法或除法定理得餘式等於 0。

超過二次的方程式

解高次方程式可用 (1) 有理根檢驗法、(2) 代換、(3) n 次方根。

已知一根

(1) 已知多項式方程式 $f(x) = 0$ 有一根 $x = 3$ ➡ $x - 3 \mid f(x)$、$f(3) = 0$

(2) 已知實係數多項式方程式 $f(x) = 0$ 有一根 $x = 2 + 3i$

   ➡ $f(x) = 0$ 有兩根 $x = 2 \pm 3i \Rightarrow x^2 - 4x + 13 \mid f(x)$

(3) 已知有理係數多項式方程式 $f(x) = 0$ 有一根 $x = 3 + \sqrt{5}$

   ➡ $f(x) = 0$ 有兩根 $x = 3 \pm \sqrt{5} \Rightarrow x^2 - 6x + 4 \mid f(x)$

(4) 已知整係數多項式方程式 $f(x) = 0$ 有有理根 ➡ 牛頓定理

(5) 有關多項式方程式 $f(x) = 0$ 的所有根 ➡ 根與係數關係

(6) 已知一根的範圍 ➡ 實根勘根定理

求實根的個數或範圍

題目有關根的範圍或個數時,要想到兩個方法:

1. 實根勘根定理。

2. 利用函數圖形:

(1) 方程式 $f(x) = 0$ 的實根恰為 $y = f(x)$ 與 x 軸交點的 x 坐標。

(2) 方程式 $f(x) = g(x)$ 的實根恰為 $y = f(x)$ 與 $y = g(x)$ 交點的 x 坐標。

一次方程組解的性質

(1) 若為二元方程組或一元一次方程式，可用前述性質。

(2) 若有一個未知數的係數皆為已知數，則以加減消去法消去該未知數。

指數化簡

(1) 同底數相乘除或同指數相乘除 ➡ 指數律

(2) 同底數相加減 ➡ 代換

(3) 等式兩側單一指數不同底 ➡ 取對數

單一指數比大小

(1) 化相同底數。(2) 化相同指數。(3) 取對數。

對數化簡

(1) 同底數相加減 ➡ 對數律

(2) 同底數相乘 ➡ 代換

(3) 不同底 ➡ 化同底

對數比大小

(1) 化同底數再比。(2) 不同底數時，各自與 $0, 1, -1$ 比或各自求近似值。

等差數列

(1) 找首項、公差，若未知，則設首項 a、公差 d，然後列方程式，解 a、d。

(2) 若三項成等差，也可設 $a - d, a, a + d$。

(3) 若三項 a, b, c 成等差，則 $2b = a + c$。

等比數列

(1) 找首項、公比，若未知，則設首項 a、公比 r，然後列方程式，解 a、r。

(2) 若三項成等比，也可設 $\dfrac{a}{r}$, a, ar。

(3) 若三項 a, b, c 成等比，則 $b^2 = ac$。

求級數和

(1) 是不是等差、等比？ (2) 一般項是不是多項式？

(3) 一般項是不是分式？ (4) 求出 S_1, S_2, S_3, S_4，能不能找到規律？

已知數學化定義

(1) 定義就是公式，先深入了解定義：

看清楚共有幾個文字數？以及每一個文字數代表的意義。分清楚這些文字數中，哪些是變數？哪些是常數？不同的文字數之間有沒有什麼關係？

(2) 將其他「已知」代入定義可得條件式。

(3)「求解」是什麼？一個未知數或一個式子？能否由條件式解出。

依照題意寫出數學式

(1) 題目用文字敘述形容一個定義或公式，試著用數學式寫出它。

(2) 先認清問題中該有哪些變數或常數，再將文字敘述翻譯成數學式。

(3) 如題目有給例子，寫出的定義再利用題目的例子檢驗一次。

閱讀筆記

科學天地 402B

觀念數學 2 ——中學代數解題策略

作　　者／任維勇
顧 問 群／林　和、牟中原、李國偉、周成功
總編輯／吳佩穎
責任編輯／畢馨云
封面設計暨美術編輯／江儀玲

出版者／遠見天下文化出版股份有限公司
創辦人／高希均、王力行
遠見・天下文化 事業群董事長／高希均
事業群發行人／CEO／王力行
天下文化社長／林天來
天下文化總經理／林芳燕
國際事務開發部兼版權中心總監／潘欣
法律顧問／理律法律事務所陳長文律師　　著作權顧問／魏啟翔律師
社　　址／台北市 104 松江路 93 巷 1 號 2 樓
讀者服務專線／(02) 2662-0012　　傳真／(02) 2662-0007；2662-0009
電子信箱／cwpc@cwgv.com.tw
直接郵撥帳號／1326703-6 號 遠見天下文化出版股份有限公司

電腦排版／極翔企業有限公司
製 版 廠／東豪印刷事業有限公司
印 刷 廠／柏晧彩色印刷有限公司
裝 訂 廠／聿成裝訂股份有限公司
登 記 證／局版台業字第 2517 號
總 經 銷／大和書報圖書股份有限公司 電話／(02) 8990-2588
出版日期／2012 年 11 月 28 日第一版第 1 次印行
　　　　　2023 年 5 月 8 日第三版第 1 次印行

定　　價／500 元

4713510943618
書號：BWS402B
天下文化官網　bookzone.cwgv.com.tw

國家圖書館出版品預行編目資料

中學代數解題策略 / 任維勇 著；-- 第一版.
-- 臺北市：遠見天下文化, 2012.11
　面；　公分. -- (科學天地；402 觀念數
學；2)

ISBN 978-986-320-082-6 (平裝)

1. 數學教育　2.代數　3. 中等教育

524.32　　　　　　　　　　101023268

※ 本書如有缺頁、破損、裝訂錯誤，請寄回本公司調換。